"十二五"国家重点图书出版规划项目
城市与建筑遗产保护实验研究

山光凝翠 川容如画

太原西山地区的历史营建与遗存
HISTORICAL CONSTRUCTION & HERITAGE IN XISHAN AREA OF TAIYUAN

周小棣 沈旸 相睿 肖凡 著

东南大学城市保护与发展工作室研究系列

东南大学出版社·南京

国家自然科学基金青年科学基金项目（51308100）
高等学校博士学科点专项科研基金资助课题（20120092120004）

图书在版编目（CIP）数据

山光凝翠　川容如画：太原西山地区的历史营建与遗存 / 周小棣等著 .—南京：东南大学出版社，2013.12
　　ISBN 978-7-5641-4705-1

Ⅰ.①山… Ⅱ.①周… Ⅲ.①古建筑遗址—保护—研究—太原市 Ⅳ.① K878.34

中国版本图书馆 CIP 数据核字（2013）第 318387 号

书　　　名：	山光凝翠　川容如画
责任编辑：	戴　丽　魏晓平
装帧设计：	沈　旸　申　童
出版发行：	东南大学出版社
社　　址：	南京市四牌楼 2 号
邮　　编：	210096
出 版 人：	江建中
网　　址：	http://www.seupress.com
电子邮箱：	press@seupress.com
印　　刷：	利丰雅高印刷（深圳）有限公司
开　　本：	787mm×1092mm　　1/16
印　　张：	20.5
字　　数：	514 千字
版　　次：	2013 年 12 月第 1 版
印　　次：	2013 年 12 月第 1 次印刷
书　　号：	ISBN 978-7-5641-4705-1
定　　价：	98.00 元
经　　销：	全国各地新华书店
发行热线：	025-83791830

本社图书若有印装质量问题，请直接与营销部联系。电话（传真）：025-83791830

总序一

  周小棣是我的邻居，我是看着他长大的。他勤奋好学，从事古代建筑史、景观史、景观设计、建筑设计等研究。近年来，他和他的团队涉足遗产保护领域的研究，目前已经取得了阶段性的成果。

  城市是有情感的城市，记忆的城市。由于人们的生活居住和特定自然条件所限，城市和建筑往往都具有某些一致性和特殊性，其空间本身也具有某些鲜明的特色。在漫长的岁月积淀中，人们对城市留下了深刻的记忆，同时，城市也承载着地域、民族的特色和历史文化空间要素，在这样的城市中人们才能找到归属感和认同感。

  小棣及其团队通过对这些具有历史厚重感、特色鲜明、被普遍认同的历史文化空间要素的合理组织，建立起了清晰独特的历史空间环境意象，这样的操作思路不仅可以使人们在日常生活中建立起与传统文化的联系，而且也有利于整个社会的传承和发展。

  预祝这套丛书的出版能给肩负着文化传承的遗产保护工作者及建筑师、规划师们带来有益的参考。

中国科学院院士

总序二

说起山西的古建筑遗产，我是饱含深情的。许多不同年代的古建筑数以万个的木质构件、形制特点，许多古代琉璃的历史渊源、烧造工艺，许多不同时期古代壁画的题材内容、艺术风格，许多古建筑内的泥质彩塑的造型特点、气质风韵等，都和我相识甚久、相见如故。这是它们的文化积淀价值和艺术风格所产生的魅力，使我多次与它们相会。对待中国古建筑遗产，我认为：一、建筑实物本身反映了一种历史文明、历史科学、历史的发展和社会的变化；二、古建筑实物本身是文化的载体，是科学的载体，是文化信息的载体，传承着中华民族久远的历史文脉；三、历史在消失，古建筑中留存下来的实物会说话，它为我们述说着中华民族的历史功绩；四、不仅要保护古建筑规模布局、建筑本身和构件，还要保护古建筑周边的整体环境。

在这项工作中，东南大学的城市保护与发展工作室在山西的辛勤耕耘和我的认识是相符的，视野的开阔度和研究的专业度都是令人赞许的！他们的辛勤工作和成果为我省古建筑遗产的保护平添了很大的动力。

回想一下，从他们于2006年在我省开始太原县城的保护规划开始，至今已有七年之久。三本有关山西文物研究和保护专著的出版，是他们不懈努力的见证，更是鼓励大家研究保护工作继续前进的端序。我为之序，既是肯定，也是希望。

柴泽俊

古建筑专家

总序 三

山西是一个文化大省，也是一个文物大省，现世界文化遗产有3处，国家历史文化名城有6座，全国重点文物保护单位有452处，几乎各个县市都有重要的历史建筑存留。面对这些祖先留下来的文化遗产，我们深感责任重大，要竭尽全力留住这些古代遗产的本来面目，让那些饱含着历史沧桑的遗存可持续地将这些历史信息传递下去，让后人也能亲眼目睹中国古人在建筑文化上的智慧与辉煌。

当然，地方对于遗产保护工作的开展和努力，离不开专业团队的协调配合，二者的有效合作是遗产的保护和发展得以在科学指导下顺利进行的前提，东南大学的城市保护与发展工作室即为个中代表。近年来，该工作室扎根山西，勤勤恳恳、埋头钻研，在涉及遗产保护的研究、规划、修缮、设计等各个领域都颇有建树，为山西的遗产保护作出了相当的贡献。

城市保护与发展工作室将在山西的研究成果集结付梓，嘱我为序，希望他们的学术研究能更精、更深、更开阔。

太原市文物局长

致谢

东南大学建筑学院：王建国、陈薇、张十庆、高幸

中国文化遗产研究院：傅清远、张之平、沈阳、乔云飞

东南大学建筑设计研究院有限公司：葛爱荣、杨德安、常军富、俞海洋

北京清华同衡规划设计研究院有限公司：高婷

北京市建筑设计研究院有限公司：布超

西安建筑科技大学城市规划设计研究院：高磊

杭州市汉嘉设计集团服务有限公司：汪涛

浙江省古建筑设计研究院：梁勇

香港大学建筑学院：林晓钰

山西省文物局：白雪冰

山西省古建筑保护研究所：董养忠、吴锐、任毅敏

太原市文物考古研究所：李非

太原市文物局：李钢、赵乃仁、刘军、周富年

太原市太山文物保管所：张志敏

太原市崛围山文物保管所：江涛

太原市晋源区文物管理局：杨秀生、李爱国

目录

卷下 保护五则	97	
多福寺	98	
净因寺	152	
窦大夫祠	200	
龙泉寺	245	
明秀寺	286	

	引言	9
卷上	西山三章	17
	山水城景	18
	山	18
	水	21
	城	26
	景	29
	营建漫漫	32
	阶段	32
	分布	36
	水利	38
	信仰	49
	人文	51
	筑景构境	55
	建筑	55
	聚落	68
	附录	76
	西山建筑类型	76
	西山建筑营建过程	81
	西山历史遗存分布	89
	图表目录	90
	参考文献	93

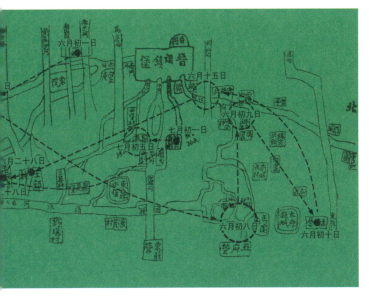

引言

"太原"最早出现于《尚书·禹贡篇》:"既载壶口,治滩及岐。既修太原,至于岳阳。"《毛诗·小雅·六月》亦有:"薄伐严狁,至于太原。"显然,两者所指均非今日之太原地区,而是泛指汾河下游的广袤平川。所谓"太原",强调的是地形状况,是作为区域名称出现的,并非建制名。作为建制名则始于战国末期,秦占领赵之晋阳,在晋阳首置太原郡。此后,几经易变,或太原、或并州,地理范围与今日太原所辖大致相当。"山光凝翠,川容如画,名都自古并州。"[1]这是(宋)沈唐《望海湖·上太原知府王君贶尚书》对并州(即太原)的描述,(唐)李白也曾盛赞其为"雄藩巨镇,非贤莫居"[2]。

公元前497年,晋国大卿赵鞅出于战略上的需要,令家臣董安于精心选址,在今太原市晋源区古城营村一带建晋阳城,是为太原建城之始。公元前453年,"三家分晋",赵国领土包括今晋中及晋北一带,立国都于晋阳城。隋朝末年,李渊父子以晋阳为根据地起兵夺取天下后,该处作为王业兴起之地受到极大的重视,经多次扩建,规模达至历代之顶峰。五代十国动乱时期,先后有晋、后唐、后晋、后汉、北汉等政权以晋阳为国都或陪都。至宋太平兴国四年(979年)太宗赵光义平灭北汉,下令火焚晋阳,次年又引汾水倒灌废墟,有着近1500年历史的晋阳古城毁于一旦。素有"九朝古都"之称的晋阳城虽已湮灭,但太原地区作为区域中心的地位仍然存在。鉴于太原地区是向北抵御外族入侵的边防要地,宋太平兴国七年(982)重将州治迁回,并在原晋阳城东北唐明镇的基础上新建太原城;嘉祐四年(1059)又升为河东北路首府。明洪武三年(1370)朱元璋封三子朱棡为晋王,太原的政治地位随之更显重要,并得到大规模的扩建,城市形制与规模堪称鼎盛,与北京、西安同为大明王朝疆域北部的三大区域中心城市。其后的清代和民国,太原仍为山西省会,城市的结构变化皆不出明太原城的已有基础(表0-1)[3]。

表0-1 | 太原地区的建置沿革

时代	城市	行政设置(最高级别)	所属区划	地主行政体制
春秋	晋阳	始建城邑	晋国	晋国
战国	晋阳	国都	赵国	韩、赵、魏
秦	晋阳	郡级治所	太原郡	以郡治天下,全国分36郡。山西有雁门郡、代郡、太原郡、河东郡、上党郡
西汉	晋阳	郡级治所(时未设部级治所)	并州刺史部 太原郡	沿袭秦朝的郡、县制,并将全国划分为13个监察(称为部),设立部、郡、县的三级体系
东汉	晋阳	州级治所	并州刺史 太原郡	因西汉旧治。设并州刺史部级治所,统一管理所辖郡县
三国魏	晋阳	州级治所	并州刺史 太原国	行政体制因汉之旧治,设州、郡、县三级。太原地区属魏辖区
西晋	晋阳	州级治所	并州刺史 太原国	沿袭魏旧制,设州、郡、县三级,另设有相当于郡级的王国,相当于县级的公国和侯国

---

1 唐圭璋. 全宋词. 沈唐.
2 于逢春. 太原考. 兰州大学学报(社会科学版), 1984 (2): 44-46.
3 申军锋. 太原城史小考. 文物世界, 2007 (5): 46-47.

续表

时代	城市	行政设置（最高级别）	所属区划	地主行政体制
十六国	晋阳	州级治所（历经政权更替、行政级别未变）	并州 太原郡	州、郡、县三级 注：该时段统治太原地区的少数民族政权依次为汉（匈奴）、后赵（羯族）、前燕（鲜卑）、前秦（羌族）、西燕（鲜卑）、后燕（鲜卑）、北魏（鲜卑）
南北朝	晋阳	州级治所	并州 太原郡	州、郡、县三级 注：该时段统治太原地区的少数民族政权依次为东魏（鲜卑）、北齐（鲜卑）、北周（鲜卑）
隋	晋阳	州级治所	并州	州、县两级制
唐	晋阳	北都	河东道 并州	唐初因隋制，设州、县两级制；贞观初（627年—）全国分10道；开元二十一年（733年）增至15道，并分为道、州、县三级制；中唐后又设置节度使
		北京兼为河东节度使治	河东道 太原府	
五代	晋阳	依次为后唐（沙陀族）北都（陪都）、后晋（沙陀族）北京（陪都）、后汉（沙陀族）北京（陪都）、北汉（汉族）国都		
北宋	太原	路级治所	河东路 太原府	路、州（府、军、监）、县三级
金	太原	路级治所	河东北路 太原府	路、州（府）、县三级
元	太原	路级治所	山西道宣慰司 冀宁路	省、路、府（州）、县
明	太原	路级治所	山西布政使司 太原府	布政使司（省）、府（直隶州）、州、县
清	太原	路级治所	山西省 太原府	省、府（直隶州）、州县

  城市的形成与发展往往与其所处的地理环境有着巨大的关联（图0-1）。太原之所在"三山环抱，汾水中流"：东部山地（"东山"）是太行山的延续，西部山地（"西山"）为吕梁山东翼，北部则是太行山、吕梁山延伸的交接地带，周边山脉不仅自然环境优美，也极富历史人文色彩；汾河是黄河水系的第二大支流，发源于山西北部宁武的管涔山南麓，在太原盆地中部自北向西南流过。随着太原地区人居聚落的发展，人们也逐渐将自己的情感托付于周边的环境：当地相传太原城的中轴线上有一条从东南到西北的45°风水线（图0-2），其上的两个制高点分别是城东南的永祚寺双塔和西北崛围山上的多福寺舍利塔（图0-3，图0-4），其间则是众多重要的历史遗存，如钟鼓楼、抚院、文庙、纯阳宫等；加之太原西侧的汾河和大量湖泊，城市建设与山水环境融为有机一体。

  本书即关注于太原地理环境中的"西山"。"西山"，顾名思义，指的是古今太原城（太原郡、太原路、太原府、太原市）西部的边山地区。其所属的吕梁山脉是我国黄土高原上的一条重要山脉，位于山西省西部，呈"东北—西南"走向，整个地形成穹窿状，中间一线突起，两侧逐渐降低。"西山"位于吕梁山脉中部东翼，呈丘陵地貌，海拔在800米至1 800米之间，沟梁高差多在100米至150米；境内有风峪、柳子、明仙、马坊、仙居等多条东西向沟道，均为季节性河道，最终汇于汾水[1]。

  "西山"（包括"东山"）之名的产生是在漫长的历史进程中，当地人为了指向方便而创造出来的形态方位名词。一般来说，"西山"北起冽石口，南至七苦山；西起吕梁山脉中段之东麓，东至太原境内汾河中游之西的河谷平原。然而，值得注意的是，由于在各个历史时期，太原的疆域盈缩多变，广狭不同，且"西山"并非特指某一具体山脉或山峰，所涵盖的范围并没有严格的界定，是一个泛称的地名。

---

1 参见李学江. 太原历史地理研究. 晋阳学刊，1992（5）：95；岳伟. 太原西山风景区的生态环境资源. 太原科技，2004（4）：4.

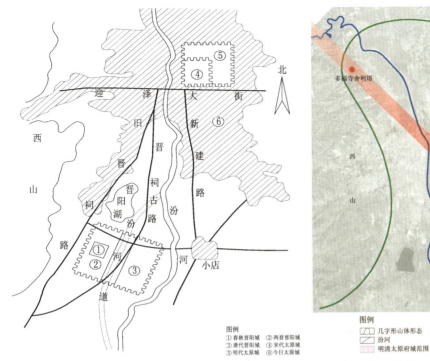

图例
① 春秋晋阳城　② 两晋晋阳城
③ 唐代晋阳城　④ 宋代太原城
⑤ 明代太原城　⑥ 今日太原城

图例
几字形山体形态　　● 历史建筑
汾河
明清太原府城范围　45°风水线

图 0-1 | 太原城址变迁示意　　　　　　　图 0-2 | 太原的山水格局

图 0-3 | 多福寺舍利塔　　　　　　　　　图 0-4 | 永祚寺双塔

　　史籍中关于"太原西山"的记载比较稀少，文渊阁《四库全书》中仅存两例；相比之下，"晋阳西山"的叫法则较为普遍，至迟产生于1 500年前的北齐王朝，如《北史》载："恒父、后主高纬，凿晋阳西山为大佛像，一夜燃油万盆，光照宫内。"[1]

　　不管是"晋阳西山"抑或"太原西山"，其产生都是与城市的创建息息相关的。历史上所言之"晋阳西山"指的是晋阳古城之西的山脉，也就是所谓"太原西山"的南部地区，属于"狭义的西山"。而今日所言之"太原西山"，则是基于现状的地理区划，即凡是位于太原城市西侧的山脉，均谓之"西

---

[1] （唐）李延寿. 北史. 卷八·齐本纪下第八. 幼主高恒.

山",或称之为"广义的西山",其南部与北部的景观特质及其差异反映了太原地区城市发展的各个阶段对这一山脉的景观塑造和文化传承的影响意义。

"太原西山"是一个区域的概念,为表述方便,本书行文皆以"西山"指称。"西山"范围甚广,呈现出纷繁复杂的景观形式与特征:

自然性:西山首先是一个自然区域,相对于城市而言,是对自然风景的描述。然而,不可否认的是其自然性是与人文性相辅相成的,没有自然风光的美好也就不会造就浑然天成的人文景观。可以说,西山是太原城市选址以及随后的城市建设活动所依托的自然环境的一个重要组成元素,也是太原城市发展不可或缺的一个必要特征。

区域性:西山指代的是某几个山体所共同构建的一个系统。其区域性不仅表现在物理空间的宏大上,更重要的是其庞杂多样的体系构成。之所以强调区域性,乃因西山与太原城的发展无法割裂,须作为一个整体进行考虑,只有这样,方可使西山本身的研究更完整也更有说服力。

地域性:西山包含两种地缘环境特征,即山地与河谷平原。吕梁山东麓大部分属于丘陵地貌,山峦起伏,沟壑纵横,地形差异较大,只有极少的村落分布其间。而与此截然不同的是,汾河西岸的河谷平原地区却是村落的聚集区。两种地貌影响下的人文环境、建筑风貌、社会习俗等的差别很大。因此,对该地域的研究也当采取不同的视角进行理解和辨别,不可混为一谈。

过程性:西山人文景观和历史遗存并非一朝一夕形成,甚至不是由单一民族创造的。其演变历史既是太原地区民族融合史的体现,也是社会变迁史的反映。因此,关注点应更加着重于人与自然的关系史,即"论述人与自然的关系史,是一种缓慢流逝、缓慢演变、经常出现反复和不断重新开始的周期性历史"[1]。

普适性:人类理想的生存环境是山水形胜,物产丰富,并具有"瞭望—庇护"之便利性的空间,出于对自身生存与发展的原始要求所驱动,我们的祖先在远古时期就形成了"山水聚落"的观念。如果说,山水城市的营建最初是作为一种自发的选择而产生,那么随着后来风水观念的产生、宗教的传播以及美学的发展,山水城市最终作为一种自觉的、公认的传统理念被人们所接受。这些理念的发展与传播,也就造就了像西山一样位于城市边郊地区的为数众多而又价值极高的风景区。西山所讲述的其实也是其他众多城市所具有的"西山(也许是东山、南山、北山)往事",因此,以西山为例进行探讨,也起到对其他类似的城市边山地区研究的普适意义。

太原市域范围内的历史遗存集中分布区主要有8个(图0-5):古交区、娄烦区、清徐区、东山带、明清太原府城区和西山等;其中,尤以西山遗存丰富,包括具有宗教性质的寺院、道观、塔、石窟、造像,具有世俗性质的祠庙、墓葬及城市遗址和传统聚落等。西山的历史遗存本身也呈现出明显的断裂:南段类型丰富,数量巨大,北段次之,中段最少;这种断裂的产生一方面是由于历史原因造成的,即中段本身的建造力度就十分低,此外,还由于大量的煤矿开采导致中段环境破坏甚大,遗存也随之损毁。

针对西山历史遗存数量大、类型杂的特点,要想建立一个完整丰满的研究体系,首先需要弄清几个最直接的问题:西山的历史遗存分布特征如何?西山的历史地位发生的转变与动因是什么?西山现有的建筑形态布局特征与形成因素有哪些?

---

1 行龙. 以水为中心的晋水流域:66.

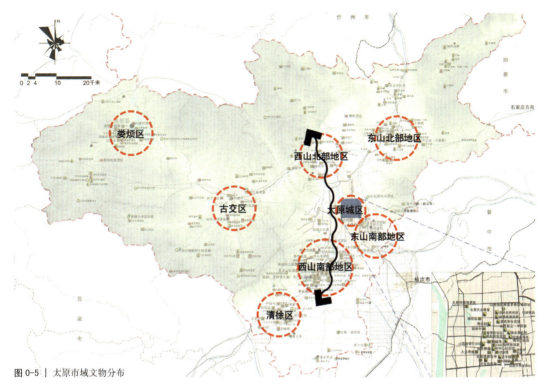

图 0-5 ｜ 太原市域文物分布

就目前已有的关于西山的研究而言，总体上比较匮乏，相关的研究也主要是集中在晋阳古城或太原城市的历史沿革、发展背景等方面，讨论的角度也比较宽泛：

太原历史的综合研究：此类著述和文章数量很多，但大都以概述的形式对太原地区的城市发展和历史变革进行介绍，深度不足。如郝树侯编《太原史话》（山西人民出版社，1979）、范世康主编《太原文化资源概览》（山西出版集团 & 山西人民出版社，2009）、张德一等编《太原市晋源区旅游漫谈》（山西人民出版社，2001）等，语言通俗易懂，具有导游读物的性质。相对而言，安捷《太原风景名胜志》（山西人民出版社，2004）对风景名胜建筑的历史研究较为详细；与此类似的还有康守中《太原市南郊区志》（三联出版社，1994）着重介绍了太原南部郊区的历史、建筑与文化；张德一编《太原市古城营村志》（山西出版集团 & 三晋出版社，2009）、常青文主编《上兰村志》（《上兰村志》编委会，2008）等则是对更次一级的行政范围进行历史研究的成果。这些著述内容翔实，但行文结构为志书形式，以归纳总结为主。

重要建筑（群）的研究专文：由于太原地区拥有大量价值极高的古建筑或建筑群，因此，从历史考古的角度出发，产生了许多以这些建筑或群体为对象的研究专书，如太原市文物考古所编《晋阳古城》（文物出版社，2005）、李裕群等编《天龙山石窟》（科学出版社，2003）、太原市崛围山文物保管所编《太原崛围山多福寺》（文物出版社，2006）、姚富生主编《古太原县城》（山西人民出版社，2006）等。另外，还有一些期刊文章和学位论文也主要是针对晋阳古城、天龙山石窟、龙山石窟以及晋祠等具有较高价值的文物进行研究，比较有代表性的如常一民等《晋阳——与水火相连的古城》（《中国文化遗产》，2008 年第 1 期）、李裕群《晋阳西山大佛和童子寺大佛的初步考察》(《文物世界季刊》，1998年第1期)、中国社会科学院考古研究所边疆考古研究中心等《太原市龙山童子寺遗址发掘简报》(《考古》，2010年第7期)、程文娟《山西祠庙建筑研究》(太原理工大学硕士学位论文，2006)、朱向东等《晋祠中的祠庙寺观建筑研究》(《太原理工大学学报》，2008第1期)等。

从社会学角度出发的著述：近些年，随着人类学、社会学的兴起，出现了一些从社会学角度进行地域研究的著述，这些研究主要集中在太原南部地区的晋水流域，如行龙《以水为中心的晋水流域》(山西出版集团 & 山西人民出版社，2007)、张亚辉《水德配天——一个晋中水利社会的历史与道德》(民族出版社，2008)等，均是从晋水流域的社会史角度，对其社会生活与晋水的关系进行研究，强调了"水"之于该流域的重大意义，张俊峰《明清以来晋水流域之水案与乡村社会》(《中国社会经济史研究》，2003年第2期)则从"抢水"这一角度论述了晋水流域权力运作的模式和政治演变背景。晋水流域是太原西山的一个重要组成部分，这些著述在一定层面上对西山的自然环境与人文环境之间的互动关系进行探讨，可以作为从社会学史的角度进行窥探的重要借鉴。此外，如安介生《历史地理与山西地方史新探》(山西出版集团 & 山西人民出版社，2008)等深刻分析了山西社会史与历史环境变迁之间的内在联系，提供了山西这一更为宏观区域的背景研究资料。

地方政府发行的文史资料：由太原当地政府出版的一些文史资料是对西山地区历史发展研究的重要佐证，如由政协太原市晋源区文史资料委员会编辑的《晋阳文史资料（多辑）》以及尖草坪区委员会编辑的《尖草坪区文史资料（多辑）》等。

如果说，太原西山的历史建筑遗存是一场文化的盛宴，那么，对其进行无论是以城市、宗教、世俗为视角的营建历程描绘，还是以空间使用类型及与人的密切程度为标准的营造手法分析，都更像是一次历史的巡礼。其普适意义在于：西山向世人所讲述的其实也正是其他众多城市所具有的"西山（也许是东山、南山、北山）往事"。基于这样的愿景，本书的写作分为两大部分。

卷上是对于太原西山的历史建筑遗存研究，包含两个层次，其一是在宏观体系下对西山历史遗存的演变历程进行总结，主要是基于遗存的分布特点，以社会变迁为背景，构建历史认知框架；其二则从微观角度，通过考察、对比不同区域或不同类型的历史遗存，对建筑、景观的空间营造方式进行探讨，并涉及与社会生活之间的互动关系。总结如下：

（1）历史遗存特点

从自然角度而言，西山是一个界限模糊的区域，其所囊括的地理范围及所涵盖的具体内容都并非是一成不变的。而从人文角度而言，西山的历史和今天则是政治、文化、社会结构变动下的产物。

在类型上，西山大量的历史建筑遗存中以信仰祭祀类为主。

在时间上，遗存数量及建造频度都有明显的波动，并与城市建设过程产生较好的互动和契合。

在空间上，西山被分为南部和北部两个极为明显的区域，并呈现出一定的区域差异性，南部地区遗存的数量和类型都较北部更加丰富，主要是历史原因导致。

（2）营造建设历程

从区域研究的角度展开，探索西山与城市变革之间、与宗教发展之间、与生活演进之间、与文人活动之间的微妙关系。

西山从古都之山到府城之山再到县城之山，其绝对的历史地位是逐步下降的，但就太原地区而言，其相对的历史地位并未有所改变。

西山不仅始终是城市边郊的宗教圣地，而且以此为基地，向四周辐射，成为传播的中心。

西山在防御和交通方面的优势随着时代的发展在弱化；民间祭祀活动的展开，形成明显的地域文化类型；文人、士绅在推动西山文化发展、增加景致韵味方面颇有裨益且成果斐然，使之成为出世的根本与隐逸的归宿。

（3）空间营造手法

按照空间使用类型与人的紧密程度，西山的历史建筑遗存可分为独立型和聚落型两大体系，这两种体系的最大差别是与人的关系。独立型注重于信仰观念的深化，聚落型则与人的普通生活息息相关，如此也就导致了空间性格的差异性，即：独立型体系的建筑空间更加着力于气氛的营造，诸如选址、形制、序列组织等都呈现出此普遍规律，尽管在具体手法上存在偏差；而对于聚落型体系而言，所有的建筑形式之间是一个完整的不可分割的整体，生动地呈现着西山的传统生活图景，诸如风水、习俗、传说等。

卷下则为五处文物保护单位的保护规划合编：多福寺（国保）、净因寺（国保）、窦大夫祠（国保）、龙泉寺（省保）、明秀寺（国保），皆位于太原西山的地域范围内，空间上自北向南分布。这五处文物保护单位的保护规划，既是基于太原西山地区的历史营建与遗存研究的阶段性成果，亦为其研究的现实意义所在。

忻西南界　　忻北界

静乐界

小店鎮
麥井山
六郎山
龍泉川
古塘關
總羅山
洪山
墕峪水
羊腸坡
獅子崖
交峪河
真武塔
大盂川
大爐坪
天門關
符伏堡
杜家坪
高白
漢道岩
更名
海牛堰
響子溝
蘆家河
趙家山
亭子山
青崖懷
官七佛山
蒼柯坪
磨水山
上蘭橫渠
淤河
蒲伏蘭
馬家坡
五梯崖
環繡山
松蓋山
仁瞿山
海心山
烈石山
朝陽山
大道嶺
烈石泉
西鄰字梁
狼虎山
南嵐河
陽曲川
河口
鼉頭正
巉嶙山
汾河
南社河
潤河
馬鞍山
九鳳山
礤蔵
嶺堂
石先峯
溫家山
玉封河
西封玉崖
虎頭崖
農流
城
石家窊山
陳家嶺
何家山
仙人坪
西鳴
親賢
嶺底
御道川
孔河
清源界
南　　界

卷上 西山三章 ——
山水城景 营建漫漫 筑景构境

山水城景

宋西山是太原盆地与吕梁山脉的过渡区域,各种动植物类型以及各种文化形式复杂交融。欲将之复杂的环境体系清晰建立,须以地域特征为切入点。如同凯文·林奇在《城市意象》中所陈述的那样,不仅城市的识别需要标志性要素,任何一个场所都需要树立一个或几个具有个性的建筑或者景点以便于人们识别,而将这些要素联系起来就成为这一场所的地域特征。

对于西山而言,不外乎山、水、城,及山水之景、山城之景。

山

金代诗人元好问在《过晋阳故城书事》中不仅详述了晋阳城的兴衰历史,且对西山的自然风光不吝溢美:"惠远祠前晋溪水,翠叶银花清见底。水上西山如挂屏,郁郁苍苍三十里。"[1] 历史上的西山可谓"山山清秀,山山有名",由北向南的主要山体有冽石山、崛围山[2](土堂山、珍珠坡)、婴山(庙前山/妙尖山)、石室山、蒙山、太山(风谷山)、青崇岩、龙山(悬瓮山)、卧虎山、方山(天龙山)、南山、镜石山、尖山、象山、苇谷山等(图 1.1-1)。

客观而言,与城市接近的山体被开发、利用的范围和强度相对较大,也是此处关注的重点,即人类改造背景下的太原西山,因此,以下仅涉及与太原城市发展联系最为密切的山体:崛围山、蒙山、太山、石室山、龙山(悬瓮山)和天龙山。

崛围山

崛围山位于西山的北端,与烈石山相并列,呈南北走向,海拔 1400 米左右。南北两峰[3]高峻峭拔,隔汾河峡

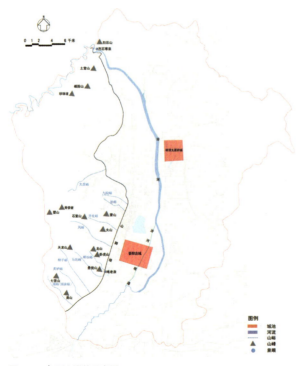

图 1.1-1 | 西山形势示意图

---

1 据孟繁仁.宋元时期的锦绣太原城.晋阳学刊,2001(6):82;唐明镇原是太原府阳曲县治下的一个大村镇,初无城垣,自宋移并州治于此始有城,其范围约在今日太原的西米市街、庙前街、西羊市街为中心,东至今柳巷南路、北至今府西街的地区.
2 郭湖生.中华古都:153-154.
3 康耀先.太原史话.文史月刊,2002(5):37.

谷相对峙，势如入山门户（图1.1-2，图1.1-3）：

"汾水西条之山，来龙有二。一在汾东北，自宁化管涔而下。由静乐县天柱山、分岭山下。马城界口山，交城县早霜山、玉庙儿山入邑界。历水头梁、青崖怀、扫石峪、朝阳山、瀑水崖、官山、小店镇凌井、天门至烈石而汾水出焉。一在汾西南，自岚谷赤壁岭而下。经静乐县静游村

图1.1-2 ｜ 崛围山鸟瞰图（由北向南看）

图1.1-3 ｜ 崛围山实景

图 1.1-4 | 蒙山晓月（日景图）

岚水与汾水合，山随水行，由楼烦镇寨沟山，交城古交镇至长峪沟入邑界。汾水亦至河口村入邑界，历九峰山、石豁子山、一步岩、王封山、土堂山、崛围山、狼虎山、虎头崖至西峙山，与太原天龙山连接。"[1]

蒙山

蒙山的知名度相对较高，源于著名的蒙山大佛及景色之秀美（图1.1-4），明人张颐《蒙山晓月》[2]记曰："咿喔鸡声天渐晓，山岭巍峨残月小。寒光旋逐曙光微，桂影潜随人影杳。露落风清角韵频，轮蹄多少在红尘。堪叹道上名利客，宁识窗前饱睡人。"

十六国时，"汉刘聪征刘琨不克，掠晋阳之民逾蒙山西归，即此山也"[3]。此役即并州刺史刘琨击败匈奴族汉国刘聪入侵的晋阳之战，其他类似蒙山作为晋阳西侧的屏障，确实在历史上起过十分重要的军事作用的史料尚有：

"《十六国春秋》曰：'前赵刘聪征刘琨不克，略晋阳之人，踰蒙山而归。'即谓此也。今山上有杨忠碑，为周将讨齐战胜，隋开皇二年，追纪功烈，始建此碑。忠即文帝之考，谥曰武元皇帝。"[4]

"蒙山……高一百四十丈有奇，盘踞三十里。南连太山，最高名蒙山寨，山下有甘泉一泓。汉刘聪攻刘琨不克，掠晋阳之民踰蒙山西遁即此。上有周将杨忠碑，下有刘薛王避暑寨。苏禹珪《重修蒙山开化庄严阁记》：'峪通马首，地管羊肠。'高若岐记：'繇沙沟北转见石山丛面起，水自山上飞扑而下。'山形如楼台历数重。至水源经东北悬而上，西得盘石，倏见石塔坪耸峙于南斗。折蛇行二里许有最高峰谓即寨。比至，复为数峰所压，更跨一壑折西北，始于群峰间，露巉岏而□起者而后为蒙山之岢。七八折抵其前，陟巅宽平，有石莲池、注底石及基地砌形，刘继元避暑宫之遗址也。西山马回尖、漫天岭而外胥拱于岢上。此山与悬瓮方山鼎立，而所见尤远。"[5]

---

1 道光阳曲县志. 卷一·舆地图上.
2 "蒙山晓月"是宋、元以来太原八景之一，据说月亮在此比别处亮.
3 永乐大典方志辑佚. 太原志. 山川·山·太原县.
4 （唐）李吉甫. 元和郡县图志. 卷十三·河东道二.
5 康熙山西通志. 卷十七·山川.

太山

太山在晋阳古城西门外、蒙山开化峪南,并与南侧的龙山夹峙晋阳西侧的重要交通孔道——风峪谷。山上的太山寺原为道观,名曰"昊天",后改作佛寺。又因有龙泉,祈雨有验,故又更名为龙泉寺。据龙泉寺所藏清乾隆五十九年(1794)碑刻《原邑太山寺新建乐楼碑记》:"工既讫功,问记于予,予唯太山之名始见于沈约《宋书》,而寺建于唐景云元年(710)。五代时,有山民石敢当天以勇略显于北汉之际,而山益有名。"2008年,寺旁发现唐塔遗址,并于地宫出土佛祖舍利,太山与龙泉寺声名再起。

石室山

石室山在风峪之西,"上有石室,壁间篆字,人莫能识。"[1] 2007年,太古公路开凿,山体被毁,惜已无存。

龙山(悬瓮山)

太原又称"龙城",相传与龙山、天龙山之名有关。《汉书》云:"龙山在西北。有盐官。晋水所出,东入汾。"[2] 可见,龙山之名至迟于汉代已有,北齐时"以山名县"[3]。龙山一名悬瓮山,"亦名结绌山……《山海经》曰:'悬瓮山,晋水出焉。东南流注于汾水。'又《郡国志》云:'悬瓮山,多鮆鱼,食之不骄。'"[4] 悬瓮之名乃因山有巨石状如瓮,惜宋仁宗时,地震将石摧毁,现已"无复瓮形矣"[5]。晋祠即在悬瓮山下,晋水所出;山有白鱼泉,近年来环境恶化,泉已不复存在。

天龙山

天龙山在龙山之西,其名晚于龙山,有史料称天龙山与龙山为同一山:"龙山……递高五里,有瓦窑峰,高四十丈。有华严塔,高逾瓦窑。南连悬瓮山,西连方山,北至黑沙岭。上有唐相国裴休退隐遗址。北有童子寺,南道中有白鱼泉,一名天龙山。"[6]

水

汾水

汾水是太原第一大河,发源于宁武县管涔山麓的雷鸣寺泉(东寨镇),河源海拔1670米。汾水蜿蜒穿过崛围山区,自上兰村冽石口出山。在太原盆地北段,汾河虽穿行于太行、吕梁之间,但一直沿着太原西山的地络南行,最后流入广阔的晋中平原地带。

汾河中下游河道有较多支流沿途汇入,径流量较大。但河流坡度较缓,流通不畅,是汾河干流稳定性较差的一段。历史上,汾河中下游一段改道频繁,流域内旱涝灾害频发,给沿岸百姓带来无尽的忧患和疾苦。

唐及以前的汾河水量很大,玄宗开元二十二年(734)主管漕运的大臣裴耀卿建议:"兼河槽,

---

1 大明一统志. 卷十九·山西布政司.
2 (东汉)班固. 汉书. 卷二十八上·地理志上第八上·太原郡.
3 乾隆太原府志. 卷九·山川.
4 (北宋)乐史. 宋本太平寰宇记. 卷四十·河东道一.
5 康熙山西通志. 卷十七·山川.
6 乾隆太原府志. 卷九·山川.

图 1.2-1 | 汾水实景

汾河平原地

汾河谷地

汾河出山口

变陆为水，沿河设仓，水通即运，水细便止。"如此，则大批粮食可"自太原仓浮于渭，以实关中，谓之北运"，解决长安的粮食转运问题。至德宗建中四年（783）河东节度使马燧决引汾水环绕晋阳东城，并在沿岸修建了许多池沼，植柳固堤（图1.2-1）。此后，汾河便在晋阳北侧分为两流，一流穿中城，一流绕东城，再于城南合并，一直南下，推测今日之汾河极有可能是当时马燧决引汾水绕东城之故道。入宋，并州知州陈佐尧引汾水灌注湖泊，沿河环湖复又植柳数万，时人称做"柳溪"，又多植海棠、梨树，元人诗云："翠岩亭下问棠梨，上客同舟过柳溪。"[1]

此后，汾河水土流失现象逐渐严重，水量降低，且中游河段频繁改道，如明万历三十九年（1611）和清乾隆三十二年（1767）的两次，致原引水渠道被迫重建。水系格局的破坏，盆地内水资源的空间分布不均，使各权力之间争夺灌溉用水的讼案越来越多，汾水的水患也十分严重，明清太原县城的城隍庙会俗称"漂铁锅会"，即为描摹每遇洪水，城中锅碗瓢盆四处漂起的景象。

著名的窦大夫祠也正是由于被洪水冲毁，迁现址重建，据祠内金大定二年（1162）《英济侯庙碑记》："旧庙临汾流而靠诸泉，宋元丰八年（1085）六月二十四日，汾水涨溢，遂易今庙。"明以后的洪灾愈演愈烈，如：弘治十四年（1501）七月，"汾水涨约四丈许，将滨河村落房屋及禾黍漂

---

[1] 参见行龙. 汾水清，山西盛. 山西日报，2008-05-20.

没殆尽，是岁大饥。"又，正德十六年（1521），"汾河水泛，漂没禾黍无限，旧河本在史家庄之东，一夕移于其西。是岁大饥。"嘉靖三十二年（1553）六月十六日，"大雨，汾水溢，高数丈，溺死牲畜无算。汾河自瓦窑头西徙至东庄郭村，而下土高四五尺，稻田尽没"[1]。清康熙元年（1662）秋，大雨连绵，汾水泛涨，西山北部的兰村地区山洪爆发，傅山作五言律诗《河涨》记之："台骀犹敢怒，雷电总无劳。平地浮槎起，獾头五丈高。黄陵来裂石，白气冒波涛。对面兰村树，希微只沼毛。"[2]

晋水（难老泉、舍利泉）

晋水是汾水中游的主要水源之一，发源于距今太原市西南25公里的悬瓮山下，即今晋祠，源头有难老、鱼沼、善利三泉，流量以难老泉为最。晋水早在西周时期就已存在，经累代挖掘成晋水四河东流入汾水，晋阳即以其城址位于晋水之北而得名：

"县故唐国也。……时唐灭，乃封之（叔虞）于唐。县有晋水，后改名为晋。故子夏叙诗，称此晋也，而谓之唐。俭而用礼，有尧之遗风也。……昔智伯遏晋水以灌晋阳，其川上源，后人踵其遗迹，蓄以为沼。沼西际山枕水，有唐叔虞祠。水侧有凉堂，结飞梁于水上，左右杂树交荫，希见曦景。至有淫朋密友，羁游宦子，莫不寻梁契集，用相娱慰，于晋川之中，最为胜处。"[3]

"晋阳，晋水所出，东入汾。"[4]

"晋水，源出悬瓮山麓、晋祠难老泉。泉初出处，甃石为塘，分南北渎。又分为四河，溉田凡三万畮有奇。沾其泽者，凡三十余村庄，流灌垂邑之半，东南会于汾。"[5]

"太原有晋阳宫、晋水。"[6]

"周成王封母弟虞为唐侯，其子燮改号曰晋，因其地有晋水也。三家分晋属赵氏，鲁定公之十三年，晋阳始见于春秋。水北曰阳，晋阳者，晋水之北也。"[7]

西山九（十）峪

"峪"即"山谷"，或"两山之间谓之峪，峪必有平地，数顷或数十顷不等"[8]。"峪"的平地面积往往大于"沟"，但二者常通用。

太原西山沟壑较多，不能细数，以"西山[9]九峪"最为著名，即因山势东北、西南走向而形成的大致呈东西延伸并线性排列的九条山峪，均是季节性河流，由西向东注入汾河，是汾水的主要水源之一，以柳子峪和风峪为著。

"西山九峪"之说见于（清）刘大鹏《明仙峪记》："峪凡有九，而分为南四北五，曰风峪，曰开化峪，曰冶峪，曰九院峪，曰虎峪此为北五峪，自南而北数者也；曰明仙峪，曰马房峪，曰柳子峪，曰阎家峪（俗呼南峪），此为南四峪，自北而南数者也。"[10]

但同书又记有"十峪"："太原西山之峪凡十。明仙峪之北五：曰风峪，曰开化，曰冶峪，曰

---

[1] 嘉靖太原县志. 卷三·祥异.
[2] 侯文正等. 傅山诗文选注：69.
[3] （北魏）郦道元. 水经注. 卷六·晋水.
[4] （东汉）班固. 汉书. 卷二十八上·地理志上第八上·太原郡.
[5] （清）刘大鹏. 晋祠志. 卷三十·河例·晋水.
[6] 康熙山西通志. 卷十七·山川.
[7] 道光太原县志. 卷一·沿革.
[8] （清）刘书年. 刘贵阳说经残稿. 沂水桑麻话.
[9] 此"西山"之说当指今所言的"西山南部地区".
[10] （清）刘大鹏. 晋祠志. 明仙峪记卷第一·峪之大略.

图1.2-2 | 西山山峪实景

九院峪,曰虎峪,马房峪之南三:曰柳子峪,曰黄芦峪,曰阎家峪,均出煤炭。"[1] 可见,西山并非只有九峪,甚至不止十峪,前人只讲九峪或十峪,可能有两方面原因:一是九(或十)乃虚数,"西山九峪"就代表了西山众多河道或者沟壑的存在,以之体现西山险峻的山势及富饶的水源;二是与其他峪相比,此九峪(或十峪)的景色相对突出,水量充沛(图1.2-2)。

众所周知,山西素称"煤炭之乡",太原是山西煤炭开采相对发达的一个地区,而西山又是"峪峪走车马,沟沟有煤窑"[2],煤窑密集(表1.2-1)。早自宋代,明仙峪就开始采煤,大规模开采则在明代以后。采矿造成了大量的山体塌陷、荒山裸露,西山景观遭到极大破坏;同时,这也是峪水成灾的最主要原因,西山的季节性洪水逐渐威胁周边聚落,至清乾隆间(1736—1795)风峪沟的洪水就曾在十年内两次冲毁太原县城西门[3]。

金大定十年(1170)《重修九龙庙记》可能是关于峪水之灾的最早记录:"本朝皇统七年(1147)二十三日,风谷河泛涨,怒涛汹涌,沟浍皆盈,祠屋漂溺。"[4] 再如清同治十三年(1874):"夏四月二十三日夜半,大雨如注,倾盆而至,雷电交加,势若山崩地塌。明仙、马房两峪,水俱暴涨,马房峪更甚。晋祠南门外庐舍田园,湮没大半。淹毙男女五、六十口,骡马十数匹而已。金谓山中起蛟,致有此患。……涧水为灾,间或有之。然祇淹没田畴,未尝害及人民庐舍也。独甲戌一灾,危害甚巨。"[5]

有水患,就要治理;反之,防洪工程的修建情况也反映了水患的严重程度。明清史料中关于西山各峪修堤防洪的记载频见,说明至少自金代已有的峪水灾害,已愈演愈烈了:

"沙堰,在风谷口,先年筑以障风谷暴水,成化年间(1465—1487)颓坏,正德七年(1512)王恭襄公倡督官民修筑,嘉靖七年(1528)复坏,公复倡率理问丁安县丞田璋修筑。嘉靖二十一年(1542)复坏,主簿王儒修筑,用石累砌,嵌以石灰,长二百余步。"[6]

"明仙峪,在晋祠北,左侧卧虎山,右侧悬瓮山,口外两旁甃石为堤,以束涧水。"

"马房峪,在晋祠南。左为锁烟岭,右为鸡笼山。口外两旁甃石为堤,防涧水之横溢。……"[7]

"乾隆四十一年(1776)(丙申)十月二十三日(辛酉)山西巡抚觉罗巴延三奏:'太原县西

---

1 (清)刘大鹏. 晋祠志. 卷第四·山水·马房峪.
2 曾谦. 近代山西煤炭的开发与运销. 山西档案, 2009(1): 51.
3 张亚辉. 水德配天——一个晋中水利社会的历史与道德: 53.
4 嘉靖太原县志. 卷五·集文.
5 (清)刘大鹏. 晋祠志. 卷四十一·故事下. 峪水为灾.
6 嘉靖太原县志. 卷一·桥梁.
7 (清)刘大鹏. 晋祠志. 卷第四·山水.

五里有风峪口，两旁俱系大山，大雨后，山水下注县城，猝遇水灾，捍御无及。请自峪口起开河沟一道，直达于汾。所占民田计止四十余亩，太原一城可期永无水患。'得旨：'嘉奖。'"[1]

表 1.2-1 | 西山各峪矿藏分布

峪名	概况
虎峪	在县西北四十里，出石灰
九院峪	在县西北三十五里，出石灰
冶峪	在县西北二十里，旧为冶铁之所，故名。今造磁器，出石灰
开化峪	在县西北十里余，造砂碥，出石炭、石灰
风峪	在县正西五里许，路入交城、娄烦，唐北都西门之驿路。五龙缠、青崇岩俱在内，出石炭、石灰
明仙峪	在卧虎山之南，出石炭
马房峪	在悬瓮山之南，出礬
柳子峪	在县西南十五里，出石炭，出礬
黄芦峪	在县西南二十里，出石炭
周家峪	在县西南二十里，出石炭

烈（冽）石寒泉

烈石山有冽石口（图 1.2-3），是汾河由山地流向平原地区的出水口："冽石谷……一作烈石。山罅出泉，傍有龙井，所谓烈石寒泉也，有窦鸣犊庙。冽石口岩窖百重，如断如削。汾河繇口出，窦大夫祠西数泉，泠泠可爱，名寒泉。金史纯《英济侯感应记》：汾水之滨有祠曰英济，俗呼名烈石神，盖里俗传之讹。取山石分裂，水从中出而名焉，其实非也。又史纯记英济庙之右有数泉，出于苍崖石脚间，旱焉不干，水焉不溢，湛然澄澈，可鉴毫毛，深疑神物窟宅隐

图 1.2-3 | 烈石寒泉区位图

伏于中。距数步则洪流奔涌，滔滔然势不可遏。惜乎地多沙溃，逼于河汾。不然，则凿渠改流灌溉民田，济物之功不在汾阴昭济之下矣。（明）于谦《烈石祠碑》：其地山川环抱，树木蓊郁，朝云暮霭，恒出檐楹栋宇间。祠之右有池，灵源浚发，澄波混漾，穿甲巨鳞出没，天光云影中隐现，恍惚若有神，以凭之。"[2]

"烈石寒泉"又名"冽石寒泉"，乃著名的阳曲八景之一，（唐）李频诗云："泉分石洞千条碧，人在冰壶六月寒。"早年的烈石寒泉水量极大，汾河得泉水注入，势始汹涌，"烈石山下有泉，大小正侧不一，汇而为潭，方广数丈，清澈异常。"[3]

清代以后的烈石泉水有一独特现象，即与汾河"泾渭分明"："烈石池即烈石泉，在县西北四十里烈石庙西，池水徐徐而出入于汾，不相合，惟清水一泓，流二十里始合汾，谚曰清水半壁，

---

1 （清）清实录．高宗纯皇帝实录．卷一〇一九·乾隆四十一年十月下．
2 乾隆太原府志．卷九·山川．
3 道光阳曲县志．卷一·舆地图上．

浑水半壁。"[1] 在赞叹烈石泉水清澈丰腴的同时,也说明此时的汾河已经由于水土流失严重导致含沙量极高。此后,环境恶化日趋严重,到如今,烈石依旧,寒泉已涸,"泾渭分明"也消失了。

城

《管子·乘马》言:"凡立国都,非于大山之下,必于广川之上。高毋近旱而水用足,下毋近水而沟防省。因天材,就地利,故城郭不必中规矩,道路不必中准绳。"同书《度地》又言:"故圣人之处国者,必于不倾之地,而择地形之肥饶者。乡山左右,经水若泽。"《周礼·夏官》亦主张建城"若有山川,则因之"。中国古代营城基本遵循"枕山、环水、面屏"的度地模式,注重"山—水—城"的有机融合,所谓"山水大聚会之所必结为都会,山水中聚会之所必结为市镇,山水小聚会之所必结为村落"[2]。太原的"山—城"体系即为典型代表:西山完善了太原城市聚落的整体意象,同时又决定了城市聚落的性格特征。

屏障意义

在长达2500年的太原城市建设历史中,太原地区的行政中心发生由南向北的转移。以宋太祖火烧水淹晋阳城为界,太原的历史地位发生较大的变革,据之,亦可将太原城市建设历程分为前后两个时期。

晋阳城始建于春秋末年,选址于西山(悬瓮山、龙山、蒙山)脚下的汾、晋交汇之处,所谓"山环水绕,原隰宽平",其南临近台骀泽(晋泽),又便于排水。城址选择在西山脚下,取决于太原盆地异常重要的军事意义,反之又是山水环境赋予其独特的城市性格:首先,太原盆地位于晋国国土的偏远地区,是新开辟的疆土,诸卿势力纷至沓来,以谋一席之地,晋阳遂成众雄激烈角逐的中心地区;其次,春秋末,晋国封建力量迅速发展,执政的六卿是新兴封建政治的代表,在太原盆地的竞争与角逐,使晋阳成为晋国封建因素最活跃的区域;再次,晋国占据太原之后,其东、西、北三面与少数民族戎狄接壤,六卿不断向戎狄渗透,太原盆地又成其开疆拓土的前沿阵地[3]。如此形势下,晋阳城的建设从一开始就带有强烈的政治军事色彩。

(清)顾祖禹《读史方舆纪要》记述了西晋、隋、唐、五代时期山西境内的重大战役,皆与西山的蒙山有关,将其在地理防御上的重要性阐释得极为形象:"晋阳有蒙山。其山连亘深远,或以为北山,或以为西山。晋永嘉六年(312)刘聪使刘曜等乘虚寇晋阳取之,并州刺史刘琨请救于猗庐,曜等战败。弃晋阳踰蒙山而归。又北周保定二年(562)杨忠会突厥自北道伐燕,至恒州,三道俱入,从西山而下,去晋阳二里许,为齐将段韶所败;唐天复二年(902)河东将李嗣昭等取慈、隰二州,为汴军所败,汴军乘胜攻河东,嗣昭等依西山而还;又后唐清泰三年(936)张敬达等围石敬瑭于太原,契丹救太原,敬达等陈于城西北山下,战于汾曲,为契丹所败。皆蒙山也。"[4] 位于风峪店头村东北方向的蒙山寨是晋阳古城西侧的最高峰(海拔1325米),可环顾四周形势,是绝佳的了望之所和军事要塞。简言之,西山(蒙山)是进可攻、退可守的天然屏障。

---

1 乾隆太原府志. 卷九·山川.
2 李先逵. 风水观念更新与山水城市创造. 建筑学报,1994(2):14.
3 康玉庆,靳生禾. 晋阳城肇建的地理环境因素. 太原大学学报,2005(6):12.
4 (清)顾祖禹. 读史方舆纪要. 卷四十·山西二.

交通要道

《嘉庆重修一统志》载："风谷山，在太原县西十里，即风峪。石壁有穴，中有北齐天保时刻佛经石柱一百二十六。是山西接交城，为唐北都西门之驿道。按《五代史》及《通鉴》、《后唐》中王存渥自晋阳走风谷，盖即此山。胡三省注《通鉴》，以风谷为岚谷之误，恐非。"[1] 可见，风峪自古就是太原地区通往古交的交通要道，也是晋阳古城六条主要驿路之一。春秋末到战国初，晋阳就有一条西去吕梁山的大道，从地理位置分析，应为风峪通吕梁的大道，据《大唐创业起居注》："隋炀帝……因过太原，取龙山、风峪道行幸。"《北齐书》："周武帝遣将率羌夷与突厥合众逼晋阳，世祖自邺倍道兼行赴救。突厥从北结阵而前，东距汾河，西被风谷。"[2] 风峪也是晋阳古都的军事隘口之一[3]。

盛唐时期，河西走廊的农业开发使之发展成为国家所倚重的粮食基地之一。当时，太原经灵州与河西走廊之间有一条传统的运粮通道，将河西粮食"源源东运，以实皇廪"[4]，虽然不能确定这一通道的具体位置，但是可以显见的是西山正是位于这条通道之上。此外，太原地区也是五台山佛教文化传播的路径和重要通道，在去五台山巡礼的前后，太原都作为中转站存在，为讲法高僧、佛教信徒及普通民众提供了一个交流的平台。

民族融合

太原地区自古以来就处于我国由东北至西南的一条传统农牧分界线上，这条分界线以西北为游牧族为主的游牧区，以东南为华夏族为主的农业区。"分界线南北两种不同的生产生活方式，迥然不同的旱地农业文化与草原部落文化的激烈碰撞，导致了古代中国北方旷日持久的民族冲突。是以晋阳首当其冲，不妨说晋阳是历代王朝防范胡骑南下的巨大战略重镇，亦北方游牧强族南进之无可替代的门户。"[5] 正因如此，晋阳受到来自两种文化的共同作用，成为民族融合的前沿。

尤其是在南北朝时期，北方各民族逐鹿中原，晋阳成为"五胡"[6]南下的战略要地，先后被前赵、后赵、前秦、后燕、西燕所占据。前秦苻丕还以晋阳为都登上帝位[7]。北魏开始，主张改革汉化，当时的北魏都城平城成为吸收和容纳四面八方民族文化的大熔炉。至孝文帝迁都洛阳，晋阳成为平城与洛阳之间重要的枢纽城市，被认为是"胡汉民族共处融汇的乐土"[8]。东魏到北齐间，鲜卑化汉人高欢掌握实权，以"晋阳四塞，乃建大丞相府而定居焉"[9]，将三州六镇[10]的鲜卑人迁到晋阳附近，作为主要兵源。此时的晋阳作为东魏霸府和北齐别都，取代了洛阳以及后来的邺城，成为号令天

---

1 嘉庆重修一统志. 卷一百三十六·太原府一·山川·风谷山.
2 （唐）李百药. 北齐书. 卷十六·列传第八·段荣.
3 王海. 古堡店头：5、39.
4 李并成. 一批珍贵的太原历史资料——敦煌遗书中的太原史料综述. 中国古都研究（第二十辑）——中国古都学会 2003 年年会暨纪念太原建成 2500 年学术研讨会论文集：232.
5 靳生禾，谢鸿喜. 晋阳古战场考察报告. 山西大学学报（哲学社会科学版）. 2007（5）：240.
6 五胡，即并州胡。所谓"胡"，就是古人对汉族以外的其他民族的泛称，既指北方草原游牧民族，也指来自西域乃至中亚的粟特人。这里主要是指匈奴、鲜卑、羯、氐、羌。
7 李非. 晋阳文化综论. 晋阳学刊，2006（4）：39.
8 渠传福，周健. 晋阳与"并州胡". 中国文化遗产，2008（1）：75.
9 （唐）李百药. 北齐书. 卷一·帝纪第一.
10 "三州"指冀、定、瀛（治今河北冀州、定州、河间），"六镇"是指防御来自北方的侵扰，拱卫首都平城，北魏前期在都城平城（今山西大同东北）以北边境设置的六个军镇，自西而东为沃野、怀朔、武川、抚冥、柔玄、怀荒六镇.

图 1.3-1 | 历代太原区位图

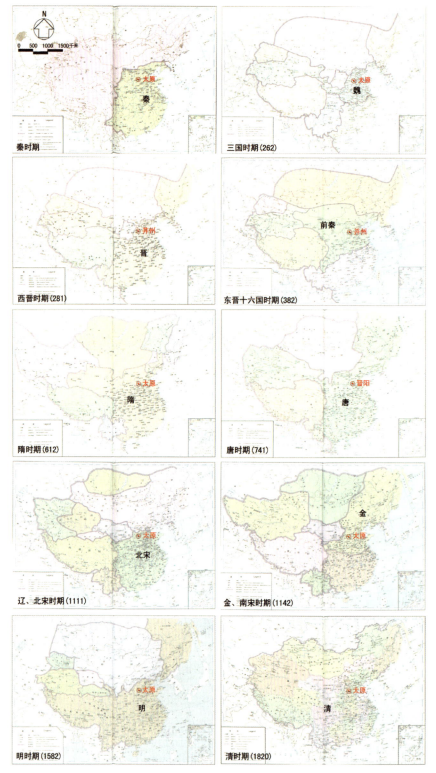

秦时期

三国时期(262)

西晋时期(281)

东晋十六国时期(382)

隋时期(612)

唐时期(741)

辽、北宋时期(1111)

金、南宋时期(1142)

明时期(1582)

清时期(1820)

下的政治军事中心，也成为当时的国际化大都市。近年来，在太原地区发现了几十座北齐高官的墓葬，风格和样式都是传统型构的石椁与异域内容的浮雕相结合，可见当时胡人文化与汉族文化的交汇之盛（图1.3-1）。

商业贸易

晋阳成为民族融合中心的另一个表现是发达的商业贸易。早在春秋时就形成以晋阳为中心放射出几条骨干交通路线，这一交通格局到秦汉时期得以完善。虽然经过了魏晋南北朝近400年的分裂和动乱，到北齐时期，

图1.3-2 | 北齐娄睿墓壁画《驼运图》部分

由于统治者政治、军事需要，这几条早已形成的交通骨干路线不仅得以维持下来，而且更加趋于完善。晋阳的交通要冲地位，使其成为北方交通的枢纽和贸易中心城市。

商业贸易的重大发展始于魏晋南北朝时期，当时的皇族官僚穷奢极欲、挥霍浪费，成为商品经济发展的重要因素之一。晋阳城遂成为各地物资的集散之地，主要交流牲畜、珠宝、酒、丝绸等物品。如北齐时有丞相高阿那肱在晋阳城中侵占民地,盖起80余间店铺门面租赁给商人,获取暴利；娄睿墓[1]的壁画上有高鼻短胡、浓眉深目的胡人牵引着昂首负重的骆驼以及背驮货物的马队，可窥晋阳中西贸易的繁荣情景（图1.3-2）。

至唐开元间（713—741）晋阳城有居民22万，再加上驻军部队和没入户籍的人口，总数在30万左右。要维持如此众多人口的消费，必然要有繁荣的城市商业，更出现了一些载入史册的著名商人，如五代后周晋阳人李彦群等。日本国僧人圆仁游历大唐，看到晋阳西山"遍山有石炭，远近州人尽来烧取"，说明当时煤炭贸易的繁荣。1958年，文物部门在晋阳古城遗址以北的金胜唐墓中出土了一枚波斯萨珊朝库思老二世银币，币为圆形（直径3厘米），正面铸有王者半身像和外国文字，背面铸火教祭坛和铸币地点、年代，此为西亚商人在晋阳进行商业活动的实物佐证。[2]

景

景观意境的构成包括空间序列与文化氛围两个方面，西山是多处山体所形成的集群，从序列上来看是由分散的几个子系统所构成，每个子系统又有自己的特征。相较而言，文化意境的塑造对综合特征的体现更加直观，如十分常见的某处"八景"。所谓"八景"，并非确数，也会有十景、十二景、十六景等。

传统文化意义上的"八景"，反映的是某个地区的自然与人文环境，并与地域特征密切相连。

1　1979年，晋阳古城遗址以南7公里处发掘北齐东安君王娄睿墓.
2　张德一. 晋阳古城商业拾零. 太原晚报，2010-01-25.

"八景"是对山形水势的形象表述，字面上似乎可以理解为"八方之景"，但其实是针对某些具有地标性的景观，并非拘泥于其具体方位。

尽管"八景"常被诟病于不可考证或附会支离，但对大多数人而言，并非看重或强求是否必定或者仅仅有这八景，因为，不管是八景的总结者还是感受者，前者表达了对自然环境的礼赞，而后者从中获得了对某一特定领域的特征认知，或是产生认同感。那么，基于这样的前提，"八景"的真实与否、措辞夸张与否就显得不是那么重要了，真正的美景其实就在身边，只是等待着被发现、被挖掘、被感知。事实上，实际的生活情形及自然环境并非如景色描述般那样的美好，但"景不自胜，因人而胜"[1]，"山水因人而名"[2]，人文和自然的和谐搭配会使景观的价值得以凸显。"八景"从某种意义上的"精英（文人墨客、乡绅仕宦）审美逐渐演化为一种集体意识"[3]，从而成为地方认知的重要媒介和地域标志，不仅展示了古人的智慧，对自然山水的美好向往，对生存环境的强烈热爱，更重要的是，"八景"具有强烈的地域性，是人们对生存领域空间的限定与强调。

太原西山因地域广阔，各种"八景"层出，如太原县、阳曲县就分别有"八景"的记载，此外，（清）刘大鹏《晋祠志》也列有西山的众多景致，如天龙八景、晋祠内外八景、赤桥十景、明仙峪十二景、黄楼八景等（表 1.4-1）。

表 1.4-1 | 西山各级八景（十景、十二景）内容

八景	所属	其中位于西山地区的景观名称	自然景观	人文景观
太原县八景（一）	县城	蒙山晓月、汾水秋波、白龙时雨、卧虎晴岚、广惠灵泉、浮屠瑞霭、仙崛避暑、御井停骡	4	4
太原县八景（二）	县城	五峰聚秀、八洞环青、清潭写翠、古塔凌苍、蒙山晓月、汾水秋波、白龙时雨、卧虎晴岚	4	4
阳曲八景	县城	汾河晚渡、烈石寒泉、崛围红叶、土堂怪柏、西山叠翠	4	1
天龙八景	景区	重山环秀（崇山环翠）、层阁停云（佛阁停云）、龙潭灵泽（龙池灵泽）、虬柏蟠空、鼎峰独峙、石洞栈道、高欢避暑、柳跖旗石（柳子旗石）	4	4
晋祠内八景	景区	望川晴晓、仙阁梯云、石洞茶烟、莲池映月、古柏齐年、滕瀛四照、难老泉声、双桥挂雪	3	5
晋祠外八景	景区	悬瓮晴岚、文峰鼎峙、宝塔披霞、谷口双堤、山城烟堞、四水青畴、大寺荷风、桃源春雨	3	5
明仙峪十二景	景区	峰悬石瓮、岩挂冰帘、鹿角蘸碧、虎尾拖岚、凉岩锁翠、刚崖缀黄、钟声宝刹、雪积华严、白云山色、流水泉声、石门月照、瓦窑霞飞	7	5
赤桥十景	村落	古洞书韵、兰若钟声、龙冈叠翠、虎岫浮岚、古桥月照、杏坞花开、唐槐鼎峙、晋水长流、莲畦风动、稻陇波翻	7	3
黄楼八景	村落	村槐嫩阴、井泉甘液、曦辉普照、涧水传声、杏园春色、枣坪秋霞、龙桥叠雪、鱼洼吐云	7	1

"八景"中的自然景观数量略多于人文景观：西山自古即为风景佳处，是太原区域认知的最重要特征之一，除了"晋祠内外八景"中人文景观的比例略大之外，其余均以自然景观为主或两者数量相同。

"八景"有级别所属，具"大八景套小八景"的层级关系：如晋祠、天龙山等，隶属于"太

---

1 （清）徐尚印. 双锦徐氏宗谱. 卷一；转引自张廷银. 传统家谱中"八景"的文化意义. 广州大学学报（社会科学版），2004（3）：42.
2 （清）潘国霖. 婺北清华胡氏家谱. 卷三十二；转引自张廷银. 传统家谱中"八景"的文化意义. 广州大学学报（社会科学版），2004（3）：42.
3 赵夏. 我国的"八景"传统及其文化意义. 规划师，2006（12）：90.

原县八景"系统，本身又自成体系，形成更深一层的"晋祠内外八景"、"天龙八景"，甚至一些历史悠久、景色优美的村落，也在漫长的历史时期中形成自己的景观体系。

"八景"并不固定，随环境而变：对比明《嘉靖太原县志》与清《道光太原县志》中关于"八景"的文字描述，嘉靖间（1522—1566）的"八景"包括蒙山、汾河、天龙山白龙池、卧虎山、晋溪、惠明寺阿育王塔、苇谷山仙严寺、御井，而道光间（1821—1850）的"八景"则有青崇岩、龙山、晋祠、蒙山、惠明寺阿育王塔、汾水、天龙山白龙池、卧虎山。可见，对于地方景致的认知是随人随时不断变化的，既来自于景观本身的兴衰，也与时人的文化认知以及审美情趣相关，如蒙山、天龙山等始终是胜景之地，而其他景致如晋溪、仙严寺等由于某些原因遭到毁弃，清时就退出了"八景"。

营建漫漫

西山的景观和建筑体系的形成并非一蹴而就，而是具有时间性和过程性，有赖于各朝各代的大力营建和多个民族的文化融合。西山建筑遗存景观的形成过程是人与自然之间关系的演变，是两者相互作用的结果。探究演变的历程比单纯地针对现状进行分析更具有现实意义，因为"在很多活文化传统中，实际上发生过什么，比材质构成本身更能体现一个遗址的真实性"[1]。

以下主要从三个角度宏观考察西山格局的形成及发展规律，总结城市的发展、文化的变迁与西山文化景观之间的关系：

（1）西山历史建筑景观的发展以城市变迁为契机，每一次的城市迁移都对西山的建设产生影响，或建造力度增大，或祭祀对象变化。在这种变迁的背后，统治阶级的喜恶对西山的影响较大，主要表现在不同信仰建筑的建造力度呈现不同程度的波动。

（2）作为城市周边的宗教信仰区，西山拥有大量的宗教历史遗存，这些宗教建筑的兴衰荣辱正是西山文化兴废历程的直接表征。

（3）在漫长的发展历程中，从统治阶级的神圣之山，到普通民众的欢愉之山，西山的地位发生着微妙的变化。时至明清，众多文人士子云集西山，给西山来了更加浓厚的文化底蕴。不可否认，文人士子看待西山的角度不同，心中所构建的西山图式亦不同，对西山发展的推动力和期望值必然有所不同。

阶段

纵观太原建城史，历史上最具影响力的事件主要有：（1）公元前497年于晋水之阳建晋阳古城；（2）宋太平兴国四年（979）于唐明镇建太原府城；（3）明洪武八年（1375）于晋阳古城遗址建太原县城。这三次有关城市建设的变革引起了两个方面的转化：首先是城市的位置，由南向北重心转移；其次是城市的性质，由都城到府城的降格。

图2.1-1是对现存历史建筑现状年代与始建年代进行的统计，图（a）显示现存建筑年代以清代为最，明代次之，南北朝和隋唐时期相对数量也较丰富。再与图（b）对比，建筑的始建年代多为南北朝到隋唐之间及明、清，且有大量清代遗存的始建年代并不清楚，但多为关帝庙、真武庙、观音堂等，根据经验判断其始建不会太早。亦即，单看清以前，南北朝、隋唐、明是太原西山建设力度较大的时期，是明显的时间节点。

图2.1-2是针对营建过程的分析，图（a）是次数统计，呈现出西山营建的三个阶段：首先是唐以前，力度处于上升的状态，其中于北齐和盛唐形成两次高峰；宋元时期，趋于平缓，各朝营

---

[1] Dawson Munjeri. 完整性和真实性概念——非洲的新兴模式. 会安草案——亚洲最佳保护范例（2005）. 五、真实性与非物质文化遗产.

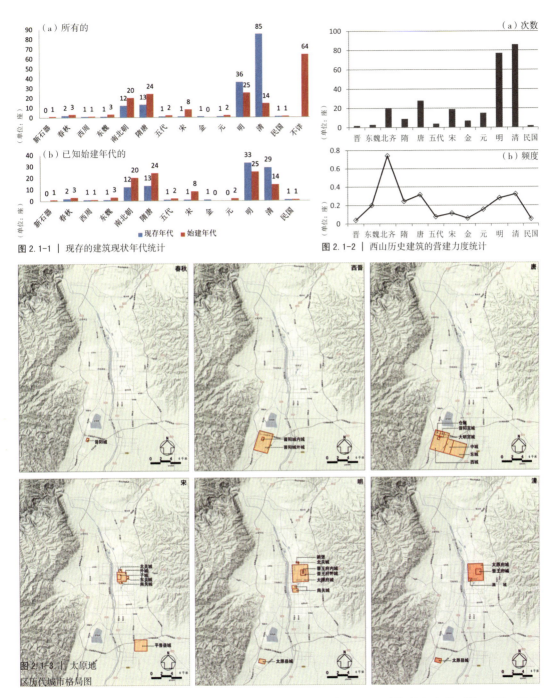

图 2.1-1 | 现存的建筑现状年代统计

图 2.1-2 | 西山历史建筑的营建力度统计

图 2.1-3 | 太原地区历代城市格局图

建略有增减，但较平均；而到了明代，力度陡然剧增，至清以后达到前所未有的顶峰。图 b 是基于朝代时段的频度统计，即营造活动与时间长度的比值，基本验证了上述发展趋势，但由于南北朝时间跨度较短，尤其是北齐庞大的建造量，使得从建造频度来看形成有史以来的最高值。

如果将营建过程与社会变迁史相结合来看（图 2.1-3），又可发现，西山的建设活动与政治环

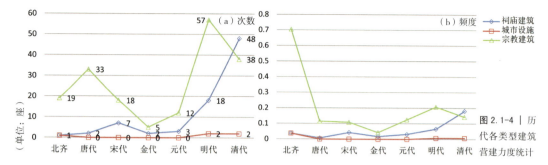

图 2.1-4 | 历代各类型建筑营建力度统计

境的变革是有着相互对应关系的，即西山的营建与城市的营建基本同步。具体到营建内容，西山在金代以前的宗教建筑修建中一直占有绝对优势，此后虽然这种优势并没有太大的变化，但民间信仰祠庙建筑异军突起（图2.1-4），不过，这两种发展趋势的界限并不明确，而是可以相互叠加、同时进行的。

先秦时期：远古—公元前497年

城市西部之山谓之西山，即西山是相对城市的存在而产生的，没有晋阳城（太原城）也就不会有西山之说。因此，对于一座城市而言，西山首先作为人们向往自然、崇尚山水的圣境，受到统治者与民众的共同推崇。西山的概念最晚应产生于北齐年间，但对于最早始于何时史籍中未有记载。既然西山是依托于城市发展的，那么西山之名的产生至少应是晚于城市的产生，即意味着西山之名的出现不会早于晋阳城肇始时期，即公元前497年。

不过在此之前，西山地区早已有了人类的足迹，并出现了先进的文化。在太原西山地区已考古发现了两处重要的早期遗址，一是位于汾河西岸的新石器时代义井文化遗址，一是位于上兰镇土堂村附近的旧石器时代文化遗存。商周时期，这里是并氏、北唐戎、燕京之戎等方国或游牧部落的活动区域。直到周成王"剪桐封弟"，将古唐国封给其弟叔虞，自此开启了太原地区的城市发展史。

严格意义上来讲，此时并没有所谓的"西山"，至少，西山还未作为一种文化意义的限定出现在历史上，是西山文化发展的萌芽期，也没有留下多少当时的遗迹，只有多年后人们为纪念叔虞而建造的祠堂仍然接受着世人的敬仰。

晋阳城时期：公元前497年—宋太平兴国四年（979）

《春秋》中"定公十三年秋，晋赵鞅入于晋阳以叛"是对晋阳最早的记载，据《史记》载，公元前497年，晋国大卿赵鞅出于战略上的需要，令家臣董安于精心选址，在今太原市晋源区古城营村一带建晋阳城，是为太原建城之始[1]。

晋阳城"拊天下之背而扼其喉也"[2]，其选址颇具科学性和政治性。西山高万仞，拔地而起，表里山河，固若金汤，既可作为防御外敌的屏障，又可提供丰富的物质资源。东有汾水、南有晋水，"山环水绕，原隰宽平，……既解决了城市的生活用水问题，又有交通灌溉之利，可谓理想的建城位置。"[3]

至北齐高氏经营晋阳，"大起楼观，自汾以下，皆游集焉"[4]。在晋祠凿池塘、盖楼台，如飞梁及难老、善利二亭、三台阁、读书台、望川亭，都建于该时。天统五年（569）又将晋祠更名为

---

1 （西汉）司马迁. 史记. 卷四十三·赵世家第十三.
2 （清）顾祖禹. 读史方舆纪要. 卷三十九·山西一.
3 常一民，陈庆轩. 晋阳——与水火相连的古城. 中国文化遗产，2008（1）：18.
4 （唐）李吉甫. 元和郡县图志. 卷十三·河东道二.

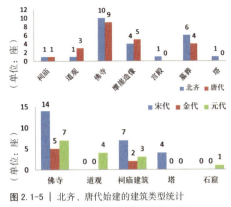

图 2.1-5 | 北齐、唐代始建的建筑类型统计
图 2.1-6 | 宋、金、元营建力度（次数）统计

"大崇皇寺"。此外，还效法北魏在云冈、龙门的做法，在西山上筑童子寺、法华寺，凿石窟、镌佛像，西山一带的佛教盛极一时。隋代开始对晋阳城进行大规模扩建，更于汾水东岸建小城。入唐，武则天天授元年（690）长史崔神庆奉旨跨汾水修筑城堞，把两座城市连接在一起，形成横跨汾水、三城相连的胜景[1]，并设晋阳为北都，天宝元年（742）称太原为"北京"，与洛阳、长安并称"天王三京"。有唐以来的统治者多以太原为龙兴之地，并屡次巡幸，如显庆五年（660）唐高宗与武则天就曾幸龙山童子寺，次年又派使臣给大佛送袈裟。

北齐至唐，可谓晋阳城最辉煌的时期。是时，作为都城之边山的西山，无论是建设力度或频度也随之增大（图 2.1-5）。北齐建造的重点集中在佛教寺院、墓葬和摩崖造像上，而唐时的道观亦有增加，与统治者崇尚道教相契合。

太原府城时期：宋太平兴国四年（979）—明洪武八年（1375）

宋初，太宗赵光义水灌火烧晋阳城之后，在汾河东岸建平晋县城以安置流民，后又在唐明镇另起新城，作为府治。此时的晋阳城早已成为一片废墟，历史上的辉煌也随之一去不复返，太原（晋阳）从"陪都""霸府"的显赫地位一落千丈，成为一个普通的府治城市。

不过，晋阳城的辉煌还尚未从民众心头抹去，人们仍以晋阳为自己的故乡，身在河东却始终心系故城，晋水流域的村民在此以后的很长时期内都不引晋水用于灌溉。但西山的营建活动却未止步（图 2.1-6），佛寺依然是建设重点。随着民间信仰的盛行，宋代政权对晋祠等民间信仰建筑的修建变得较为频繁，祠庙类建筑相对于前代有所增加。

入金，南宋政权的南移导致太原成为边疆地区，北部少数民族趁机大举进犯，许多建筑毁于当时的战火，如童子寺（含石窟、大佛、佛阁）、昊天观等，西山营建几近停滞。到了元代，以龙山石窟为代表的道教建筑大肆兴建，西山的宗教文化又掀高潮，惜时间较短。

太原县城时期：明洪武八年（1375）—民国初（1912）

晋阳城毁掉后的 400 年间，遗址上一直罕见人迹，直到明洪武四年（1371）晋王朱棡开始于此建府。惜"晋府宫殿木架已具，一夕大风尽颓，遂移建于府城"[2]。虽然晋王府搬到了太原府城，但由于西山一带的河谷平原地区土地肥沃，物产丰富，许多地方成了晋王府和宁化府的屯田村。"晋府屯四处：东庄屯、马圈屯、小站屯、马兰屯。宁化府屯二处：古城屯、河下屯。"[3] 这些屯田村落在各种资源利用上都享有特权，尤其是用水方面，"王府特权"就意味着每次用水需王府优先，待其灌毕才允许流域内其他村庄用水。至清代这种用水惯例仍未打破，五村在水量分配上向来比较充裕，不容他村分享。水权的不平等占有多造成流域内有水村庄与缺水村庄间的争水纠纷，即晋水流

---

1 常一民、陈庆轩. 晋阳——与水火相连的古城. 中国文化遗产，2008（1）：21.
2 嘉靖太原县志. 卷三·祥异.
3 嘉靖太原县志. 卷一·屯庄.

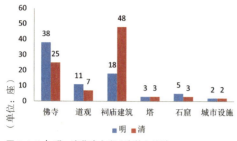

图 2.1-7 | 明、清营建力度（次数）统计

域之水利社会无论在对水的所有权、支配权还是管辖权方面，处处都体现着一股浓厚的水权意识[1]。

洪武四年（1371）汾河东岸的平晋县城被汾水冲毁，迁县治于晋阳城南部（今太原晋源区附近）；八年（1375）在晋阳城遗址上新建太原县城。虽然从规模上说，太原县城远不如晋阳城那样宏伟绚丽，但这一事件使得晋阳城地区各村落之间又一次形成以之为核心的一个完整区域，各种宗教、民间信仰及城市公共建筑的建造得到大力开展，尤其是晋水流域的祭祀系统大约是在这一时期得到基本定型。

明以后，以祠庙建筑为代表的民间信仰文化空前繁荣，并逐渐成为社会文化的重要组成部分。如果说明时还将宗教信仰建筑作为修建的重点对象，那么，清时的营建活动则完全以世俗性的民间信仰祠庙建筑为主了（图 2.1-7）。此外，明清以来的太原地区人口大量增长，农业、手工业飞速发展，西山成了人们生活的依托，资源的掠夺也达到有史以来最为高效的极致。这一时期，民间社会产生了资本主义萌芽，以水磨业、造纸业和采矿业为主的小型工业开始兴起，无论是水资源分配还是矿藏资源的开采都逐渐凸显矛盾。可以毫不夸张地说，西山的营建已经达至顶峰，并开始由盛转衰了。

分布

太原地区的历代统治者、文人和普通民众大多选择在西山或大兴楼观，或寄情山水、或酬神礼佛，形成了层次完整的建筑系统。现有的历史遗存在类型上涉及祠庙、佛寺、道观、石窟、墓葬、摩崖造像、城池、教堂、塔及水利工程等十余种，数量依次递减，即祠庙、佛寺数量较大，其次是道观、石窟、墓葬和塔等。

这些建筑类型中，佛寺、道观、摩崖造像、塔和石窟等属于宗教建筑的范畴；祠庙虽然也是祭祀神祇的场所，但多发源于民间，其管理者也多为地方组织或个人，且祭祀活动具有日常性，即与百姓生活息息相关；作为阴宅的墓葬与作为阳宅的民居相对，亦关乎世俗生活。其他如水利、桥梁、城池等则属于城市公共设施的构建。根据这些特征将现有遗存又可划分为三大体系，即：宗教、世俗、城市。

从数量上看，属于宗教体系的占大多数，世俗的次之，城市则就更少了。究其原因，一方面是因为西山大多是自然区域，城市建设仅是其中的一个方面，反倒是那些藏于深山的寺庙宫观更加声名远播；另一方面，这里的两座城市——明清太原县城、晋阳古城，前者年代久远、破坏较大，后者更是早已销声匿迹、深埋地下。

西山的遗存分布主要有两大区域：一是以崛围山为主的北部地区，另一则是以晋水为中心的南部地区，根据地形地貌特征又可分为山地区和平原区。

以明清太原府城为辐射的北部区：自太原东南方向的永祚寺双塔（文峰塔、宣文塔）向西北方向的多福寺舍利塔（青峰塔）连一条直线，可以发现明清太原府城的大多数宗教祭祀建筑皆在

---

1 张亚辉. 水德配天——一个晋中水利社会的历史与道德：46.

图2.2-1 | 明清太原府城与周边历史建筑的关系

此线周边,这就是当地人戏传的神秘的45°线(图2.2-1)。其实,史料中并无确切记载,亦无考证,那么,是否古人在规划布局时的确出于某种特殊原因的考虑?虽然45°线的说法未免神玄,但"东南—西北"倒是颇具风水意义,如古时常在聚落东南兴建文昌塔、魁星楼一类。就太原而言,永祚寺双塔的产生就是为了弥补商风日盛而文风衰退的"风水之不足";与之遥相呼应的是多福寺舍利塔所在的崛围山,窦大夫祠、多福寺等重要宗教祭祀建筑的聚集正是崛围山特殊地位的明证。

以晋阳古城为基点的南部山地区:南北朝至隋唐的晋阳城,正是历史地位最为显赫的时期,西山紧邻晋阳城,营建活动自然频繁,特别是今日所见西山南部山区及山地与平原交界区的具有极高价值的历史遗存,大多建于该时期(图2.2-2)。

以太原县城为中心的南部平原区(图2.2-3):西山南部平原地区的现存建筑大多建于明以后,

图2.2-2 | 西山建筑遗存始建年代统计

图2.2-3 | 西山建筑遗存现状年代统计

源于太原县城的出现，使得明以后太原城南部的大多数村落的政治、商业、文化中心再一次转移到西山脚下，并直接促使了西山资源的大规模开发，但山区环境也日益遭到破坏。以水为中心的祭祀活动在村落之间得到广泛传播，时人的精神寄托逐渐转移到与生产生活相关的世俗信仰中，并形成一定的系统与规模。

水利

西山北部地区的灌溉多取自汾水，而南部地区大多属于泉域灌溉，即晋水灌溉。

与汾水有关的水利工程主要集中在汾河中下游两岸及其支流，以修渠引河为主，最早可上溯至汉武帝时，历代有修。至清中期，汾河流域的河渠灌溉工程已相当发达，多达69条[1]；有清一代，太原县的引汾渠道就由清初的11条增至清末的30条，阳曲县也从14条增至28条[2]。

晋水流域的形成则是伴随着晋祠地区水利工程的发展而来。智伯渠是最早问世的水利工程，即后来的晋渠。汉安帝元初三年（116）开始"修理太原旧沟渠，灌溉官私田"[3]，即利用智伯渠的旧有水道，修整疏浚后灌溉田亩。隋开皇四年（584）新开中河、南河，使晋祠东南部"周回四十一里"[4]的土地都得到灌溉，进一步提高了晋水的利用率。至唐，晋阳城大兴土木，水利工程也有了新的飞跃：有两次跨越汾河的渡槽工程，引晋水入对岸的东城，改善其"地多碱卤，井水苦不可食"的局面，诸如"晋祠流水如碧玉""百尺清潭写翠娥"这样的诗句，足见世人对晋水的喜爱[5]。

晋水流域的水利工程（表2.3-1）主要包括疏浚沟渠、开挖新渠等，整个晋水灌溉系统在宋代就已基本成型，据研究表明，水流量最高可达2.5米^3/秒，并东流至晋阳古城（今古城营）南六里的晋泽，又折而东南最后注入贯穿山西南北境的汾河。

表2.3-1 | 晋水流域水利工程

时间	水利工程	史料及出处
战国初（前403—）	开挖智伯渠，筑堤堰导晋水以灌田	智伯遏晋水以灌晋阳，其川上源，后人踵迹，蓄以为沼。……沼水分为二派，其渎乘高，东北注入晋阳，以周围溉。《水经注·晋水注》
东汉元初三年（116）	维修晋祠泉	修理太原旧沟渠，灌溉官私田。《后汉书·安帝纪》
隋开皇六年（586）	引晋水	（在晋阳）引晋水溉稻田，周回四十一里。《新唐书·地理志》
唐贞观十三年（639）	架汾引水	（李勣）架汾引晋水入（晋阳）东城，以甘其食，谓之晋渠。《宋·薛仲孺〈梁令祠记〉碑刻》
唐建中四年（783）	架汾引水	北边数有警，河东节度使马燧念晋阳王业所基，宜固险以示敌夕乃引晋水架汾而属之城，诸为东陴，省守阵万人，又鲴汾，环城树以固堤。《新唐书·马燧传》
宋太平兴国四年（979）	宋太宗赵光义引晋水淹晋阳	—
宋嘉祐五年（1060）	引晋水灌田	（太谷知县陈知白）分引晋水，教民灌溉而利斯溥焉，……由故城至郭村，凡水之所行二乡五村，民悉附水为沟，激而引之，漫然于塍陇间，各有先后，无不周者。……其灌田以稻计之，得二百二十一夫余七十亩，合前为三百三十夫五十九亩三分有奇。《宋史·河渠志》
宋熙宁八年（1075）	修晋祠水利，灌田	太原府草泽史守一修晋祠水利，溉田六百余顷。《宋史·河渠志》

---

1 嘉庆重修一统志．卷一百三十六·太原府一·堤堰．
2 张亚辉．水德配天——一个晋中水利社会的历史与道德：44-45．
3 （南朝宋）范晔．后汉书．卷五·孝安帝纪第五．
4 据（唐）李吉甫．元和郡县图志．卷十三·河东道二．太原府："晋泽在县西南六里。隋开皇六年引晋水溉稻田，周回四十一里。"
5 行龙．以水为中心的晋水流域：32-33．

宋初对晋阳城的火烧水淹，直接摧毁了晋水渠系，至景祐间（1034—1037）晋水灌溉方得以恢复。明清以后，人口的增长，环境的恶化，导致水资源日渐匮乏，"水利虽云溥博，而水争则极纷纭"[1]，晋水共享的景象不再。

屯军是新的利益分配者：宋毁晋阳后，另筑平晋城，其周围就是屯军的村落。入明，太原作为九边重镇之一，更是军队驻扎的重地，西山南部晋水流域的"九营十八寨"即为写照。屯军带来大量人口，不同阶层的差别成为潜在的矛盾因素，也必然导致对资源的争夺，此后几乎所有的大规模水案都与屯军有关[2]，晋水流域长期的混乱开始了，并一直延续至清。

地方与宗藩的水权争夺：明初，朱元璋第三子朱㭎被封晋王，就藩太原，晋王府的大量屯田皆在西山脚下的晋水流域，如小站营、五府营、马圈屯、古城营、东庄营等，地方水资源必须优先供王府使用。随着宗藩成员的数量及需求的与日俱增，不仅宗藩与地方之间的对立与矛盾愈发激烈，承担着双重科派的民众也早已不堪重负。

产业对资源的过度开发：随着人口压力的加重，单凭水利型经济已无法维系民众的日常生计[3]，进山开矿是大多数人的选择，于是就出现了（清）刘大鹏在《晋祠志》中所描述的那样："峪峪走车马，沟沟有煤窑。"开矿方式十分原始，自然环境遭到破坏，西山的水系也最终干涸。此外，晋水流域还兴起了草纸业与水磨业，对水量需求极大，直接威胁到灌溉用水；其实，早在唐代颁布的水利法典中就规定磨碾不得与灌溉争利，但在利益的驱动下，磨主为获得足够用水，往往恃财欺压水户，不惜牺牲水利设施，强占正常的灌溉用水。

水权纷争是明清以来晋水流域十分突出的社会现象。无论是屯军制度下人口激增的影响，还是各利益主体之间的争夺，晋水逐渐成为一种稀缺资源被追逐，其后果除了频频水争之外，也引发了围绕水文化的独特祭祀系统的形成。

信仰

佛教

佛教传入太原的确切时期无考，但至迟东汉末（—220）即有[4]，"普光寺，在七府营街，汉建安间（196—219）建，唐初赐名普照"[5]。东晋时，石勒称王，是为后赵，为缓和汉胡矛盾，巩固其统治，极力提倡佛教，大建佛寺；太原属其辖地，佛教自然盛行。

太原地区的佛教发展以南北朝为最，不过，北魏太武帝的灭法使魏境佛教惨遭重击；文帝即位后，下诏重兴佛事，才使之涅槃重生。北魏分裂成东、西魏后，晋阳成为东魏实际上的政治、军事、文化中心，掌有实权的丞相高欢笃信佛教，在天龙山一带凿窟造像，并创建佛寺，天龙山石窟也是西山现存最早的佛教遗存。至北齐天保间（550—559）高欢又在蒙山兴筑开化寺（又名法华寺），开凿蒙山大佛。随后的隋唐及五代时期，继续兴盛；唐高祖李渊、太宗李世民、高宗李治、

---

1 （清）刘大鹏. 晋水志. 卷二·旧制；转引自行龙. 晋水流域36村水利祭祀系统个案研究. 史林，2005（4）：2.
2 张亚辉. 水德配天——一个晋中水利社会的历史与道德：182.
3 行龙. 以水为中心的晋水流域：8.
4 陆霞，陈向荣. 太原佛教研究. 山西财经大学学报，2006（4）：222.
5 景印文渊阁《四库全书》收录《山西通志》卷一百六十八·寺观.

及武则天都曾巡幸"北都"晋阳,并往西山礼佛,并敕凿窟建寺。

针对太原地区自北魏至五代期间的佛教兴盛,杜斗城先生《敦煌五台山文献校录研究》总结原因有三:一即深刻的佛教历史背景是影响佛寺地理分布的重要因素,北魏迁都洛阳以后,位于平城与洛阳之间的太原无疑受到帝都佛教文化的熏染,并迅速发展;二是隋秦王杨俊在此大力兴佛;三则因与此地唐起兵之地有关,据《佛祖统记》载,唐武德元年(618)"诏为太祖以下造旃檀等身佛三躯……以义师起兵为太原寺"[1]。

图 2.4-1 | 圆仁入唐寻法路线图(五台—太原段)

佛教圣地五台山与太原地区也有着极大的渊源。太原是关中、中原北上五台山,或从五台山南下中原、西走关中或西行陕北的必经之地,作为"五台山进香道"上的颈喉,其作用不可替代。据敦煌遗书《诸山圣迹志》载:"从此南行五百里至太原,都成(城)(周)围卅里,大寺一十五所,大禅(院)十所,小(禅)院百余,僧尼二万余人。"[2]高僧大德巡礼五台山后,一般都要南往太原,或讲经听法,或参睹圣迹;虔诚的佛教徒们也大多会循其足迹,紧随其后。

唐之中后期的太原堪称佛教一大讲场。如:《宋高僧传》卷二《唐洛京白马寺觉救传》载"中和(881—884)中,圭峰密公著疏判解,经本一卷,后分二卷成部,续又为钞,演畅幽邃。今东京、太原、三蜀盛行讲演焉";《入唐求法巡礼行记》载日僧圆仁"从石门寺向西上坡,行二里许,到童子寺,慈恩台法师避新罗僧玄侧法师,从长安来始讲唯识之处也"[3]。

太原藏经也相当丰富,亦是吸引僧众来太原参学问道的重要原因;大量僧侣在太原研习佛法,或从这里走出去,如:《宋高僧传》卷七《后唐定州开元寺贞辩传》载"释贞辩,中山人也。少知出家,负笈抵太原城内听习";又卷十《梁渭州明福寺彦照传》载"释彦照,姓孙氏,今东京武阳人也。……登年十五,随时学法,往太原京兆、洛阳"[4]。

此外,太原还是绘制《五台山图》[5]的基地之一,日僧圆仁入唐求法,就曾在此请画博士画《五台山化现图》,是敦煌遗书《往五台山行记》记载的敦煌僧人至五台山朝山拜佛后在太原画的《台山图》长画[6]。

圆仁(图 2.4-1)于开成五年(840)七月二十六日经过太原西山上的石门寺,在日记(后人编纂为《入唐求法巡礼记》)中写道:"山门有小寺,名为石门寺。寺中有一僧,长念《法花(华)

---

[1] (南宋)释志磐. 佛祖统纪. 卷三十九·法运通塞志第十七之六·唐高祖武德元年.
[2] 转引自陈双印. 敦煌写本《诸山圣迹志》校释与研究:42.
[3] (日)释圆仁. 入唐求法巡礼行记. 卷三·开成五年·唐武宗会昌三年:356.
[4] 张春燕. 从《诸山圣迹志》看五代佛寺的分布及其原因. 敦煌学辑刊,1998(2):150.
[5] 《五台山图》就是绘有五台山自然地理和佛教寺院、瑞相灵迹的佛画。信众在朝山览胜后,又求得《五台山图》作为朝圣纪念品,带回住地,遂使《五台山图》传到汉地、西域、韩国、日本等地。
[6] 太原佛教发展主要参考陈双印,张郁萍. 唐王朝及五代后梁、后唐时期太原佛教发展原因初探. 敦煌研究,2007(1):87-89.

经》，已多年。"[1] 此僧于夜中念经，有三道光照满全屋，"感得舍利见"，于是循明至悬崖，掘开地面，得三瓶佛舍利。是时，"太原城诸村贵贱男女及官府上下尽来顶礼供养。皆云是和尚持《法华经》不可思议力所感得也。从城至山，来往人满路稠密，观礼奇之"。故事真假不必深究，倒是西山的佛教之盛可窥豹于一斑，这也是像圆仁这些不远万里来华求法的僧人大多会选择此地进行巡礼的根本动力。

朝圣的信众也多以西山作为巡礼的主要场所。据《往五台山行记》载："又行十里到太原城内大安寺内常住库安下……三月十七日巡游诸寺。在河东城内第一礼大崇福寺，入得寺门，有五层乾元长寿阁；又入大中寺，入得

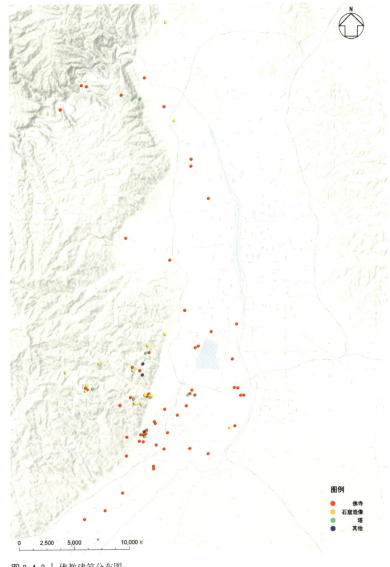

图 2.4-2 ｜ 佛教建筑分布图

寺门，有大阁，铁佛一尊。入净明寺，有真身舍利塔。相次城内巡礼皆遍。又于京西北及正西山内有一十所山寺，皆巡礼讫。京西北有开化大阁，兼有石佛一尊，又正西有山，有阁一所，名童子像阁，兼有石佛。"[2]

佛教净土宗的根本道场在山西交城玄中寺，而作为早期道场的并州大岩寺却少有人知，其实，蒙（西）山大佛所在的开化寺后寺即是[3]，这里也是净土宗大师昙鸾早期传法的地方（图 2.4-2）；

---

1 （日）释圆仁. 入唐求法巡礼行记. 卷三·开成五年—唐武宗会昌三年：356.
2 郑炳林. 敦煌地理文书汇辑校注；转引自陈双印，张郁萍. 唐王朝及五代后梁、后唐时期太原佛教发展原因初探. 敦煌研究，2007（1）：87.
3 王剑霓. 佛教净土宗的早期道场. 文史月刊，1996（1）：186.

因于净土宗的影响，属于此宗的佛寺也较多，如崛围山脚下土堂村土堂大佛所在的净因寺，崛围山上多福寺的前身崛山围教寺等。此外，西山佛教石窟的开凿力度和频度皆引人注目（图 2.4-3），以北齐至隋唐时期为盛（图 2.4-4）。

道教

有唐一代，除武则天改唐为周期间曾规定佛居道之上外，其余帝王皆对道教推崇有加，甚至几乎成为国教。晋地是李唐王朝发迹之地，道教自然颇为盛行，道观也多。西山的道教建筑（图 2.4-5）大多兴始于唐，年代久远，到如今已基本毁弃，现存者几乎全部建于清或以后。考察西山道教建筑的营建历程（图 2.4-6），元、明时期的建造频度较大（北齐的营建仅得一例）。

明以后的道教建筑修建力度很大，几乎每个聚落（城市、乡镇、村庄等）都有真武、玉皇、三官等道教建筑，甚至成为聚落宗教体系标准配置的一部分。西山现存的道教建筑主要有两个层次：国家级的道教尊神体系与民间性的道教俗神体系[1]，昊天、真武、玉皇等属于第一层次，其余的三官、土地、城隍等则是第二层次。西山属于第一层次的道观建筑所占比例超过了 60%（图 2.4-7），可见，西山的道教发展虽然受到民间俗神体系的影响，并产生了大量与民间生活相关的道教神祇，但从根本上并没有代替道教正统观念中尊神体系的地位；又或者说，国家或地方政府在道教发展进程中予以的干涉和影响是始终存在的。

作为植根于中国传统文化的本土宗教形式，道教也受到来自佛教的剧烈影响，凿窟造像的建造形式即为表征之一。西山的龙山石窟不仅是太原地区众多石窟中唯一的道教信仰类石窟，也是我国仅存的两个全真道教石窟[2]之一。该窟出现于唐，大力开凿则有赖于元代"全真道北七真"之一丘处机的得力弟子——宋德方[3]。

元代统治者对道教（特别是全真教）的提倡，与丘处机的西行传道关系密切。作为"西游"的主要参与者，宋德方不断在各地举行醮事[4]，建造宫观。元太宗六年（1234）宋德方往返于大都、

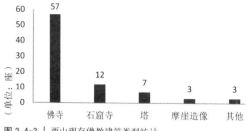

图 2.4-3 | 西山现存佛教建筑类型统计

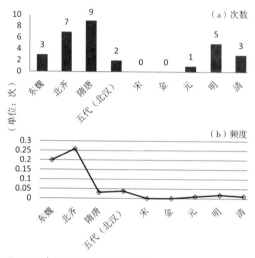

图 2.4-4 | 西山石窟寺营造力度统计

---

1 道教尊神体系与俗神体系的划分参见王君. 山西道教名胜古迹拾零. 文物世界，2007（4）：50.
2 现存的全真道教石窟仅有山西太原龙山和山东莱州寒同山两处。参见张强. 开凿石窟与续修道藏——宋德方对金末元初全真道发展的贡献. 东岳论丛，2010（4）：95.
3 宋代延续了唐之繁荣。入元，道教分为全真道（北派）和正一道（南派）两大派别，全真道亦名全真教，由王重阳蕴育于陕西终南山一带，著名弟子有马钰、谭处端、刘处玄、丘处机、王处一、郝大通、孙不二（女）等七人，史称全真道北七真，全真教由这七个知名道士，传播于北方各地。宋德方（1183—1247），字广道，号披云，莱州掖城平州人。其生活的时代处于金与南宋对峙时期，战乱不断，灾荒连连，于是选择了以崇教来探寻人生真谛。
4 "醮事"指道教中的祭祀活动，即道士所做斋醮祈祷之事。

平阳、终南山之间，游至太原龙山，赞叹其道场胜迹，在唐代两窟的基础上，开始了第二期石窟的开凿，在东侧续开五窟，并重建昊天观。至明，后人又续开一窟，最终形成今日所见的八窟规模[1]。对于这段历史，龙山现存的碑记中屡有记载：

《玄都至道披云真人宋天师祠堂碑铭》言："甲午（1234）（宋德方）游太原西山，得古昊天观故址，有二石洞，皆道家像。壁间有宋仝二字，修葺三年，殿阁峥嵘，金朱丹雘，如鳌头突出一洞天也。"又《玄通弘教披云真人道行之碑》言："甲午（1234）（宋德方）率门徒游太原之西山，得古昊天观故址，榛莽无人迹，中有二石洞，圣像俨存。壁间有'宋童'二字。真人葺之三年，恍然一洞天也。"[2]

佛与道

西山的佛、道建筑并非完全各自为政，出现较多佛道更替或佛道融合的现象，现存的很多佛寺在早期皆为道观。如太山龙泉寺，始建于唐景云元年（710），初名"昊天祠"，是地道的道教建筑，后遭金元战火而毁，明重建时更为佛教寺

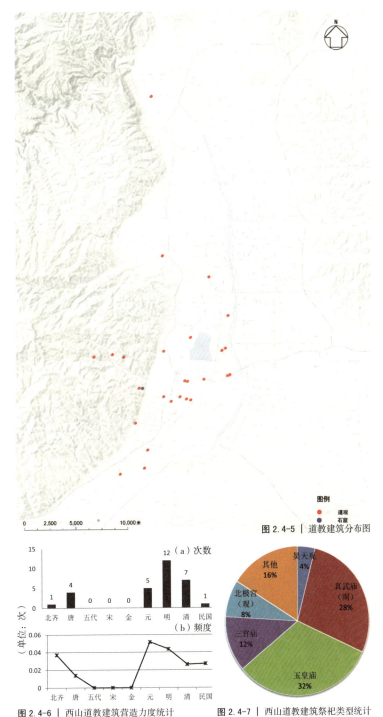

图 2.4-5 | 道教建筑分布图

图 2.4-6 | 西山道教建筑营造力度统计

图 2.4-7 | 西山道教建筑祭祀类型统计

---

1 温玺玉. 龙山石窟与山西道教. 世界宗教文化，2003（4）：46.
2 转引自张强. 开凿石窟与续修道藏——宋德方对金元初全真道发展的贡献. 东岳论丛，2010（4）：95.

院，唤作"太山寺""龙泉寺"。这种先道后佛的更替在太原周边地区也十分常见，如五台山别名紫府山，早期为道家所据，佛教传入后，二者展开了激烈竞争，最终佛教获得了胜利，统治了五台山。

虽然佛、道长期处于竞争的状态之中，但为了适应社会需要和完备自身，两教又不得不相互融摄，取长补短，佛教吸取道教的养生、长生之术；道教则借鉴佛教因果业报、生死轮回以及心性的理论。对于土生土长的道教而言，可以说是在不断吸收学习佛教及儒家的理论及仪典中逐步完善起来[1]，并与他者最终达到借鉴、融合甚至共生的和谐关系。

仍以龙泉寺为例，在已发掘的唐塔塔基遗址附近，还有另一处建筑遗址，推测为毁于清晚期的"昊天上帝庙"所在，这显然是一座立于佛寺的祭祀昊天大帝的道教建筑。此外，在龙泉寺现存的一些建筑件中还保留着道教题材的装饰（图 2.4-8，图 2.4-9）。如上文所述，佛、道的竞争是夹杂着融合与包容观念的，其表现在于二者之间往往采取保留、改造的办法，而非彻底铲除。当道教的"昊天祠"被抹上佛教色彩，太山也就成了佛、道共认的圣地（图 2.4-10）。

图 2.4-8 │ 龙泉寺三大士殿门楣挂落（道教人物题材）

图 2.4-9 │ 龙泉寺中门彩画（含"八卦"形象）

太山这种佛道交替或共存的现象，在龙山表现得更加典型。就建筑遗存而言，龙山可以明显分为两大区域：前山以昊天观、龙山石窟为主的道教建筑群，后山以童子寺、燃灯塔为主的佛教建筑群。

龙山最早的遗存当是建于北齐的童子寺建筑群（含大佛、石窟、燃灯塔等），高欢一族对晋阳情有独钟，以此为别都并大兴楼观，龙山及天龙山的佛教建筑格局都大体形成于此时。昊天观的产生时期略晚，(唐)徐坚《初学记》卷二十三《道释部·观第四》引《道学传》："女道士王道怜入龙山自造观宇，名玄曜观"，时乃唐玄宗时期（712—755）。据《童子寺定公和之塔》铭文：元至正二十年（1360）童子寺主持惠定禅师去世，弟子和附近寺庙的主持为其共立墓塔[2]。这一事件至少说明在元

图 2.4-10 │ 唐塔遗址处考古层叠置现象

---

1 王君. 山西道教名胜古迹拾零. 文物世界，2007（4）：51.
2 李继东. 太原龙山：50.

初全真教兴盛之时，童子寺并未受到排挤，未被道家侵占。又据《兴复童子禅寺记》《花塔村职员张大功重修童子寺碑记》，清乾隆二十三年（1758）、嘉庆十年（1805）童子寺均得修葺，且工程主持人分别是道士孙和喜和孙嗣玉。可见，一直以来，龙山一带的寺僧和道士之间是和睦共存、相互帮持的。

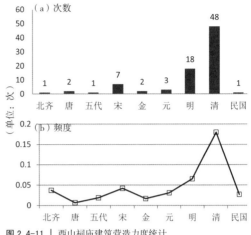

图 2.4-11 ｜ 西山祠庙建筑营造力度统计

水神及其他

太原地处黄土高原地区，总体上属于干旱气候，人们对水的渴求不言而喻。然而，西山又多季节性河流，洪水易发。居于山脚河谷平原的百姓对于水的感情是复杂的，恐惧与祈望造就了一种爱恨交织的水利情怀。水利是"超村庄的地方社会构成的主要渠道"[1]，作为资源被争夺的过程，也可能成为不同村落家族内聚力形成的动力，其联系的物质体现则是以水为核心的民间信仰祭祀系统的产生，特别是在西山南部地区水源充沛的晋水流域。

晋水流域的水源主要是泉水，水害多是大量降雨引起的山洪，河水或河渠则是泄洪的孔道，也是水利开发的主要途径。在这样的背景下，形成了三个层面的水神祭祀系统，即水源神祇、水害神祇和治水神祇。当然，作为一个流域，还有一些具有地方管理性质的神祇，也被纳入到该体系当中。晋水流域的灌溉历史可以上溯至汉，但此地的水神谱系则大体是在宋以后才渐形成，主要包括：有关流域管理的龙天、晋祠圣母，水源方面的水母，消除水患的黑龙王（龙王、龙神），治水人物台骀、窦大夫等等。此外，还有一些地方神，如唐叔虞、五道神、窑神等。

其实，晋祠早在北齐就已得到大力整治，但重点和方向尚未关乎民间信仰，北齐天统五年（569）更将晋祠改作"大崇皇寺"，说明崇佛甚于地方神祇和祖先信仰。一般而言，西山的民间信仰祠庙兴起于宋，伴随着晋祠圣母殿的修建，至明清而大盛（图 2.4-11）。

（1）龙天

龙天庙，又称"刘王祠"，是祭祀汉文帝刘恒的祠庙[2]。相传，刘恒在做皇帝之前被封为代王，属地位于晋阳一带。因治理有方，造福当地，备受民众爱戴，建庙以纪念。龙天信仰在太原的西山十分普遍，尤其是南部地区，约有九个村落都建有龙天庙。此地的龙天信仰与晋祠圣母信仰相互依存、不可分割，故在下文与之共同阐述。

（2）晋祠圣母

晋水流域的圣母信仰有别于其他地区以生育为主的信仰形式，由于以祭水为中心，成为一种盛行于晋水流域的文化现象。在水母产生之前，圣母一直作为"晋水神"存在，掌管着晋祠一带的水力兴衰，人们普遍认为圣母即司管难老泉水的水母。之所以将之归于流域管理一类讨论，皆因其与龙天信仰之间的渊源，以及圣母信仰所体现的政治文化意义。

---

1 王铭铭. "水利社会"的类型. 读书, 2004 (11): 19.
2 龙王庙所祭祀的神祇一直比较有争议，大多数人认为是祭祀汉文帝刘恒，也有人说是祭祀后汉皇帝刘知远。

祭祀圣母的建筑为圣母殿，位于晋祠中心位置："晋源神祠在晋祠，祀叔虞之母邑姜。宋天圣间（1023—1031）建，熙宁（1068—1077）中以祷雨应，加号昭济圣母，崇宁初（1102—），敕重建。元至正二年（1342）重修。明洪武初（1368—）复加号广惠显灵昭济圣母，四年（1371）改号晋源之神。天顺五年（1461）按院茂彪重修。岁以七月二日致祭。"[1] 祭祀圣母的活动是围绕"圣母出行"展开的，"太原县抬搁迎神，由来久矣。传言自明洪武二年（1369）起首，至今概无间断。每年七月初四日，从城到晋祠恭迎圣母，至太原南厢龙天庙供奉。初，晋城中大闹，而远近人民，全行赴县，踊跃参观，老少妇女，屯如墙堵。"[2]

图 2.4-12 | "圣母出行"村落间线路图

晋源城（即太原县城）于七月初四举行迎接圣母的仪式，此前两天在晋祠圣母殿举行祭祀仪式，初四以后，就开始各个村落的祭祀活动。迎神当日，队伍先从晋源城南门出发，向西经过南城角村、小站村、小站营村、赤桥

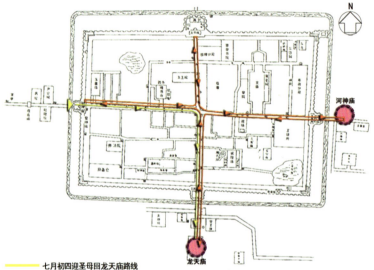

图 2.4-13 | "圣母出行"活动县城内部线路图

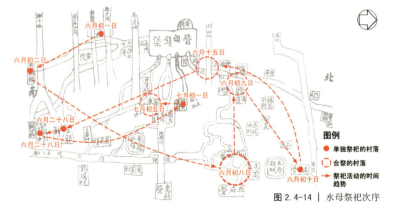

图 2.4-14 | 水母祭祀次序

---

1 道光太原县志.卷三·祀典.
2 （清）刘大鹏.退想斋日记.光绪十八年（1892）日记.七月初五（8月26日）.

村,最后抵达晋祠,由北门入,接了神像后从南门出。返回时所走的路与来时不同,由赤桥村中央穿过,经由南城角到达晋源城西门。入城后,经十字街往南直抵南关龙天庙。七月初五,开始游神,先到衙署领赏,后从十字街出西门,再到北门,天黑时又出东门,到河神庙迎接十八龙王,一同返回龙天庙。七月初十,古城营派人迎接圣母和龙王至古城营的九龙庙。七月十一,祭祀九龙圣母。直至七月十四,古城营再派人将圣母送回晋祠(图2.4-12,图2.4-13)。值得注意的是,迎接圣母的路线基本是沿着水路行进的。

与"圣母出行"关系密切的建筑主要有两处:一是太原县城的龙天庙,另一则是古城营的九龙庙。张亚辉先生推论:龙天庙是新政权的象征,而九龙庙则是老政权的代表,圣母出行活动是政权更替以后为安抚民心所组织的一种政治性巡礼;然而,不管政治含义有多么的强烈,它能够与祭祀水神的活动混为一谈就说明了水之于区域本身已经上升到极高的地位[1]。

(3)水母

"水母"的出现始于明万历间(1573—1619),晋祠中的水母楼位于难老泉西侧,是一座背靠悬瓮山的两层楼阁,相传,难老泉水的产生即与水母娘娘有关[2]。水母信仰与圣母信仰是相独立的两个体系,如果说圣母信仰体现的是国家权力对晋水流域的控制,那么水母信仰则展示了民众对国家权力的抗争,并通过水神神位的归属问题反映出来,并最终以水母的胜利告终。显然,这一胜利背后反映的是国家权力对民众文化的妥协,抑或说,之所以产生出一个独立于正统文化之外的民间祭祀客体是由于社会文化的政治需求。

晋水流域祭祀水母的活动(表2.4-1)从六月初一开始至七月初五结束,连续月余,"渠甲致祭,众民奔集,演剧酬神,宴于祠所,历年久而不废。"[3] 包括两大内容,即致祭与宴集。致祭地点均为晋祠水母楼,宴集则芜杂不一:有道观,有佛寺,或是亭台楼阁。

表2.4-1 | 水母祭祀

日期	祭祀河渠	史料
六月初一日	南河上河	初一日,索村渠甲致祭水母于晋水源。祭毕而归,宴于其村之三官庙
六月初二日	南河上河	初二日,枣园头村渠甲致祭水母于晋水源。祭毕而宴于昊天神祠
六月初八日	北河上河	初八日,小站营、小站村、焉圈屯、五府营、金腾村各渠甲演剧,合祭水母于晋水源。祭毕而宴于昊天神祠
六月初九日	北河上河	初九日,花塔、县民、南城角、杨家北头、罗成、董茹等村渠甲演剧,合祭水母于晋水源。祭毕而宴集昊天神祠
六月初十日	北河上河	初十日,古城营渠甲演剧致祭水母于晋水源。祭毕而宴集文昌官之五云亭
六月十五日	总河	十五日,晋祠镇、纸房村、赤桥村渠甲合祭水母于晋水源。演剧凡三日。宴集于同乐亭
六月二十八日	南河下河	二十八日,王郭村渠甲致祭水母于晋水源。祭毕而归宴于本村之明秀寺。同日,南张村渠甲致祭水母于晋水源。祭毕而宴于待凤轩
七月初一日	陆堡河	七月初一日,北大寺村渠甲致祭水母于晋水源。祭毕而归,宴于本村之公所
七月初五日	中河	初五日,长巷村、南大寺、东庄营、三家村、万花堡、东庄村、西堡村等渠甲合祭水母于晋水源

致祭顺序非常严格,必须按照晋水四河(即南河、北河、陆堡河、中河)的用水制度依次排序(图2.4-14),也因此导致了各个村落之间的地位高下之分。以水划分等级的现象,表明了晋水对于当地居民的重要性。拥有单独祭祀权的村庄有大多位于南河的索村、枣园头村、古城营村、王郭村、南

---

1 张亚辉. 水德配天——一个晋中水利社会的历史与道德:192.
2 相传水母娘娘名叫"柳春英",是金胜村人。"柳氏坐瓮"的故事就为晋祠的难老泉编织了一个有趣的来源。故事详见嘉靖太原县志. 卷三·杂志.
3 张俊峰. 传说、仪式与秩序:山西泉域社会"水母娘娘"信仰解读. 传统中国研究集刊,2008:391.

张村和北大寺村，其余则为合祭，除了等级观念的影响外，可能是由于南河水量并非丰腴，所泽荫的村落较少所致。

（4）黑龙王（龙王、龙神）

此地百姓认为西山的峪水洪灾是黑龙王或起蛟[1]作祟，因此，祭祀黑龙王就成了十分重要的仪式："每岁三月初，纸房村人赴天龙山迎请黑龙王神至其村真武庙以祀。各村自是挨次致祭，迨至秋收已毕，仍送归天龙山。抬搁暨各村之人至牛家口止。送神前一日，各村抬搁齐集于晋祠北门外，由关帝庙请神游行各村，先纸房、次赤桥、次晋祠、次索村，次东院、次三家村、次万家堡、次濠荒、次东庄、次南寺、次长巷村、次北大寺、次塔院，仍至晋祠北门外安神始散。昔年抬搁共十三村,迨道光末（—1850）仅八村。咸丰初（1851—）全罢。至光绪八年（1882）抬搁又兴，然仅晋祠、纸房、东院、长巷、北大寺、塔院六村而已。迄今阅二十四年。"[2]

与黑龙王类似的还有龙王或者龙神信仰，在整个西山都十分普遍。如太原县城东门的河神庙里就曾经供奉十八龙王，圣母出行至县城时，还会去河神庙迎接十八龙王齐聚南关龙天庙，并且还要一起游行至古城营村的九龙庙。

（5）台骀

台骀，金天氏后裔，因治水（汾水）有功，被封于汾川。据《左传·昭公元年》："昔金天氏有裔子曰'昧'，为元冥师（治水之官）。昧生允格、台骀。台骀能业其官，宣汾、洮，障大泽，以处太原。""大泽"也叫"晋泽"，或称"台骀泽"。

祭祀台骀"有二庙：一在王郭村昌宁公庙。……一在晋祠，居于广惠祠、难老泉之间，此则东庄高氏[3]之所独建"[4]。今在王郭村仍有台骀庙遗址，田野中的小殿则是今人所建，此庙又名"汾水川祠"，"明洪武七年（1374）重修，岁以五月五日致祭。"[5]

（6）窦大夫

春秋末，窦犨开凿烈石渠，引烈石寒泉之水灌溉兰泽诸村万亩良田。后人为了纪念他在兴修水利、开凿河道方面的卓越成就，在流急浪涌的洌石口建造祠庙，即窦（大夫）祠，还有镇压水势，避免水患的祈愿。窦大夫提倡德治与教化，主张推行仁政，受孔子推崇，且留下"孔子回车"[6]的典故；宋大观元年（1107）被加封为英济候，故窦大夫祠又称英济祠，因在烈石山下，又名烈石神祠。

窦大夫祠山门一侧有一小屋曰："虹巢"，为傅山隐居之所，祠西就是著名的阳曲八景之一"烈石寒泉"，在泉边建祠，与水母楼的寓意异曲同工。窦大夫因其治水功绩，被后人冠以"河神"的身份，使单纯的祖先祭祀转化成人格神信仰；亦即，民间信仰的世俗化特征是不可能容忍一个无所事事的单纯祖先祭祀的，其背后都或多或少地隐藏着对生活的美好祈愿。

---

1 当地人认为，有一种洪水是由"起蛟"造成的．

2 （清）刘大鹏．晋祠志．卷八·祭赛下．送神归山．

3 "高氏"即高汝行，台骀庙建于明嘉靖十二年（1533）．

4 据台骀庙现存《重修台骀庙碑记》．

5 道光太原县志．卷三·祀典．

6 相传孔子周游列国，传道讲学，在郑国游说结束后，乘车直奔晋国。当他同随行弟子来到晋国边境天井关下一山村（今山西泽州晋庙铺镇境内）时，有小孩以石筑城为戏，不肯让路。其中一个叫项橐的顽童，并以"只有车绕城，而无城让车"之说质难孔子。孔子见项橐虽小，却有过人之处，于是躬拜为师，令弟子绕"城"而过。当行至天井关时，又遇松鼠口衔核桃跑至面前行礼鸣叫。孔子见晋国玩童如此聪明，连动物亦懂大礼，十分感慨并回车南归。现天井关村仍留有当年的回车辙。后人为祭祀孔子，在村东南修有文庙，还立有"孔子回车之辙"石碑和碑亭，并把星轺驿改为了拦车村，从此，孔子回车便成为晋城闻名的四大景观之一．

（7）唐叔虞

晋祠原名"唐叔虞祠"，是祭祀周初晋国第一代诸侯唐叔虞的祠堂。随着岁月的流逝，晋祠渐集儒教、道教、佛教及民间神祇于一体，形成众神共存的景象。在这一发展融合的过程中，最初作为晋祠主神的叔虞先后被宋代的圣母与明代的水母所替代，退居次位，至少在明以后已没有单独的祭祀活动了。

严格来说，唐叔虞并不能算是与水有关的神祇，充其量只能算是晋水流域内的早期祖先。事实上，尽管叔虞作为地方管理性神祇而存在，但是其世俗化个性导致了其必然与水母一起对地方日常延续产生佑护的影响。

（8）五道神

五道神信仰在太原地区十分显著，是各个村落普遍供奉的神祇之一。五道庙一般设置在十字路口或村口，数量也多，如太原县城内外多达 22 座。庙的形式较简单，一小间为常态。且多不置神像，以黄纸叠一牌位（或仅为一张黄纸），上写"五道将军之神位"，有时视其所处位置会与树神、井神、土地神等合祭。

五道神又称"五道爷"或"五道将军"，相传为东岳大帝的部下，属于道教神祇。"五道"是指神道、人道、畜生道、饿鬼道、地狱道。"（十一月）二十六日，晋祠主持致祭北方五道神于台骀庙。其在闾巷之神，土人于五月朔祭之。"[1] 事实上，对于村落内部的五道庙并没有十分严格的祭祀日期或者活动，现如今除了有些地方会在端午节时供献粽子外，五月致祭的活动也早已消失。

（9）窑神

明以后的西山，煤矿开采兴盛，致祭窑神的风气也胜，皆为开窑之人为得上天庇佑，祈求平安发财而建。如位于太原县城西街的窑神庙（图 2.4-15），约建于清，是由西山九峪（虎峪、冶峪、开化峪、风峪、明仙峪、马房峪、柳子峪、黄楼峪、南峪）的窑主集资兴建的。

天主教

西山的外来宗教主要是天主教（佛教虽外来，但已极为本土化），主要集中在南部地区，且大多出现于清末至民国时期。

基督教早在唐代即传入中国，史称景教，受唐武宗灭佛的影响，景寺皆毁，景僧或还俗或被逐，景教亡；至元代，统治者的支持使基督教再次传播；后随着亚欧航路的开辟，天主教（此时基督教已分为天主教和基督新教）[2] 第三次来到中国，其传入时间一般以利玛窦 1582 年到达中国时算起。天主教传入山西约在 1620 年，不久即由比利时耶稣会士金弥格（Michael Trigault）传入太原，并修建了小教堂[3]。

图 2.4-15 ｜ 太原县城窑神庙

---

1 （清）刘大鹏. 晋祠志. 卷八·祭赛下·祀五道神.
2 基督教产生于公元 1 世纪，3 世纪迅速发展，4 世纪末成为罗马帝国的官方宗教。后希腊正教与罗马教会分裂，独立发展成为基督教三大支派之一的东正教。16 世纪宗教改革后，一批基督教小宗派脱离了罗马教会独立发展，统称基督新教，而原本的罗马公教被称为天主教。因此，在基督教最早传入中国时，还没有天主教这一称呼。详见刘静. 太原地区乡村天主教文化研究.
3 陈钦庄. 基督教简史：417-425.

图 2.4-16 | 洞儿沟养济各会院

图 2.4-17 | 太原县城天主教堂

山西最早的天主教建筑是建于 1802 年的修道院，位于祁县九汲村。当时正处于禁教时期，天主教的一切活动都只能秘密进行，修道院也仅有一两间房，既做教室，也做宿舍，教授神、哲学知识。不过，成立不久即迁往文水新立村，之后又迁至太原西山南部的洞儿沟[1]。

洞儿沟修道院（又名洞儿沟方济各会院）（图 2.4-16）也是西山现存最早的天主教建筑。位于七苦山脚下，是圣艾士杰主教从山东请来法籍建筑师、神父潘德盛主持设计的，1891 年动工，1893 年建成，此后成为山西境内方济各会教士的大本营和培养修士的重要基地，其他地区的方济各会教士凡来山西者，也几乎都会前往洞儿沟修道院。修道院主体建筑是山坡上的两进四合院、钟楼及神父楼，坡下为窑洞宿舍，正面及右侧各有一排装有洋窗的中式平房，圣堂两侧自南坡至北坡，建有修女院、修士院、育婴堂与信徒朝圣寓所等。远观建筑群仿似欧式古堡，近看又觉为中式殿堂；特别是那两套四合院，门窗乃教堂式样，屋顶却是飞檐斗栱琉璃瓦；修道院正门左右还立有石狮，造型呈现出典型的晋中风格。

西山的多数村落都有天主教信仰现象，仅就今日的太原晋源区而言，27 个行政村中，就有 15 座村属天主教堂（表 2.4-2）。不过，较少兴建纯粹的西式教堂，多为模仿中国传统建筑形式或利用原有民居而成的圣堂，如位于太原县城北后街的天主教堂（圣堂）（图 2.4-17）。主要囿于地域文化的影响和经济因素的限制，毕竟传播教义乃首务，对建筑实体的要求并不强烈；同时，采取因地制宜的中西文化结合方式也多少表达了对本土文化的尊重。

表 2.4-2 | 太原现存天主教堂

名称	位置	建造时间	传入时间
太原天主教堂	太原市杏花岭村解放路 48 号	清末	—
古城营村天主教堂	五府营堂区	1903 年	村民言有百年历史
古寨村天主教堂	五府营堂区	2007 年	村民言有两百年历史。
晋源镇天主教堂	五府营堂区	1932 年	民国八至九年（1919—1920）
王郭村天主教堂	五府营堂区	1984 年	清乾隆间（1736—1795）
南张村天主教堂	五府营堂区	2005 年	民国初（1912—）
五府营天主教堂	五府营堂区	1904 年	村民言有两百年历史
洞儿沟村天主教堂	洞儿沟堂区	1939 年	—
下固驿村天主教堂	洞儿沟堂区	—	—
上固驿村天主教堂	洞儿沟堂区	—	—
南峪村天主教堂	洞儿沟堂区	—	—
姚村天主教堂	姚村堂区	1932 年	—
高家堡天主教堂	姚村堂区	1905/1992 年	清初
北邵村天主教堂	姚村堂区	2003 年	—
枣元头村天主教堂	姚村堂区	1917 年	—
田村天主教堂	姚村堂区	1903—1905 年	清光绪间（1875—1908）

---

1 刘静. 太原地区乡村天主教文化研究：16.

人文

在漫漫历史长河中，晋阳文化是以太原盆地与吕梁山东麓交接线上的两处名泉为起源的，并依之分为两大区域：一处是晋祠的难老泉，围绕其逐渐形成以晋阳古城和晋祠为代表的南部区；另一处则是依托烈石寒泉，以窦大夫祠、崛围山为代表的北部区[1]。

傅山与刘大鹏这两位对西山影响深远的文人，正是分别生活于这两个区域。他们在乱世中谋生存，又都以西山为依托，或归隐或劳作。一个是晚明士人，一个是清末乡绅；一个是壮志未酬，一个是生计所迫；一个用诗词书画描绘西山美景，一个以作志、日记记录自己的西山之情；一个魂在西山，一个根在西山。当然，他们眼中的西山，或者说他们对于西山的心理认知架构也有着微妙的关系和差别。

图 2.5-1 | 傅山像、傅山作品及相关研究

傅山

傅山（1607—1684），原名鼎臣，字青竹，后改名为山、字青主，别署公之他、侨山、真山、朱衣道人、石道人、观化翁等达54种，这在当时极为少见，后人多称其傅青主（图2.5-1）。傅山出生于太原阳曲县西村（即崛围山附近）的一个书香门第，其曾祖因相貌俊美，被迫入赘宁化府，傅氏家族因此移居阳曲[2]。傅山的青少年时期是在西村度过的，30岁时入三立书院学习，深受提学袁继贤的赏识。当时正处明末，社会动荡促使傅山广泛涉猎古今典籍、诸子百家，开始深刻思考人生之道，袁氏评价为"山文诚佳，恨未脱山林气耳"，且"时时以道学相期许，山益发愤下帷"。

明亡，有着强烈华夷思想的傅山已年近不惑，不甘低头侍清廷，毅然舍身道观，出家寿阳五峰山，道号真山（又称朱衣道人），辗转寓居于寿阳、平定、盂县等地。清顺治间（1644—1661）郑成功、张煌言大举入江南，傅山欣喜而南游；惜郑已败兵退走，傅山无功而返，自此开始定居于太原东山松庄直至去世。此地近距永祚寺、崇善寺、白云寺，傅山是这些寺院的常客。傅山身后被葬于崛围山马头水乡马头水村，民间传闻是在一个状如阴阳八卦的高岗上。[3]

傅山一生，寓居所在大多不出太原西山（表2.5-1）。傅山崇尚佛、道，以隐居山林为出世的修行方式，其故里位于西山的崛围山脚下，既有隐匿之幽静又有入世之便利的西山，对于其这样仍然怀有"反清复明"大志的明代遗民而言，可以说是绝佳的栖身之地。值得一提的是，傅山隐居时的身份是道士，但寓所反多为佛寺或祠庙，也多少反映了西山的佛道相容。

明清易祚之时，社会制度、思想意识、审美情趣以及生活习俗都发生着巨变，在这新旧交替的变革中，傅山一直抱有反传统、反礼教的自由思想和先进主张，其诗文书画作品不仅强调个性解放，且常常托物言志，述此而他。

---

1 康玉庆. 傅山与晋阳文化. 太原大学学报，2007（3）：13.
2 傅山先世原居山西大同，后移居太原府忻州，至其曾祖入赘宁化府，又迁居阳曲。虽说祖上早在数十年前便已迁出忻州，但傅山仍视忻州为其故乡。
3 《道光阳曲县志》载有"国朝徵君傅山墓在西山"，见政协尖草坪区委员会. 尖草坪区文史资料（第二辑）：94.

表 2.5-1 | 傅山在太原的寓居地

编号	寓所	位置	活动时期
1	青羊庵／霜红庵	青峰塔旁	青少年
2	红叶洞	多福寺	青少年
3	傅山读书处	净因寺	青少年
4	三立书院	省城	中年
5	虹巢	窦大夫祠	中年，赴北京请愿返晋后
6	云陶洞／茶烟洞	晋祠	中年
7	松庄	东山	晚年，南游后

注：实景及位置详见图 2.5-2，图 2.5-3。

《霜红龛集》收录的傅山诗词文章中，多写西山，并常以自己的居所作诗，恰似描绘其西山生活的长卷，在反映生存状态的同时，也透出复杂的心境。如：

《虹巢》："虹巢不盈丈，卧看西山村。云起雨随响，松停涛细闻。书尘一再拂，情到偶成文。开士多征字，新茶能见分。"

《红叶楼》："古人学富在三冬，懒病难将药物攻。江泌惜阴乘月白，傅山彻夜醉霜红。"傅山的生活状态栩栩生动。

《朝阳洞》："不惜麻头一百儋，云陶沽酒撒春憨，霾花雾柳无心醉，剩水残山慰眼馋。"《青羊庵》："毕竟吾庵好，三年忙一来，七松盟旧矣，二友快相随。吾骨何方葬，吾魂犹当归，先人茔已近，死后得依依。"诗题皆为傅山居所，表面上是与世无争的世外桃源，却能体味其于人生的思考，于世事的评述：沧桑也好，惆怅也罢，非一己之力可以掌控。

《土堂杂诗（其一）》："冬山静如睡，亦不废秀美。村外明一河，寒月与透迤。幽人眠偶迟，独赏其如此。"描写了傅山在冬季月夜观赏西山的独特境界，冬山、汾水、幽人组成一幅绝美画面，静谧清秀的夜景下却不觉流露出一种幽怨怅然的情绪。

傅山的绘画以山水松石等自然风光为主，或是家乡附近的名胜古迹。他是一位忠实于自身感

图 2.5-2 | 傅山隐居处图

图 2.5-3 | 傅山隐居处区位图

图 2.5-4 | 傅山绘画《土堂怪柏》　　图 2.5-5 | 傅山绘画《崛围红叶》　　图 2.5-6 | 傅山绘画《古城夕照》

受的创作者,作为遗民,国破家亡的切肤之痛决定了他的艺术基调。他笔下的山水、画面简单却意义深刻。在荒凉冷寞中,充满着压抑、危险、恐惧的感觉,在不拘的笔法中掩藏不住、又挥之不去的是乱世中特有的烦躁、忧郁与凄凉。如《土堂怪柏》(图 2.5-4)、《崛围红叶》(图 2.5-5)《古城夕照》(图 2.5-6),构图十分简约,画面空旷但景致深邃,具有一种不可名状的况然意境。

《古城夕照》勾勒出夕阳西下的黄昏时分,晋阳古城的残垣断壁横亘于一片朦胧萧瑟、山峦迷离之中。枯藤、远山、杂草、乱石,予人凄凉和压抑的视觉冲击。傅山为此题记:"古城在晋祠北十里,西近山,城垣基在焉,面各五六里许。或云是智伯灌晋阳时事也。然似大邈,其实赵宋灌刘埔之城耳。至今有所谓南堰北堰皆近之。斜阳荒草,游客有经,辄复动兴亡之感。若云游景可观,却非山水花数之足眩人者矣。"题记中还有"斜阳荒草,游客有经,辄复动兴亡之感"之语,不忘国耻、至死不渝的奋进思想已融化在悲愤凄凉的画境之中[1]。

不管是诗词还是绘画,傅山都饱含着对于故土的浓厚深情,而其间又夹杂着忧郁、惆怅的情绪。可以说,傅山为西山抹上了一层文化色彩,也增添了更多的民族感情。

傅山在西山时,多有文人骚客来此寻访,并产生了大量吟咏西山的诗篇,大大提升了太原西山的声誉。景之所以为景,不单单在于惊艳四座的视觉效果,更是一种意境,就如同中国园林的造景中,一个好名字就能造就一个景致,傅山及傅山式的游历意义正在于此。"文人士大夫除了直接参与古代城市的营建之外,他们常常利用诗词歌赋的形式对山水城市格局进行重点描写,这些诗文不仅起到了展示地方的山水胜迹、提升城市文化内涵的作用,同时也可以看作是城市建设活动的延续。"[2] 不过,傅山也并非毫不关心地方建设,早年就曾将家产土地赠与五龙祠做场圃,晚年见西村关帝庙破损不堪,又倡议并委托寺僧海山募捐,于康熙二十三年(1684)五月初三将关帝庙迁建至村北(今村南)。

"既是为山平不得,我来添尔一峰青。"[3] 这是傅山为自己名字所做的注脚,更是他为自己人生所做的注脚。作为一代宗师,傅山及其所承载的傅山文化本身业已成为西山不可或缺的一大景致。

刘大鹏

刘大鹏(1857—1942),字友凤,号卧虎山人,别署梦醒子,又号潜园居士,太原县(今太

---

[1] 参见黄琳. 论明遗民傅山的美学思想.
[2] 来嘉隆. 结合山水环境的城市格局设计理论与方法研究:77.
[3] (清)傅山. 青羊庵三首. 傅山集:10.

原晋源区）赤桥村人，并世居于此。

作为晚生的刘大鹏，对傅山也是推崇备至："松柏其心，烟霞其志，逸韵遐超，惟人与义。"[1] 与傅山颇为相似的是，刘大鹏也是生于乱世的落寞文人，但他并没有极端强烈地愤世嫉俗，而是以一个普通文人的姿态生活在清末民初的普通内地乡村中，"西山为桑梓之境，足跡常臻"[2]。其对西山的选择并非完全自觉，更多的是一种理所当然的乡情。

刘大鹏对西山的态度相对于傅山式的仁人志士更加理性一些，在对西山的改造、开发或是保护中，他都带有一种主人翁的精神，在他的眼里，西山是自己毕生的生活场所，美化家园是为要事。一方面是社会结构的变化导致更加务实的思想取代了传统的寄情山水的文人情怀，另一方面则是其内在的人生观所致，毕竟他只是一个心灰意冷、自求安保的"知识分子"。

身为五次落榜、怀才不遇的落寞乡绅，刘大鹏并没有在现实面前一蹶不振，而是积极跻身于地方事务，履行自己的表率责任。即使为生活所迫，仍发挥一个当地乡绅的倡导力为居民谋福利。如为使乡人免受兵、贼扰累，他倡议重开闭塞多年的晋祠堡西之旧路，且亲自到工地督工。"晋祠堡西之旧路，多年闭塞不通，由于镇人无桑梓之观念，虑不及斯，故不谋重新开辟，宣统三年（1911）变乱之日，堡中为通衢，已受往来逃兵之扰累，予即提倡开辟此路，以便南北往来之行人，而镇人置若罔闻。上年秋，阖邑商人公举予充商会特别会、□□□□会事务，至腊月，雁门关北贼匪扰乱，警耗日至，予与□□□□开路修堡之事，仍然漠不关心，乃与晋祠商界言之，无一人不赞成，因请县长李桐轩提倡监督，以慨然应允。"[3]

此外，刘大鹏对地方文献编纂、修补和古物保护都倾注了大量心血。是时，晋祠年久失修，殿宇大多残破不堪，亟待整修，其三次组织或参与其间，维修内容包括：对越坊、钟鼓二楼、清华堂、莲花台等，并新建难老泉北侧的洗耳洞，洞上建真趣亭，晋祠又添新景。刘大鹏在任职县保存古迹古物委员会特别委员时，不顾年老体衰，三上天龙山圣寿寺，清理佛教经典，盘查寺中财产，参与禅院正殿维修[4]。

像刘大鹏这样务实的乡绅，显然与傅山的侠骨义气截然不同，他们投身于西山的建设大潮中，或是为了生计开采矿藏，或是为了文化兴修祠庙，或是为了民众兴修水利。在他们眼中生活是朴实而平凡的，西山是家园而非圣境。

---

1 （清）刘大鹏. 晋祠志. 卷二十·流寓三. 傅徵君山传.
2 （清）刘大鹏. 晋祠志：柳子峪志. 柳子峪志凡例.
3 （清）刘大鹏. 退想斋日记. 民国五年（洪宪元年）(1916). 正月十七（2月19日）.
4 （清）刘大鹏. 退想斋日记. 民国二十七年（1938）.

筑景构境

建筑空间的营造既有赖于历史文化背景的影响，又不能忽视地缘环境所导致的空间需求。由于西山不同的地理环境特征影响下的人文环境、建筑风貌、社会习俗等的差别较大，可依据建筑选址特点和使用类型将西山现存的历史建筑分为两个层次的空间体系，即独立型（以信仰类建筑为代表）和聚落型（以传统村落为代表）。每一体系下又包含了多种具体的建筑形式，如表 3.0-1 所示，独立型空间体系包括石窟造像及独立选址建造的寺院、祠庙建筑等，而聚落型空间体系则包括村落民居及在村落形成后建造的寺院、祠庙等建筑。值得一提的是，有些寺观、祠庙建筑虽然位于村落中，却并非村落规划的产物，而是村落产生的依据，所谓"因寺生村"；当然，也不能就此抹杀村落形成后对其产生的影响。

表 3.0-1 | 西山历史建筑遗存的空间体系

空间类型	建筑形式	具体表述	具体建筑类型	使用类型
独立型空间	宗教信仰建筑	独立存在，与村落建设关系不大，类型有石窟、寺观院落等	石窟以及单独设置的佛、道寺院建筑	皇家祭祀
	民间信仰建筑	独立存在，与村落建设关系不大，以游赏为目的，主要指祠庙	具有地方祭祀性质的祠堂、庙宇	皇家祭祀、民众祭祀
聚落型空间	传统村落	以居住为用途的建筑群体，包含位于村落中的居住类建筑以及与村落的建设同步或晚于村落形成的寺观、祠庙建筑	村落内部的公共建筑（寺、观、祠、庙）及居住建筑	民众祭祀、民众生活

建筑

类型

（1）石窟

石窟是西山现存最早的建筑形式。最早的石窟开凿于东魏时期，主要是此前的北魏在平城时期就已凿窟日盛。北魏太和十八年（494）迁址洛阳，太原恰位于平城与洛阳之间的交通要道上，在经济、文化的双重作用下，太原也得到熏染，在这一时期建造了数量繁多的石窟造像[1]。其中，除了龙山石窟属道教信仰外，其余皆为佛教石窟，如魏家店石窟、悬瓮山石窟、硫磺沟石窟、瓦窑村石窟、石庄头石窟等，表现形式亦多样。

单窟型，顾名思义就是某一具体的石窟，位于风峪沟的魏家店石窟即为典型代表（图 3.1-1），凿于巨石之上，额镌"石佛阁"三字，窟内空间很小，仅宽约 3.3 米，深约 2.9 米，高

图 3.1-1 | 魏家店石窟

1　宿白. 中国佛教石窟寺遗迹——3—8 世纪中国佛教考古学：37.

图 3.1-2 | 龙山石窟　　　　　　　图 3.1-3 | 大佛类石窟

不足 2 米。三面凿佛龛，共计佛 3 尊，协侍 6 尊。像上敷泥，佛像两侧绘有龙纹彩画。

两个以上石窟并置的形式就是组合型，又往往不是只有石窟这一种类型的组合。据宿白先生研究，9 世纪后，石窟与寺观院落常常组合在一起，以供修行观像之便利，如童子寺后部的山崖上就开凿有这样的洞窟，这种窟院组合方式在西山十分常见。而且，常常多个石窟并置，形成石窟群，气势宏大。但多非一蹴而就，而是经历代不断增建形成的复杂格局。其代表者有龙山石窟（图 3.1-2）、硫磺沟石窟（石门寺）、皇姑洞石窟等。

大佛类石窟则指以大佛造像为中心的开凿形式，多为开敞式，前建佛阁，周围辅以寺院或其他石窟，如天龙山大佛、童子寺大佛、蒙山大佛、土堂大佛等（图 3.1-3）。此类造像石窟形式复杂，工程浩大，一般为国家敕建。

以上几种形式往往不是独立存在的，而是相互组合成一个整体的、具有各种建筑形式的群组。由于石窟的开凿是渐进的，在历史的发展过程中亦会根据需要逐渐增加不同的形式，所以，常予人总体上的联系感较差，时代分层的现象也较明显。

以天龙山石窟（图 3.1-4）为例，其由石窟、造像、寺院等共同组成，主要位于山腰、沟壑、山脚三处：山腰处现存石窟总计 24 窟，呈现出由南北朝至隋唐的时代特征；处于沟壑处的千佛洞 4 窟开凿于明代，其特征在于佛道合流，如第三窟壁坛上为道教元始天尊像，而其他几窟则是佛教神祇，大佛造像在第九窟，两旁雕凿协侍菩萨，外侧还建有数层高的佛阁；山脚下则是略晚于石窟开凿的圣寿寺。

（2）寺观

除石窟外，西山最主要的宗教建筑就是佛寺和道观。

"宗教的产生源于人类寻求一种超自然力帮助的需要。宗教建筑作为人与神交流的场所，反映了人与自然之间关系的处理形式，是自然观的一种物化反映。"[1] 早期的宗教建筑也多以名山大川作为选址的首选。

西山现有的佛寺建筑初建时都位于山林隐逸之所，经过长期发展，或形成具有一定规模的建筑群，或因寺生村，寺又成为聚落组成的一部分，这也印证了梁启超先生的观点："佛教是自信而非迷信，是积极而非消极，是入世而非厌世，是兼善而非独善。"[2]

道教是本土宗教，基本原理与中国古代的巫术传统和神秘思想有关，在发展过程中，既受到佛教思想的影响，也与民间信仰始终存在共生关系。西山的道教影响不如佛教广泛，而且由于

---

[1] 杨玲燕，姚道先. 中西自然观在传统宗教建筑上的反映. 建筑与文化，2008（9）：74.
[2] 祁志祥. 佛学与中国文化：扉页.

图 3.1-4 | 天龙山石窟

图 3.1-5 | 悬泉寺位置

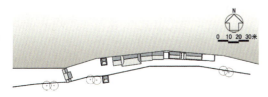

1 悬泉寺平面

2 悬泉寺远景

3 悬泉寺入口

图 3.1-6 | 悬泉寺

地方信仰强烈，道教受世俗影响较大，独立选址建造的较少，而以附属于聚落（县城或村落）的形式为主。

（3）祠庙

祠庙是伴随着世俗性民间祭祀的出现而产生的，与普通民众的祈福思想密切相关，即祠庙既要体现宗教思想中的神圣理念，又需强调人神之间的互动，这也导致了大量祠庙是位于村落之中或周边并以之为依托发展演变的。但也有一些祠庙是为了某个区域内的所有聚落共同祭祀的神祇或祖先而设置的，并独立于某个具体村落之外。

除了那些大量位于山区、远离聚落的祠庙外，西山的最著名者非晋祠和窦大夫祠莫属。晋祠最初是供奉太原地区的祖先——叔虞的祠堂，其后几经易变，主神更换，但是作为晋水流域共同信仰中心的地位始终没有改变；在今天的晋祠中，佛、道、儒及民间信仰建筑 20 多处，其他古建筑或仿古建筑更多达百余处，形式多样，或呈院落分布，或以单体呈现，不一而足，这有赖于多个时代的长期增补。窦大夫祠与晋祠的发展历程相似，也是由不同的祭祀建筑主体经由长期的演变组合而成。

择址

（1）因势

"天下名山僧占多"是佛教建筑择址的一个形象阐述，道教更是宣扬自然的情怀，隐在山林乃是最直接的表达，使营造本身天生就有一种脱俗的隐逸。西山区域广阔、地形复杂，寺观散布于山川沟谷之间，利用山势的险峻与路径的幽深营造神秘而圣洁的宗教氛围。

位于崛围山的悬泉寺（图 3.1–5，图 3.1–6），即是典型代表。悬泉寺原是明"晋王府的柴炭之地"，后因山景秀丽、气候宜人，晋王府将这一带划为禁地，禁止普通百姓砍伐、狩猎或者游赏，因此

1 多福寺鸟瞰图

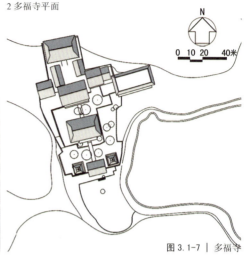

2 多福寺平面

图 3.1-7 | 多福寺

被称为"官山"。正统八年（1443）这里成了"晋藩国主香火院"，即晋王府的家庙。悬泉寺造于悬崖峭壁之上，前临汾水，位置险奇，"秀峰环绕，汾水引流，深谷林立，岩崖选修，恍如云梦，不啻瀛洲"[1]，可谓大观。

多福寺亦在崛围山，位于庄头村东侧，相传是因寺生村。寺建于一个山坳中，南侧山峰上有一座七层舍利塔，又名"青峰塔"，塔与寺形成对景，使原本就与世隔绝的气质更增山林隐逸的意境（图 3.1-7）。

中国古建筑的朝向一般为坐北向南，这在平地较易实现，山区则多受地形限制。西山的宗教建筑基本上没有完全的正南北方向布置，而是随山就势，呈现出比较自由的布局，坐西朝东的建筑数量较为显著，因为晋阳古城的存在，背靠西山、南面晋阳，如童子寺等；位于平原或山脚的建筑有时也会采取东西向布置，如明秀寺、兰若寺等，坐西朝东，与道路或河流呼应；坐东朝西的形式相对较少，如店头村紫竹林等。

（2）借景

山脚是自然环境的边缘区域，是入世与出世的交界处，这一特征正好与信仰建筑的性格相契合。这些建筑既希望因借美好的自然景观，形成具有神圣感的空间组织，同时又不能完全脱离普通民众生活。那么，以山体为依托、临近水源等自然因素的选址就显得十分必要而且合适了。具有这种复杂情感的建筑或建筑群，以地方信仰的祠庙为最。

背靠悬瓮山的晋祠，是晋水的发源地，晋祠的空间布局和选址及发展演变都是依托于山环水绕的自然环境而成，除了供奉神祇之外，更重要的是为普通民众（抑或是统治者）提供一个可以游赏的空间。

窦大夫祠位于汾河出山口的烈石山山麓地带，北部的二龙山与西部隔汾河而望的崛围山互为犄角、互相拱卫，两山夹峙中，汾河奔流而出。窦大夫祠就坐落在汾河口处形成的小型冲积扇的扇柄位置，背靠二龙山山麓，面朝汾水宽阔的水面，西邻烈石寒泉，这一地区在历史上可以算是

---

1 寺中铁钟上的铭文有相关记载，参见政协太原市尖草坪区委员会. 尖草坪区文史资料：90-91.

图 3.1-8 | 窦大夫祠形势图

图 3.1-9 | 天门积雪

图 3.1-10 | 崛围红叶

图 3.1-11 | 西山叠翠

图 3.1-12 | 汾河晚渡

河道穿流、泉水丰沛、山林茂盛的风景胜地（图 3.1-8）。古阳曲八景大多位于附近，除烈石寒泉外，尚有天门积雪（图 3.1-9）、崛围红叶（图 3.1-10）、西山叠翠（图 3.1-11）、汾河晚渡（图 3.1-12）、土堂怪柏[1]。

崛围山脚下的净因寺也是依山而建，因土堂大佛著称。寺始建于北齐，金泰和五年（1205）重修，背靠山崖，后在东侧依寺成村，村落毗邻汾河西岸。据明嘉靖二十年（1541）《重修土堂阁楼记》，相传"汉时土山崩坏，裂陷成洞，洞内土丘高及十丈，形似佛像，传为土崩佛现，乃佛教净土之因缘，故在此建寺"。崛围山不仅为净因寺划定了西侧的边界，且成其背景画面；寺庙地坪较高，

---

1 曹洪立. "景以境出"的实践——山西窦大夫祠景区详细规划. 中国园林，2009（5）：53.

图 3.1-13 | 净因寺大佛阁 / 平面

图 3.1-14 | 净因寺实景

图 3.1-15 | 净因寺、窦大夫祠及村落相对形势图

站在寺口可俯视整个村落（图 3.1-13、图 3.1-14、图 3.1-15）。

有些建于河谷平原地区的建筑，虽有或多或少的山景可借，但由于周边或所处村落发展导致肇建时期的景象荡然无存，已无从辨别选址的初因。如位于王郭村西北的明秀寺（图 3.1-16），据清乾隆四十八年（1783）《重修明秀寺碑记》载："创始于汉，累朝俟有重修。"寺旁原有晋水鸿雁南渠流经，王郭村一带也曾是达官显贵的郭城，但在今天，寺在田中，不断扩张的村落也已逼近。

（3）近神

独立于村落的民间信仰类建筑则有近神的特征，常据祭祀神祇的大致位置选址建造。如：窑神庙，一般位于煤窑一侧；天龙山的白龙洞相传是白龙神的居所，建庙致祭（图 3.1-17）。

理景

西山面积广阔，通达性不强，常常是同一山域或沟谷内的景观呈现出类似的特征，或者具有某种内在的联系。现存的大量历史建筑都是经过多年营建方呈现出如今的集群布局现象，并表露出强烈的文化包容性，而这种混合与包容的特征也正是西山历史建筑的最显著特点。

古人崇尚"万物皆有灵"，这种包容性使得一些宗教信仰建筑群附近衍生出一些民间信仰建筑群，只不过多为附属，并不会取而代之，如天龙山石窟宗教信仰区域内就逐渐产生了黑龙庙、白龙洞等民间信仰场所（图 3.1-18）。与之相反，在以民间信仰为主的建筑群中，宗教建筑的产生也

图 3.1-16 | 明秀寺立面/平面

图 3.1-17 | 临近神祇设置的庙宇

图 3.1-19 | 奉圣寺与晋祠图

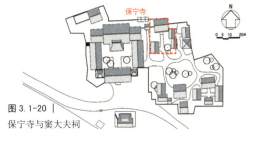
图 3.1-20 | 保宁寺与窦大夫祠

图 3.1-18 | 天龙山布局

使得原本单一的祭祀群体成为多教合一的文化载体。如晋祠，其内有十方奉圣禅寺（图3.1-19），本是唐开国功臣尉迟敬德的别墅，后舍宅为寺[1]，寺东则为始建于隋的舍利生生塔[2]。再如窦大夫祠，东有保宁寺（图3.1-20），

---

1 据元皇庆二年（1313）．重修奉圣寺记："惜乎岁久石刻尽圮，莫能详其实。里中耆旧有能道之者，以为肇于李唐鄂国公尉迟敬德。公为唐之功臣，辅翼天策，勘定祸乱。一日愀然有感，自以平攻城野战，杀戮甚重，惕然心悔，……是以施此别业，创为梵刹。武德末，神尧高祖赐额：十方奉圣禅寺。"引自晋祠博物馆．晋祠碑碣：182．
2 据道光太原县志．卷三·祀典："舍利生生塔，在晋祠，隋开皇年创建。宋宝元三年重建。乾隆十三年，邑人杨廷璿倡议重建。慎郡王作文纪之，杨二酉有记。"

图 3.1-21 | 入口前设置台阶

图 3.1-22 | 龙泉寺上山序列

据碑记载，始建于明万历间（1573—1619），此外再无更多信息，不过，至少说明由于强烈的地方信仰及漫长的崇拜传统使得窦大夫信仰成为此地核心，而佛教建筑也只能作为附属存在一隅。

无论是以哪种形式为主的组合，都代表了西山民众所持信仰的共通性，在这种"祠寺相生"的环境下，各类神祇和谐共生。加之西山较为复杂的山水形势为建筑群空间氛围的营造提供了天然的基础与丰富的素材，尤其是出于不同背景建造的信仰建筑，由于关注的内容和角度不同，在意境营造的手法和表现形式上也各有千秋。

（1）宗教信仰建筑

"开卷之初，当以奇句夺目，使之一见而惊，不敢弃去。"文章如是，建筑亦然。宗教信仰建筑的出入口是尘世与神境的界面，为营造气氛，出入方式的设计往往是需要着重关注的。入口若正对外部通道，风水上有此一忌，往往会在对面设置风水构筑物，如店头村的紫竹林就正对一条仅两米宽的巷道，其尽头就筑有"灯山"以避不祥。入口处设置台阶也被广泛采用，高差的产生会带给来者强烈的崇拜感，攀登的行为也是逐渐静心而虔诚的过程（图 3.1-21）。

"径莫便于捷，而又莫妙于迂。"[1] 一般进山朝拜多依托山路为序列展开空间组织，随山就势、

---

1 （清）李渔. 闲情偶寄·居室部·房舍第一·途径.

步移景异，所谓"意贵乎远，不静不远；境贵乎深，不曲不深"便是这个道理，最直接的营造手法来自于空间形态的变化。

（a）龙泉寺

龙泉寺位于西山风峪沟内北侧的太山，现存建筑多为清构，分上、下两院，上院为明代重建的观音堂，下院为大雄宝殿。往寺参拜须登山，穿过山脚下小河上的牌坊是约两米宽的山路，似乎并没有予人"曲径通幽"之感，并一直延续至半山平台；因空间放大，可稍事停留；转而进入一个小牌楼，空间骤然变窄，山路也变得陡峻；一路曲折萦绕，见一凸出山崖的翠微亭，山风绕耳，视野开阔；再折而上行，不期然间，树阴掩映的寺庙台阶赫然在目；真可谓是"山寺深藏"（图3.1-22）。当然，行进的节奏感还体现在空间使用者的动静状态上，在前往龙泉寺的过程中，有停有行，动静结合，有野趣而无乏味之苦。

（b）童子寺

童子寺是龙山最早的建筑，建于北齐，位于山巅北峰，坐西朝东正对唐高宗李治与武则天进山拜寺的御道——硫磺沟。寺罹于金元兵火，明时重建，后屡有修葺，但最终毁弃，原因无考。童子寺附近的皇姑洞与石门寺相传是其别院，晋阳城中还建有下院，以安置数量庞大的僧侣，金元以前童子寺的规模可见一斑。

童子寺分两区，因山就势（图3.1-23）：北部的大佛区以大佛为重心，前接佛阁，与燃灯塔相对，是礼拜供养的主要场所；南部的寺院区为前院后窟的形式，以供僧人坐禅与生活起居，体现了山地寺院与石窟造像的有机结合。现已毁弃不用的硫磺沟本是童子寺的进香路线，沿途曲折迂回，行至深处，遥望来路已不可寻，似乎是在考验着来者的耐性。继续前行，倏见一分叉处，往右攀上小峰，即达石门寺，唐时日僧圆仁就曾于此取道前往石门寺；往左则往童子寺，虔诚的信徒会一直深入，路也越来越窄，少顷便丛林密布，最终峰回路转，寺院山门得见；再转而向北，大佛与燃灯塔将朝拜序列推向顶峰（图3.1-24）。

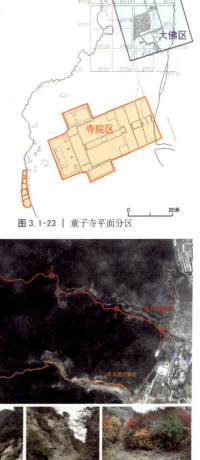

图 3.1-23 ｜ 童子寺平面分区

图 3.1-24 ｜ 童子寺进山序列

图 3.1-25 | 由童子寺大佛处望晋阳城

图 3.1-26 | 多福寺、舍利塔、庄头村形势图

图 3.1-27 | 多福寺、舍利塔、多福寺位置关系 GIS 图

图 3.1-28 | 多福寺实景图

站在大佛前可俯瞰整个晋阳城。唐玄奘曾游历至此，并留下"西登童子寺，东望晋阳城。金川千点绿，汾水一条清"的诗句，可见童子寺的绝佳视线（图 3.1-25）。寺之所在三面环山，向东开敞。"半偈留何处，全身弃此中。雨余沙塔坏，月满雪山空。窣刹临回磴，朱楼间碧丛。朝朝日将暮，长对晋阳宫。"[1] 又《北齐书》云："凿晋阳西山为大佛像，一夜燃油万盆，光照宫内。"此西山大佛[2] 即指童子寺大佛，"光照宫内"的则是伫立至今的燃灯塔。

（c）多福寺

多福寺始建于唐贞元二年（786），初名"崛围教寺"，明洪武间（1368—1398）重建，弘治间（1488—1505）"改多福，而山下寺遂专崛围名矣"；"昔有阇黎汲水于汾，泪滴如珠，乃诣文殊，告乏水命，黑龙神护归获二龙池，今寺有文殊阇黎殿阁，万历戊申（1608）重建"[3]。多福寺（图 3.1-26，图 3.1-27）在崛围山庄头村东的山坳中，村落与寺的地势相差悬殊，据说今日所见道路未开通前，村民都是循着多福寺西侧的山崖小

---

1 （唐）耿湋．题童子寺．御定全唐诗．卷二百六十八．
2 西山大佛的具体位置尚有争议，有研究认为是蒙山大佛。但就地理位置而言，童子寺大佛与晋阳城之间的视线关系最为通畅，更符合古籍所言"光照宫内"的实际情况．
3 道光阳曲县志．卷二·舆地图下．

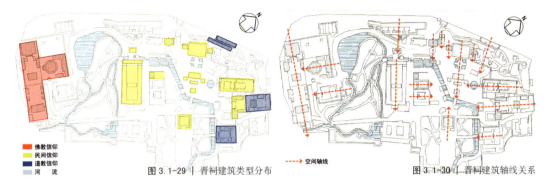

图 3.1-29 | 晋祠建筑类型分布　　图 3.1-30 | 晋祠建筑轴线关系

路往来。寺东南方向有舍利塔（又名青峰塔）一座，宋时所建，高约 20 余米，塔下有一羊肠小径，是旧时通往崛围山区的官道，名为"拖拔"（图 3.1-28）[1]。

多福视线的组织与借景的手法相似，多利用远景形成焦点，从而增加景致的层次感。多福寺与塔分别处于沟壑的两侧，遥相呼应；寺、塔、村三者之间视线通畅，又自成角度，可谓"远近高低各不同"；山下又是秀丽的映山湖，天高云淡之日，可赏"塔映山湖""塔影夕照"。此外，舍利塔还具有风水意义上的双重身份：一是位于多福寺的东南方，乃风水佳地；二是与太原城东南方的永祚寺双塔（文峰塔、宣文塔）相连而成的 45°风水线。

（2）民间信仰建筑

独立型空间体系所代表的是那些不受或少受普通生活影响的建筑形式。在选址方面，多位于山林隐逸之所，布局主要与自然因素有关。在序列组织方面，宗教信仰建筑多强调空间的神圣性，尤其是山地型宗教建筑多结合地形形成强化宗教氛围的朝圣流线，而民间信仰建筑由于受世俗文化的影响，除了序列组织上的情绪渲染，更加入了人神共欢的空间布置方式，以达到酬神和娱人的双重目的。

酬神活动的内容一般包括宴集与致祭两部分，相应的空间需求也包括欢娱和供奉两种，祠庙建筑中常见的戏台和献殿即为此产物。西山祠庙的献殿仅存晋祠和窦大夫祠两处，一个建于金代，一个建于元代；戏台除了这两处祠庙皆备外，现存较多，如古城营村的九龙庙、花塔村的昭惠寺、太原县城北街的东岳庙等。

（a）晋祠

晋祠是典型的三教合一组合，并有各自分区（图 3.1-29），建筑群主要有两种平面布局方式：南北向和东西向。看似完全垂直的两种轴线，却有着统一的指向——晋祠水系，这种向心（向水）的拓扑关系正是晋祠以水为精神核心的体现（图 3.1-30）。从晋祠庙号的屡有更替（表 3.1-1）亦可窥豹一斑，这是与社会变迁直接相关的，并且也导致了晋祠内部空间组织结构的转变，其社会影响意义也随之发生微妙的变革。

晋祠主神在宋以前为唐叔虞，《水经注》载："沼西际山枕水，有唐叔虞祠。"[2] 宋太平兴国九年（984）《新修晋祠碑铭并序》又言："（叔虞祠）正殿中启，长廊周布，连甍盖日，巨栋横空，万罳拱攒，千楹藻耀……况复前临曲沼，泉水鉴彻于百寻，后拥危峰，山岫屏开于万

---

1 韩贵福. 并州风光：10.
2 （北魏）郦道元. 水经注卷六·晋水.

图 3.1-31 | 晋祠献殿

图 3.1-32 | 晋祠水镜台

图 3.1-33 | 人字堰与张郎塔

仞。""后拥危峰，山岫屏开"都显示出当时的叔虞祠位于现存的圣母殿位置。而到了明以后，水母信仰登上历史舞台，叔虞之名则鲜有提及，晋祠被水神祭祀神祇所取代。

对于圣母的身份多有异议，有认为是唐叔虞的母亲邑姜，也有认为是宋仁宗的母亲——章献明肃太后刘娥[1]。不过，无论是谁，圣母都是官方大力推崇的神祇。而在乡民看来却不然，他们认为昭济圣母就是柳春英，甚至在圣母殿的南侧特别建造了一座水母楼专门祭祀。

如今，晋祠从最初的祖先祭祀已蜕变成水神信仰的中心，民间信仰建筑在空间上也相应地形成了以圣母殿为中心，水母楼以及唐叔虞祠分置两侧的布局。献殿（图3.1-31）在圣母殿前，是供奉祭祀圣母祭品的享堂，建于金大定八年（1168），四面无墙，梁架结构只在橑枕横架上施驼峰，托脚承平梁架，结构十分简朴，"不若不费，故能经久不坏"[2]。水镜台（戏台）（图3.1-32）则在圣母殿轴线的东端，建于明代，后台为重檐歇山顶，东、北、南三面围廊，前台为卷棚歇山顶，三面可观，前后两部分虽然组合在一起，但是结构却自成一体，各有一套柱梁系统。

圣母殿西南侧有一清潭，潭中间建有一道石堤，凿有圆洞十孔。南三北七，作为分水的标志，中央由分界石堰分开，即著名的"人字堰"。其西仡立着一座小塔，形状特别，八棱柱形的塔体支撑宝盖，石柱短粗，直接安放在仰莲型基座上，称作"分水塔"，传说是"油锅捞钱"[3]故事的主人公张郎的葬身之塔，故又称"张郎塔"（图3.1-33）。虽然对于"油锅捞钱"故事的发生年代及人字堰和张郎塔的建造年代仍有争议，但故事和建筑本身所承载的内涵是显见的，即随着水资源争夺的加深，人字堰与分水塔作为水权的象征，其社会意义比故事真实性更具有讨论的价值。

1　关于圣母身份的讨论详见张亚辉. 水德配天——一个晋中水利社会的历史与道德：136.
2　梁思成，林徽因. 晋汾古建筑考察纪略；转引自张德一，姚富生. 太原市晋源区旅游漫谈：90.
3　"油锅捞钱"的故事一般是说：从前，晋水南北二河因争夺晋祠之水利，常常发生纠纷。后来，官府出面调停，在难老泉边置一口油锅，当油沸腾时，将十枚铜钱扔到锅中。这十枚铜钱就代表十股泉水，哪一方能从锅中掏出几枚铜钱，哪一方就能分得几股泉水，永成定例，永息争端。花塔村张姓后生当即跳入锅中，为北河争取了七分水。后人为了纪念他，将他葬在石塘中，即张郎塔的下方。大多数学者认为"油锅捞钱"的故事发生在北宋年间，但其实"分水塔"最早出现在文献中是元至正二年（1342）的《重修晋祠庙记》："难老泉至分水塔，派而二之。"而塔作为风水用途则是元中叶以后的事情，因此，张德辉《水德配天——一个晋中水利社会的历史与道德》认为"油锅捞钱"的故事应是发生在明万历二十年（1592年）之后。

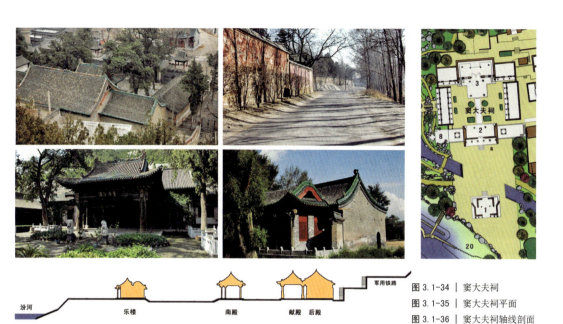

图 3.1-34 | 窦大夫祠
图 3.1-35 | 窦大夫祠平面
图 3.1-36 | 窦大夫祠轴线剖面

表 3.1-1 | 晋祠庙号变化

名称	年代	主要祭祀人物	备注
唐叔虞祠	北魏	唐叔虞	《水经注》记载:"沼西际山枕水有唐叔虞祠,水侧有凉堂,结飞梁于水上"
晋祠	东魏	唐叔虞	祖鸿勋《晋祠记》
晋王祠	北齐	唐叔虞	《地形志》载:"晋阳西南有悬瓮山,晋水所出,东入汾,有晋王祠"[1]
大崇皇寺	北齐	唐叔虞	北齐后主高纬崇尚佛法,于天统五年(569)下诏改晋祠为"大崇皇寺",使单纯祭祀叔虞的晋祠增添了佛教的色彩
晋祠	唐	唐叔虞	唐贞观二十年(646)李世民驾幸晋祠,撰文《晋祠之铭并序》,并刻碑立石,仍称晋祠
兴安王庙	五代后晋	唐叔虞	五代后晋天福六年(941)高祖石敬瑭封唐叔虞为兴安王,祠称"兴安王庙"
晋祠	宋	叔虞和叔虞之母邑姜	宋太宗赵光义毁晋晋阳城后,于太平兴国四年(979)下令整修晋祠,创建了圣母殿,将叔虞和叔虞之母邑姜一同供奉。九年(984)赵昌言奉敕撰《新修晋祠碑铭并序》,称祠为晋祠
圣母祠慈济庙	宋	叔虞之母邑姜	宋崇宁三年(1104)六月,徽宗封叔虞为"汾东王",同时"赐号圣母祠慈济庙"
汾东王祠、惠远庙	宋	叔虞和叔虞之母邑姜	宋政和元年(1111)徽宗加封圣母为"显灵昭济圣母";政和二年七月改赐惠远,故祠又称"汾东王祠""惠远庙"
晋祠、汾东王庙	元	叔虞和叔虞之母邑姜	太原路提举学官弋毂为此于元至元四年(1267)撰文树碑《重修汾东王庙记》,称祠为"汾东王庙"。而碑阴同年刻文《晋祠庙宇四至》,记载了地方官员奉忽必烈之诏书整修晋祠,划定晋祠庙宇四至范围一事。诏书称"晋祠庙系延圣祈福之地"
广惠祠、晋源神祠	明	叔虞之母邑姜	朱元璋御制诰文《加封诏书》,封晋祠圣母为"广惠显灵昭济圣母"。晋祠遂称广惠祠。明洪武四年(1371)又改称晋源神祠
晋祠	明	叔虞之母邑姜	明景泰二年(1451)代宗朱祁钰立《御制祝文》碑,仍称晋祠。至成化二十年(1484)八月,宪宗立《御制祭文》碑,仍称晋祠
晋祠	清	叔虞之母邑姜	刘大鹏《晋祠志》

(b)窦大夫祠

窦大夫祠(图3.1-34、图3.1-35、图3.1-36)始建位置已不可考,现存建筑位于洌石口附近,环境极佳。从总体布局来看,窦大夫祠坐北朝南,中轴线上建有乐楼、山门、献亭、大殿,与其

---

1 (北齐)魏收. 魏书. 志第五·地形志上·并州.

图 3.1-37 | 窦大夫祠乐楼　　图 3.1-38 | 窦大夫祠献亭

他建筑的相围合之下,形成了一里一外的两个空间,即山门外侧的戏台空间,以及内部的献亭空间。开敞与封闭,明亮与幽暗产生强烈的对比,也完成了窦大夫祠祭祀的一系列空间转换的过程。

乐楼(戏台)为清代遗构,在祠外最南端,与山门之间有道路相隔,由两部分构成:南向为后台,五架梁单檐硬山式,面阔五间;北向为前台,五架梁卷棚式,面阔三间。与晋祠水镜台不同的是,乐楼的前、后台两部分是一体的,由北向南予人感觉是一座前设抱厦之殿堂式建筑,而由南向北看则只是一座前廊式山门(图 3.1-37)[1]。

祠内献殿又称献亭(图 3.1-38),为元代遗物,与大殿相连。平面为方形,面阔、进深各一间,单檐歇山式,是陈设祭品的场所。亭内抹角梁上设八角藻井,做法有明显的宋代风格,檐下斗栱五铺作双下昂计心造,飞檐翘角,犹如大鹏展翅。所施柱、额用材硕大,其额枋通间横跨 16 米之多,整体结构气魄雄浑。

聚落

特征

西山主要有两种地貌形式,也造就了平原型、山地型及山麓型三种形式的聚落型村落。尽管在选址上存在着较大的差异,但是村落的布局形式一般都比较自由,受传统限制较少,与地理环境特征和包容的文化观念息息相关。

山地型或山麓型村落的选址或靠近山体,或位于山中,村内建筑不得不结合地形布置,随山就势,形成阶梯型的空间组织方式,如庄头村、甘草卯村等。而平原型村落则往往以主要道路为依据布置建筑,形成线性的空间结构,如赤桥村、土堂村等(图 3.2-1)。

此外,有些村落是出于军事考虑而设置的军事屯堡,在选址和布局上更注重防御功能,如店头村。还有一些是因为政治或宗教而产生的村落,则往往贴近该中心设置,在发展中也会受到一定的约束,如庄头村的早期村民多是为邻近山下多福寺种田的农民,因村落位于山顶,故得名"庄头"。

1　夏惠英. 太原窦大夫祠. 文物建筑,2008(2):67.

西山现存村落由于受经济发展、社会变迁的影响，形态与风貌变化较大。但由于聚落的发展基本是自然生长的，虽然建筑形式有所更替，规模有所增减，基本的空间结构依然存在，或保留了原有道路，或有公共建筑遗存，从这些历史遗存的片段中或可以推断出一些基本特征。

庙宇

村落出于民间信仰意识或生活传统的影响，总是会衍生出多样的寺庙祠堂等建筑形式，与"因寺生村"不同，村落自身的庙宇建设往往是基于村落的整体格局和生活需求为根本原则。就西山整体而言，属于村落的民间信仰建筑之间又呈现出两种形式的体系类型，即线性体系和散点体系，前者是联系各村落文化的手段，后者则是传统观念的直接体现。

图 3.2-1 ｜ 西山村落

以水为信仰中心的西山分布着大量的水神祭祀场所，构成以晋水为导引的线性体系，并有外在体系与隐含体系两个层次：隐含体系是以对水的需求为本质，即以"祈雨"为主题的神祇信仰，而外在体系则是通过"抬神祈雨"将周边村落整合到一起的活动来体现。因此形成完整的水神谱系，如黑白龙神、十八龙王、小大王、水母、圣母等。但是，有相当一部分水神祭祀场所为了营造神秘的气氛，多选址于山上。这种情况下，村落庙宇即成为前文所述的独立型空间体系的延伸，既可以将流域内的各个村落组织在一起，又成为独立型和聚落型空间发生联系的节点，如祭祀主神是九龙圣母[1]的古城营村九龙庙，是"游神"活动的必经之地，也是西山村落中的唯一，发挥着不可替代的作用。

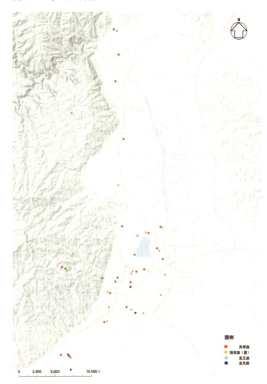

图 3.2-2 ｜ 散点体系祭祀建筑分布

不过，除了与水有关以外，这些庙宇并无统一的形式类型，朝向随环境变化不一，平时的祭祀方式也较随意，只有在固定时期会有统一的组织活动。其他的民间信仰建筑亦较多类似，如大多数村落都拥有的观音堂、关帝庙等，因与村民日常生活息息相关，广泛地存在于山下的村落中，而山上分布极少（图 3.2-2）。

---

1 九龙圣母的身份一直莫衷一是，有称是晋祠圣母的妹妹，亦有称是北齐武明娄皇太后娄昭君，即高欢的妻子。据道光太原县志.卷三. 祀典："石婆祠即北齐武明娄太后，太后尝病，内使令呼太后为石婆，亦有俗忌，故改名石婆也，太后久居晋阳，居人感其惠，故立祠。"

图 3.2-3 | 西山庙会分布

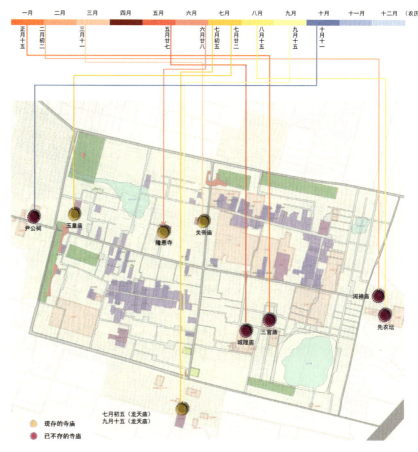

村落民间信仰祭祀的对象多与日常生产、生活有关，祭神常以庙会的形式进行，以之为契机将村落的内外成员组织起来参与公共活动，如太原县城的众多祠庙均有各自不同的庙会时期，公共空间重心也随着庙会地点的迁徙而发生由东向西的转移（图 3.2-3）。

院落是西山大多数村落庙宇采用的布局形式，一进居多，或为两进，多进的较为罕见，正殿为主要祭祀空间，入口前通常会有戏台或乐楼。更为简单的则只有一个小龛，甚至没有神像或神位，只用黄纸写下神的名号，贴于龛内，如在西山村落中随处可见的五道庙即为代表，也有玉皇庙或山神庙、树神庙、井神庙等，这类神祇的等级较低，尚不足以建庙以祭之，常设于特定位置，如树旁、井旁或路口（图 3.2-4）。

村落

聚落型空间体系囊括了村落及与之发展建设相关的各种建筑类型，此处以店头村、王郭村、庄头村和赤桥村为例，分别观察不同规划意图下产生的村落及其之间的异同，描述其以自然环境为依托，据道路或水系为根本的演变。

（1）店头村

店头村位于西山九峪中最为著名的风峪中。"风峪古称灵邱峪，唐以后始易今名。"[1] 风峪宽

---

[1] 清嘉庆五年岁次庚申蒲月吉日立无题碑. 王海. 古堡店头：301.

30—150米左右，是西山九峪中较宽的山谷，是战国、秦汉至隋唐五代以来晋阳西侧的主要干道。此地距晋阳古城仅2.5公里，是晋阳西大门的咽喉所在，"西属交城入娄烦路，唐北都西门之驿也"[1]，是交城、娄烦甚至陕甘之地的官民、商贩沿风峪古驿道通达晋阳的必经之地。风峪河干涸时，商队就在河滩上行走。而到了雨季，河水高涨，便需绕行村内。店头因此成为来往人车的必经之地[2]，村内至今还留有古驿道、驿馆的痕迹。

图 3.2-4 | 独立型祠庙的类型

店头村在风峪北侧临河的石崖上，北倚蒙山，南临沙河，处在风峪最窄的沟颈之处，俯瞰风峪官道（图 3.2-5）。因是风峪沟的头一个村落，故得名"店头"。据专家推测，历史上的店头村曾是军事堡垒和屯兵之地，宋毁晋阳后，逐渐演变成普通村落。村内现存460余间石碹

图 3.2-5 | 店头村鸟瞰图

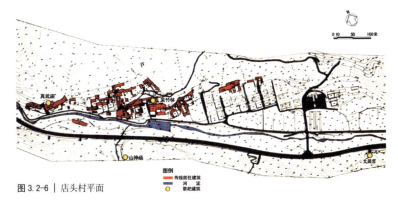

图 3.2-6 | 店头村平面

窑洞，一般两到三层，底层为石砌窑洞，上层为砖石构筑的阁楼。上下之间有石台阶直通，还有石碹暗道或石台阶通往两侧院落，形成窑洞串窑洞、大窑套小窑、上下层与主次院相互贯通的立体网络；再加之四横六纵的巷道系统，防御与居住功能得到完美叠加（图 3.2-6）。郭家院是此中代表：

---

1 永乐大典辑佚. 太原府志. 山川.
2 第五批中国历史文化名村申报材料——山西太原市晋源区店头古村，2009.

图 3.2-7 | 文昌宫　　　　图 3.2-8 | 紫竹林与灯山　　　　图 3.2-9 | 紫竹林入口下部空间

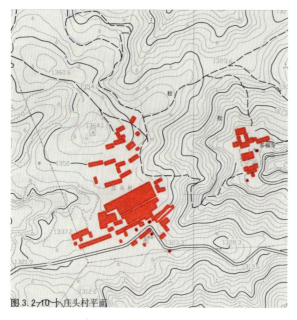

图 3.2-10 | 庄头村平面

以紫竹林山门下半圆形石碹洞为界，分为东西两院，通过角门互相连接，东院二层一窑洞原有一门暗通紫竹林一层。

值得关注的是，店头村虽小，也有着一宫（文昌宫）一庙（真武庙）一庵（紫竹林）一山（灯山，即古戏台遗址），把村落风水表达得淋漓尽致。

文昌宫（图 3.2-7）在村东南的山腰处，为两层砖石楼阁硬山式，上供魁星，下祀文昌，为石作窑洞式，相传，店头村及风峪沟内其他各村的学子在应试之前，必带供品、香烛等来此焚香祈祷。在文昌宫附近的南山腰处原建有高七层的方形宝塔，据说宝塔四角各压一只活蛤蟆，以为镇邪用，但由于开山破石，塔早已不复存在。

与文昌宫相对的，是村落西北角的真武庙，二者形成村落风水布局的主线。

紫竹林乃一处尼庵，在村落正中，明时"止石洞一间，供大士像，青山为屏，白云作障而已"；入清后，"有尼如云，以菩提之性，投甘露之门。始大兴土木，展拓地基，建大殿于石洞之上，塑三大士像。下院南北，各起精舍，祀释迦法王、地藏菩萨"。紫竹林坐东朝西，透过一条约 70 米长、2 米宽的狭路与灯山相望（图 3.2-8）。由于地势高差所致，紫竹林的入口架在村中道路上，成券洞形，村民称此道原通车马，亦可泄洪（图 3.2-9）。紫竹林的内部空间也很复杂，由于占地面积小，分为上下两层，下层窑洞，上层木构，上下之间贯通流畅，视线通透而富有趣味[1]。

---

1 据清嘉庆五年岁次庚申蒲月吉日立无题碑。王海．古堡店头：301："前明时，村之震方止石洞壹间，供大士像。青山为屏，白云作障而已。迄于本朝，有尼如云，以菩提之性，投甘露之门。始大兴土木，展拓地基，建大殿于石洞之上，塑三大士像。下院南北，各起精舍，祀释迦法王，地藏菩萨。""风峪之中有店头小聚落也。村庵方有庙，供大士诸神像。每岁春秋间，里人崇祀典，且献戏焉。"再据村内紫竹林存《清咸丰十一年次辛酉桂月碑记》《重修文昌宫、真武庙碑记》："文昌宫、真武庙建诸坎位，郭姓、王姓、李姓捐资银两 120 余两重修，建于清雍正壬子年，乾隆年再修。"

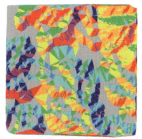
环境坡向分析

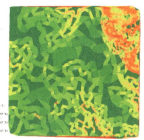
环境坡度分析

高程分布

图 3.2-11 | 庄头村 GIS 分析

图 3.2-12 | 庄头村路网布局

（2）庄头村

庄头村位于崛围山一山坳的西北侧，向阳背风。天气晴好之时，村落与多福寺、舍利塔之间视线通畅，景色宜人。但水源十分缺乏，用水仅以山下多福寺泉水为依（图3.2-10）。

庄头村的地形高差较大（图3.2-11），依山势布置顺沿和垂直等高线的道路网络，并形成了错落有致、鳞次栉比、呈阶梯状分布的居住形式（图3.2-12）。民宅以四合院为主，主体建筑多为砖券窑洞形，位于下方的密集紧凑，并有一些直接利用山体形成的靠崖窑，但塌毁严重，基已荒废；上方的则零星散落，无甚规律。

村落规模较小，仅有一座五道庙置于村口。因毗邻多福寺，村民的祭祀或节庆活动多往寺去，如每年的六月初六和春节。

（3）王郭村

王郭村是晋水南河的主要村落，历史悠久，据村内真武庙的《真武庙碑记》，北齐间，咸阳王斛律金曾在此建别墅、修城郭。年久城湮，村落自成，遂以王郭名之。村北原有鸿雁南渠，现已成路。南渠向东与清水河合流，再折而南注汾河。

西山的村落多以堡的形式存在，今王郭村还残留一段堡墙，高3米有余，夯土墙体，上部有局部砖砌（图3.2-13），但整个堡墙的范围及村落边界已无从考证。晋水地区的村落名称常以"堡"名之，如晋祠堡、东关堡等，王郭村从规模上看只是晋水流域的一个普通村落，尚有堡墙，可推此地村落的堡墙建设是较为普遍的。

图3.2-13 | 王郭村堡墙

王郭村现存的信仰建筑较多（图3.2-14），如祭祀汾神台骀的祠庙及关帝庙、真武庙等，后者尚存清同治、光绪时期（1862—1908）的碑刻数通，详细记述了真武庙、官堰、清水河桥以及营房的修建过程。这些建筑大多东西朝向，对于地势平坦的村落而言，似乎较为奇怪。但稍微留心，即可发现其指向乃是朝着聚落的中心，或许村民在布置建筑的时候，是有着一定的向心意识的（图3.2-15）。

图3.2-14 | 王郭村平面

（4）赤桥村

赤桥村位于卧虎山脚下，其南有马房峪可直通西山。其历史可以上溯至战国时期，以流传千古的"豫让义刺"[1]名扬于世，"赤桥"之名亦源于豫让在村内的桥上洒过赤血的传说。

官道和晋水（智伯渠）从村中穿过，相交之处即豫让桥所在。豫让桥乃明时所建，现已湮没于地下。官道则是赤桥村今存较好的空间，道两侧尚有一些名人故居，以刘大鹏故居

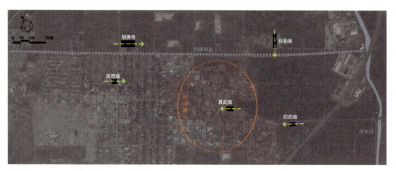

图3.2-15 | 王郭村祭祀建筑朝向分析

---

1 "义刺"指的是豫让刺杀赵襄子的故事。豫让是智伯的家臣，由于"三家分晋"中智伯被杀，于是，豫让以"士为知己者死"为由，立志为智伯报仇，他想尽办法行刺赵襄子。甚至不惜漆身、吞炭。他最后一次行刺是在赤桥。但是由于被赵襄子发现，最终自杀而死。但是，临终前他请求赵襄子脱下自己的衣服，连刺三剑，以表达自己的忠心。

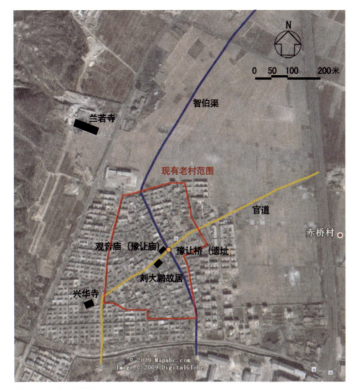

图 3.2-16 | 赤桥村

保留最为完好。豫让庙与兴华寺（关帝庙）皆坐西朝东，与道路或水系垂直，且占据重要节点，如交叉口（豫让庙）或转弯处（兴化寺）（图 3.2-16）。

清代刘大鹏对赤桥村的景致归纳有十，即：古洞书韵、兰若钟声、龙冈叠翠、虎岫浮岚、古桥月照、杏坞花开、唐槐鼎峙、晋水长流、莲畦风动、稻陇波翻。可见清时的赤桥村还是一个山清水秀的地方，稻陇、莲畦可证水源之丰腴。赤桥十景或许只是刘大鹏故乡情怀的特殊情怀，但至少在这些景致元素的提取中或可建立起一个大概的认知图式，兴化洞、兰若寺、豫让桥、晋水、唐槐等共同构成了赤桥村的景观意境。

附录

西山建筑类型

注:所统计总数为 183 个;"△"指地表建筑已不存,有 25 个。据《康熙山西通志》、《乾隆太原府志》、《道光太原县志》、《道光阳曲县志》、《太原市古城营村志》、《太原市南郊区志》、《尖草坪区文史资料(第二辑)》等整理。

编号	名称	类型	始建时间	现存情况	保护级别	山域	镇域	村域	信仰
C01	晋阳古城遗址	城池	春秋	春秋	全国	—	晋源街办	古城营村	—
C02	△徒人城遗址(三角城)	城池	春秋	无存	—	—	义井街办	义井村	—
C03	义井文化遗址	城池	新石器时代	新石器时代	市	—	义井街办	义井村	—
D01	玉皇庙	道观	—	清	县区	—	金胜镇	古寨村	道教
D02	玉皇庙	道观	—	清	市县	—	金胜镇	古寨村	道教
D03	△清真观	道观	元延祐二年(1315)	无存	—	—	金胜镇	金胜村	道教
D04	三官庙	道观	—	清	无	—	金胜镇	吴家堡	道教
D05	玉皇庙	道观	—	清	无	—	金胜镇	西寨村	道教
D06	真武庙	道观	明	明、清	县区	—	金胜镇	西寨村	道教
D07	△北极观	道观	后唐同光二年(924)	无存	—	—	晋祠镇	花塔村	道教
D08	△神清观	道观	元至元三十年(1293)	无存	—	悬瓮山	晋祠镇	晋祠西	道教
D09	三官庙	道观	—	清、民国	无	—	晋祠镇	南张村	道教
D10	真武庙	道观	—	明、清	县区	—	晋祠镇	王郭村	道教
D11	昊天观	道观	唐显庆间(656—661)	仅剩遗址	全国	龙山	晋祠镇	西镇村	道教
D12	真武庙	道观	—	清	无	凤峪	晋源街办	店头村	道教
D13	真武庙	道观	—	清	无	—	晋源街办	东关村	道教
D14	玄武楼(真武阁)	道观	北齐天保间(550—559)	近代	无	—	晋源街办	古城营村	道教
D15	玉皇庙	道观	明中叶	清	无	—	晋源街办	古城营村	道教
D16	玉皇阁	道观	—	清	无	凤峪	晋源街办	黄冶村	道教
D17	长春观	道观	元延祐元年(1314)	清	县区	—	晋源街办	南城角	道教
D18	△三官庙	道观	明	无存	—	—	晋源街办	太原县城	道教
D19	玉皇庙	道观	—	清	无	—	晋源街办	太原县城	道教
D20	玉皇庙	道观	明	明	无	凤峪	晋源街办	魏家店	道教
D21	真武庙	道观	—	清	无	开化峪	罗城街办	开化村	道教
D22	真武庙	道观	唐	近代	无	—	南寒街办	南寒村	道教
D23	北极宫	道观	—	清	无	—	姚村镇	枣元头村	道教
D24	纯阳宫	道观	—	清	无	—	义井街办	新庄村	道教
D25	玉皇阁	道观	明万历间(1573—1620)	新建	—	崛围山	柴村镇	大留村	道教
F01	崇圣寺	佛寺	宋太平兴国四年(979)	—	—	—	金胜镇	古寨村	驻跸所改佛寺

续表

编号	名称	类型	始建时间	现存情况	保护级别	山域	镇域	村域	信仰
F02	弥陀寺	佛寺	明	清	无	—	金胜镇	古寨村	佛教
F03	△大佛寺	佛寺	隋开皇间（581—600）	无存	—	—	金胜镇	金胜村	佛教
F04	△大云寺	佛寺	金大定间（1161—1189）	无存	—	—	金胜镇	金胜村	佛教
F05	观音堂	佛寺	清	清	无	—	金胜镇	吴家堡	佛教
F06	观音庙	佛寺	—	清	县区	—	金胜镇	武家庄村	佛教
F07	观音堂	佛寺	明	明、清	无	—	金胜镇	西寨村	佛教
F08	白云寺	佛寺	唐	清	无	明仙沟	晋祠镇	白云村	佛教
F09	崇福寺	佛寺	北齐天保二年（551）	仅存大殿	市	—	晋祠镇	北大寺村	佛教
F10	观音堂	佛寺	清	清	无	—	晋祠镇	长巷村	佛教
F11	观音庙	佛寺	—	清	无	—	晋祠镇	赤桥村	佛教
F12	兰若寺	佛寺	清康熙十一年（1672）	新建	—	—	晋祠镇	赤桥村	佛教
F13	花塔寺	佛寺	唐贞观八年（634）	明	县区	—	晋祠镇	花塔村	佛教
F14	上生寺	佛寺	北齐天统二年（566）	近代	无	悬瓮山	晋祠镇	晋祠	佛教
F15	圣寿寺、奉圣寺（十方奉圣禅寺）	佛寺	唐武德五年（622）	1985年迁建	全国	悬瓮山	晋祠镇	晋祠	佛教
F16	悬瓮寺	佛寺	北齐天保三年（552）	新建	—	悬瓮山	晋祠镇	晋祠	佛教
F17	雨花寺	佛寺	—	清	无	悬瓮山	晋祠镇	晋祠	佛教
F18	△明月寺	佛寺	—	无存	—	悬瓮山	晋祠镇	晋祠东	佛教
F19	青龙寺	佛寺	—	清	无	柳子峪	晋祠镇	牛家口	佛教
F20	仙居寺（闲居寺）	佛寺	唐贞观二年（628）	明、清	县区	马坊山	晋祠镇	索村	佛教
F21	福慧寺	佛寺	—	清	无	天龙山	晋祠镇	天龙山	佛教
F22	圣寿寺（天龙寺）	佛寺	北齐皇建元年（560）	明、清	全国	天龙山	晋祠镇	天龙山	佛教
F23	观音堂	佛寺	—	清	无	—	晋祠镇	瓦窑村	佛教
F24	明仙寺	佛寺	宋	明	无	龙山	晋祠镇	—	佛教
F25	观音堂	佛寺	—	清	无	—	晋祠镇	王郭村	佛教
F26	明秀寺	佛寺	汉	明、清	全国	—	晋祠镇	王郭村	佛教
F27	△仙严寺	佛寺	北齐天保二年（551）	无存	全国	苇谷山	晋祠镇	苇谷山	佛教
F28	童子寺	佛寺	北齐天保七年（556）	仅存遗址	全国	龙山	晋祠镇	西镇村	佛教
F29	△童子寺大佛阁	佛寺	北齐天保七年（556）	无存	—	龙山	晋祠镇	西镇村	佛教
F30	观音庙	佛寺	—	清	无	—	晋祠镇	辛庄村	佛教
F31	△雨花寺	佛寺	明洪武十年（1377）	无存	—	明仙沟	晋祠镇	纸房村	佛教
F32	龙泉寺（太山寺）	佛寺	唐景云元年（710）	明、清	省	太山	晋源街办	店头村	佛教、道教
F33	紫竹林	佛寺	明	明	—	风峪	晋源街办	店头村	佛教
F34	观音庙（观音堂、小庙儿）	佛寺	宋	近代	无	—	晋源街办	古城营村	佛教
F35	观音堂	佛寺	—	清	无	—	晋源街办	古城营村	佛教
F36	△净明寺（惠明寺）	佛寺	隋仁寿二年（602）	无存	—	—	晋源街办	古城营村	佛教
F37	昭惠寺（二郎庙）	佛寺	清	清	无	—	晋源街办	南城角	佛教
F38	观音堂	佛寺	—	清	无	—	晋源街办	庞家寨	佛教
F39	三教寺	佛寺	—	清	无	—	晋源街办	庞家寨	佛教
F40	开化寺（法华寺）	佛寺	北齐天保二年（551）	近代于遗址重建	—	开化峪	晋源街办	寺底村	佛教

续表

编号	名称	类型	始建时间	现存情况	保护级别	山域	镇域	村域	信仰
F41	隆恩寺	佛寺	明	明	无	—	晋源街办	太原县城	佛教
F42	观音堂	佛寺	—	清	无	—	晋源街办	武家寨	佛教
F43	△崛围寺	佛寺	唐贞元二年（786）	无存	—	崛围山	柴村镇	呼延村	佛教
F44	悬泉寺	佛寺	宋崇宁前（—1102）	—	—	崛围山	马头水乡	北崖头村	佛教
F45	多福寺（崛围教寺）	佛寺	唐贞元二年（786）	明、清	全国	崛围山	马头水乡	庄头村	佛教
F46	观音院	佛寺	明	清	市县	—	南寒街办	南寒村	佛教
F47	净因寺（土堂寺）（大佛寺）	佛寺	北齐	金至明	全国	崛围山	上兰街办	土堂村	佛教
F48	悬泉寺	佛寺	明	明、清	省	崛围山	西凌井乡	前斧柯村	佛教
F49	广仁寺	佛寺	唐	清	县区	—	西铭乡	西铭村	佛教
F50	龙泉寺	佛寺	唐	新建	—	—	小井峪乡	神堂沟村	佛教
F51	佛行寺	佛寺	—	清	无	—	姚村镇	固驿村	佛教
F52	仙严寺	佛寺	北齐	清	无	—	姚村镇	姚村	避暑宫改佛寺
F53	永宁寺	佛寺	明	明、清	县区	—	姚村镇	枣元头村	佛教
F54	△资福寺	佛寺	唐	无存	—	崛围山	尖草坪区	柴村	佛教
F55	吉祥寺	佛寺	元至正二年（1342）	清	—	崛围山	尖草坪区	寺头村	佛教
F56	慈云寺	佛寺	明洪武间（1368—1398）	毁坏	—	崛围山	尖草坪区	小东流村	佛教
F57	西禅寺	佛寺	明万历前（1573—1619）	新建	—	崛围山	柴村镇	芮城村	佛教
G01	歇马殿	宫殿	—	清	县区	崛围山	柏板乡	西关口村	—
G02	高欢避暑行宫遗址	宫殿	东魏	—	—	天龙山	晋祠镇	天龙山	—
G03	刘继元避暑行宫遗址（蒙山寨）	宫殿	北汉	无存	—	风峪	晋源街办	店头村	—
G04	晋阳古城殿台遗址	宫殿	北齐	仅存遗址	县区	—	晋源街办	古城营村	—
J01	天主教堂	教堂	—	近代	—	—	晋源街办	古城营村	天主教
J02	洞儿沟天主教堂	教堂	民国	民国	无	七苦山（南山）	姚村镇	洞儿沟村	天主教
K01	华严经石刻	碑刻	唐	唐	市	—	晋祠镇	晋祠	佛教
L01	△宝华阁	楼阁	明	无存	—	—	晋源街办	太原县城	—
L02	春秋楼	楼阁	明	清	无	—	晋源街办	太原县城	—
M01	关王庙	祠庙	—	清	无	崛围山	柏板乡	镇城村	地方神
M02	圣母庙	祠庙	明	清	县区	崛围山	柏板乡	镇城村	地方神
M03	关帝庙	祠庙	唐贞观二年（628）	清	县区	崛围山	柴村镇	呼延村	地方神
M04	龙王庙	祠庙	宋	清	无	—	东社乡	西流村	地方神
M05	圣母庙	祠庙	—	清	无	—	金胜镇	董茹村	地方神
M06	龙王庙	祠庙	—	清	无	—	金胜镇	棘针村	地方神
M07	龙王庙	祠庙	—	清	无	—	金胜镇	木厂头村	地方神
M08	龙王庙	祠庙	—	清	无	—	金胜镇	吴家堡	地方神
M09	关帝庙	祠庙	—	清	无	—	金胜镇	武家庄村	地方神
M10	关帝庙	祠庙	—	清	县区	—	金胜镇	西寨村	地方神
M11	武氏宗祠	祠庙	—	清	无	—	晋祠镇	北大寺村	祖先
M12	关帝庙	祠庙	—	清	无	—	晋祠镇	赤桥村	地方神
M13	关帝庙	祠庙	—	清	无	—	晋祠镇	东庄营	地方神
M14	关帝庙	祠庙	—	清	县区	—	晋祠镇	花塔村	地方神

续表

编号	名称	类型	始建时间	现存情况	保护级别	山域	镇域	村域	信仰
M15	晋源神祠	祠庙	宋天圣间（1023—1032）	宋	全国	悬瓮山	晋祠镇	晋祠	地方神
M16	唐叔虞祠	祠庙	—	清	全国	悬瓮山	晋祠镇	晋祠	祖先
M17	望川亭	祠庙	—	—	—	悬瓮山	晋祠镇	晋祠	地方神
M18	杨二西读书处	祠庙	—	清	县区	悬瓮山	晋祠镇	晋祠	祖先
M19	晋祠白衣庵	祠庙	—	清	县区	悬瓮山	晋祠镇	晋祠村	地方神
M20	白龙庙（洞）	祠庙	清	清	无	柳子峪	晋祠镇	牛家口	地方神
M21	关帝庙	祠庙	—	清	全国	天龙山	晋祠镇	天龙山	地方神
M22	龙王庙（天龙庙）	祠庙	五代后晋开运间（944—946）	—	—	天龙山	晋祠镇	天龙山	地方神
M23	关帝庙	祠庙	清康熙间（1662—1722）	清	无	—	晋祠镇	王郭村	地方神
M24	△台骀庙（汾水川祠）	祠庙	—	无存	—	—	晋祠镇	王郭村	地方神
M25	白龙洞	祠庙	北齐	南北朝、明	无	天龙山	晋祠镇	五坡村	地方神
M26	龙王庙（白龙洞）	祠庙	近代	无	龙山	晋祠镇	西镇村	地方神
M27	关帝庙	祠庙	—	清	无	—	晋祠镇	杨家村	地方神
M28	龙天庙	祠庙	—	清	无	—	晋源街办	北庄头村	地方神
M29	山神庙	祠庙	清	清	无	风峪	晋源街办	店头村	地方神
M30	△王永寿祠堂	祠庙	明	无存	—	风峪	晋源街办	店头村	祖先
M31	文昌宫	祠庙	清	清	—	风峪	晋源街办	店头村	儒教
M32	关帝庙	祠庙	—	清	无	—	晋源街办	东关村	地方神
M33	△蔡伦祠	祠庙	明末清初	无存	—	—	晋源街办	古城营村	祖先
M34	△关王庙	祠庙	明万历十六年（1588）	无存	—	—	晋源街办	古城营村	地方神
M35	九龙庙	祠庙	宋	明、清	市	—	晋源街办	古城营村	地方神
M36	△文昌阁	祠庙	明初	无存	—	—	晋源街办	古城营村	儒教
M37	△八腊庙	祠庙	—	无存	—	—	晋源街办	太原县城	地方神
M38	财神庙	祠庙	—	清	无	—	晋源街办	太原县城	地方神
M39	△城隍庙	祠庙	明	无存	—	—	晋源街办	太原县城	地方神
M40	东岳庙	祠庙	明	明、清	县区	—	晋源街办	太原县城	地方神
M41	关帝庙	祠庙	明	清	无	—	晋源街办	太原县城	地方神
M42	△河神庙	祠庙	明	无存	—	—	晋源街办	太原县城	地方神
M43	龙天庙	祠庙	明	明、清	县区	—	晋源街办	太原县城	地方神
M44	文庙	祠庙	明	明	省	—	晋源街办	太原县城	儒教
M45	窑神庙（九峪会馆）	祠庙	清	清	无	—	晋源街办	太原县城	地方神
M46	奶奶庙	祠庙	—	清	无	—	晋源街办	五府营	地方神
M47	小大王庙	祠庙	—	清	无	婴山	罗城街办	罗城村	地方神
M48	圣母庙	祠庙	清	清	无	崛围山	马头水乡	马角村	地方神
M49	窦大夫祠（英济候庙）	祠庙	—	元至清	全国	崛围山	上兰街办	上兰村	祖先
M50	吕祖庙	祠庙	明	明、清	县区	崛围山	上兰街办	上兰村	地方神
M51	五龙庙	祠庙	明万历间（1573—1619）	明、清	市县	崛围山	上兰街办	上兰村	地方神
M52	关帝庙	祠庙	宋	清	县区	—	向阳镇	西村	地方神

续表

编号	名称	类型	始建时间	现存情况	保护级别	山域	镇域	村域	信仰
M53	龙泉寺	祠庙	—	清	—	崛围山	马头水乡	下水峪村	地方神
M54	老爷庙	祠庙	—	清	无	—	姚村镇	北邵村	地方神
M55	关帝庙	祠庙	—	清	无	—	姚村镇	大元村	地方神
M56	龙天庙	祠庙	—	清	无	—	姚村镇	高家堡村	地方神
M57	窑神庙	祠庙	—	清	无	南峪	姚村镇	圪垯村	地方神
M58	关帝庙	祠庙	—	清	无	—	姚村镇	固驿村	地方神
M59	关帝庙	祠庙	—	清	无	—	姚村镇	西邵村	地方神
M60	龙天庙	祠庙	—	清	无	—	姚村镇	西邵村	地方神
M61	龙王庙	祠庙	—	清	无	冶峪	姚村镇	冶峪村	地方神
M62	△狐仙庙	祠庙	清	无存	—	崛围山	尖草坪区	柴村	地方神
S01	西张村石窟寺	石窟寺	隋唐	隋唐	—	崛围山	柴村	西张村	佛教
S02	石庄头石窟	石窟寺	北齐	北齐、明	无	蒙山	金胜镇	石庄头村	佛教
S03	悬瓮寺石窟	石窟寺	北齐	北齐、唐	无	明仙沟	晋祠镇	—	佛教
S04	福惠寺石窟及遗址	石窟寺	唐	唐	无	天龙山	晋祠镇	史家峪	佛教
S05	千佛洞	石窟寺	明嘉靖二十五年（1546）	明	无	柳子峪	晋祠镇	天龙山	佛教
S06	天龙山石窟	石窟寺	东魏	东魏至唐	全国	天龙山	晋祠镇	天龙山	佛教
S07	瓦窑石窟	石窟寺	东魏	南北朝	无		晋祠镇	瓦窑村	佛教
S08	姑姑洞（皇姑洞）	石窟寺	东魏	南北朝	无	龙山	晋祠镇	西镇村	佛教
S09	龙山石窟	石窟寺	唐初	唐、元、明	全国	龙山	晋祠镇	西镇村	道教
S10	石门寺（硫磺沟石窟）	石窟寺	隋唐	隋唐	市	龙山	晋祠镇	西镇村	佛教
S11	童子寺石窟	石窟寺	唐	唐	全国	龙山	晋祠镇	西镇村	佛教
S12	店头石佛洞	石窟寺	清	清	无	太山	晋源街办	店头村	佛教
S13	魏家店石窟	石窟寺	清	清	县区	风峪	晋源街办	魏家店	佛教
T01	华岩塔	塔	—	无存	—	明仙沟	晋祠镇	白云村	佛教
T02	舍利生生塔	塔	隋开皇间（581—600）	清	全国	悬瓮山	晋祠镇	晋祠	佛教
T03	观音塔	塔	清乾隆间（1736—1795）	清	无	天龙山	晋祠镇	天龙山	佛教
T04	燃灯塔	塔	北齐天保七年（556）	北齐	市	龙山/硫磺沟	晋祠镇	西镇村	佛教
T05	阿育王塔	塔	隋仁寿二年（602）	明	省	—	晋源街办	古城营村	佛教
T06	连理塔	塔	宋淳化元年（990）	明	省	开化峪	晋源街办	寺底村	佛教
T07	青峰塔	塔	宋	明	—	崛围山	马头水乡	庄头村	佛教
W01	豫让桥	水利工程	春秋	明	县区	—	晋祠镇	赤桥村	祖先
W02	锢埚堰	水利工程	清	清	无	风峪	晋源街办	风峪沟	—
X01	老虎洞	洞穴	—	唐	—	太山	晋源街办	店头村	—
X02	△风洞	洞穴	—	不存	—	风峪	晋源街办	风峪沟	—
Y01	鳖仁寺（石佛）	摩崖造像	唐	唐、清	县区	崛围山	柏板乡	镇城村	佛教
Y02	△童子寺大佛	摩崖造像	北齐天保七年（556）	无存	—	龙山	晋祠镇	西镇村	佛教
Y03	蒙山大佛（西山大佛）	摩崖造像	北齐天保末（—559）	北齐	市	开化峪	晋源街办	寺底村	佛教

西山建筑营建过程

注：据《康熙山西通志》、《乾隆太原府志》、《道光太原县志》、《道光阳曲县志》、《太原市古城营村志》、《太原市南郊区志》、《尖草坪区文史资料（第二辑）》等整理。

祠庙

编号	名称	时间	营建内容	现存状况
M01	关王庙	清乾隆间（1736—1795）	重修	清
M02	圣母庙	明	始建	清
		清咸丰间（1851—1861）	修	
		清道光二十四年（1844）	重修	
M03	关帝庙	唐贞观二年（628）	始建	清
		明嘉靖间（1522—1566）	修	
		明万历间（1573—1619）	修	
		清	重修	
M04	龙王庙	宋	始建	清
		清康熙四十五年（1706）	修	
		清雍正三年（1725）	修	
		清乾隆四十二年（1777）	修	
		清乾隆五十四年（1789）	修	
		清嘉庆八年（1803）	修	
		清道光十四年（1834）	修	
		民国四年（1915）	修	
		清	重修	
M05	圣母庙	清	重修	清
M06	龙王庙	清	重修	清
M07	龙王庙	清	重修	清
M08	龙王庙	清	重修	清
M09	关帝庙	清	重修	清
M10	关帝庙	清	重修	清
M11	武氏宗祠	清	重修	清
M12	关帝庙	清	重修	清
M13	关帝庙	清	重修	清
M14	关帝庙	清	重修	清
M15	晋源神祠	宋天圣间（1023—1032）	始建	宋
		元至正二年（1342）	修	
		明天顺五年（1461）	修	
M16	唐叔虞祠	元至元四年（1267）	重修	清
		明嘉靖二十七年（1548）	修	
		明天启三年（1623）	修	
		清乾隆三十六年（1771）	重修	
M17	望川亭	—	—	—
M18	杨二西读书处	清	始建	清
M19	晋祠白衣庵	—		清
M20	白龙庙（洞）	清	始建	清
M21	关帝庙	清	重修	清

续表

编号	名称	时间	营建内容	现存状况
M22	龙王庙（天龙庙）	五代后晋开运间（944—946）	始建	—
M23	关帝庙	清康熙间（1662—1722）	始建	清
		清道光二十六年（1846）	重修	
M24	台骀庙（汾水川祠）	唐末五代	重修	无存
		明洪武七年（1374）	重建	
		清顺治六年（1649）	毁坏	
		清嘉庆十七年（1812）	毁坏	
		清道光十九年（1839）	重修	
M25	白龙洞	北齐	始建	南北朝、明
		明	修	
M26	龙王庙（白龙洞）	1995年复建	—	近代
M27	关帝庙	—	—	清
M28	龙天庙	—	—	清
M29	山神庙	清	始建	清
M30	王永寿祠堂	明	始建	无存
M31	文昌宫	清	始建	无存
M32	关帝庙	清	重修	清
M33	蔡伦祠	明末清初	—	无存
		1960年代	毁坏	
M34	关王庙	明万历十六年（1588）	始建	无存
M35	九龙庙	宋	始建	明、清
		金皇统七年（1147）	毁坏并重修	
		金大定十六年（1176）	修	
		明	修	
		清	修	
M36	文昌阁	明初	始建	无存
		清乾隆间（1736—1795）	修	
M37	八腊庙	—	—	无存
M38	财神庙	清	重修	清
M39	城隍庙	明	始建	无存
M40	东岳庙	明	始建	明、清
		清	修	
M41	关帝庙	明	始建	清
		清	重修	
M42	河神庙	明	始建	无存
M43	龙天庙	明	始建	明、清
		清	重修	
M44	文庙	明	始建	明
M45	窑神庙（九峪会馆）	清	始建	清
M46	奶奶庙	清	重修	清
M47	小大王庙	清	重修	清
M48	圣母庙	清	始建	清
M49	窦大夫祠（英济候庙）	宋元丰八年（1085）	重修	元、明、清
		元至正三年（1343）	重修	
		清	加建	
		清	修	

续表

编号	名称	时间	营建内容	现存状况
M50	吕祖庙	明	始建	明、清
		清	修	
M51	五龙庙	明万历间（1573—1619）	始建	明、清
		清	修	
M52	关帝庙	宋	始建	清
		清	重修	
M53	龙泉寺	清道光间（1821—1850）	重修	清
M54	老爷庙	—	—	清
M55	关帝庙	—	—	清
M56	龙天庙	—	—	清
M57	窑神庙	—	—	清
M58	关帝庙	—	—	清
M59	关帝庙	清	重修	清
M60	龙天庙	—	—	清
M61	龙王庙	—	—	清
M62	狐仙庙	清	—	无存

道观

编号	名称	时间	营建内容	现存状况
D01	玉皇庙	—	—	清
D02	玉皇庙	—	—	清
D03	清真观	元延祐二年（1315）	始建	无存
D04	三官庙	—	—	清
D05	玉皇庙	—	—	清
D06	真武庙	明	始建	明、清
		清	修	
D07	北极观	五代后唐同光二年（924）	始建	无存
D08	神清观	元至元三十年（1293）	始建	无存
D09	三官庙	—	—	清、民国
D10	真武庙	明万历间（1573—1619）	重修	明、清
		清康熙间（1662—1722）	重修	
D11	昊天观	唐显庆间（656—661）	始建	仅剩遗址
		元元贞元年（1295）	重修	
		明洪武间（1368—1398）	并寺	
		明正德初（1506—）	修	
D12	真武庙	—	—	清
D13	真武庙	—	—	清
D14	玄武楼（真武阁）	北齐天保间（550—559）	始建	近代
		万历年间	重修	
		清光绪三年（1877）	修	
		民国（1573—1619）	修	
D15	玉皇庙	明中叶	始建	清
		清	修	
D16	玉皇阁	—	—	清
D17	长春观	元延祐元年（1314）	始建	清
		明洪武十八年（1385）	重修	
		清	修	

续表

编号	名称	时间	营建内容	现存状况
D18	三官庙	明	始建	无存
D19	玉皇庙	—	—	清
D20	玉皇庙	明	始建	明
D21	真武庙	—	—	清
D22	真武庙	唐	始建	近代
D23	北极宫	清	修	清
D24	纯阳宫	清	修	清
D25	玉皇阁	明万历间（1573—1619）	始建	新建

佛寺

编号	名称	时间	营建内容	现存状况
F01	崇圣寺	宋太平兴国四年（979）	改建	—
		宋元丰二年（1079）	修	
		明弘治（1488—1505）后	重修	
F02	弥陀寺	明	始建	清
		清	重修	
F03	大佛寺	隋开皇间（581—600）	始建	无存
		唐开元间（713—741）	修	
F04	大云寺	金大定间（1161—1189）	始建	无存
		明永乐间（1403—1424）	重修	
F05	观音堂	清	始建	清
F06	观音庙	—	—	清
F07	观音堂	明	修	明、清
		清	修	
F08	白云寺	唐	始建	清
		清	修	
F09	崇福寺	北齐天保二年（551）	始建	仅存大殿
		唐大历二年（767）	修	
		元至正初（1341—）	重修	
		明洪武十年（1377—）	并寺、重修	
F10	观音堂	清	始建	清
F11	观音庙	—	—	清
F12	兰若寺	清康熙十一年（1672）	始建	无存
F13	花塔寺	唐贞观八年（634）	始建	明
		唐天宝间（742—756）	修	
		宋咸平二年（999）	修	
		明洪武间（1368—1398）	修	
F14	上生寺	北齐天统二年（566）	始建	近代
		明永乐十四年（1416）	重修	
F15	圣寿寺、奉圣寺（十方奉圣禅寺）	唐武德五年（622）	始建	1985年迁建
		元初	重修	
		明洪武二十四年（1391）	并寺	
F16	悬瓮寺	北齐天保三年（552）	始建	新中国成立后新建
		元至正三年（1343）	修	

续表

编号	名称	时间	营建内容	现存状况
F17	雨花寺	—	—	清
F18	明月寺	—	—	无存
F19	青龙寺	—	—	清
F20	仙居寺（闲居寺）	唐贞观二年（628）	始建	明、清
		元至正七年（1347）	修	
		明	修	
		清嘉庆九年（1804）	重修	
F21	福慧寺	—	—	清
F22	圣寿寺（天龙寺）	北齐皇建元年（560）	始建	明、清
		隋开皇四年（584）	修	
		北汉	修	
		金皇统八年（1148）	修	
		金正隆三年（1158）	修	
		明洪武二十四年（1391）	并寺	
		明正德初（1506—）	修	
		明万历间（1573—1620）	修	
		清咸丰十一年（1861）	修	
F23	观音堂	—	—	清
F24	明仙寺	宋	始建	明
		明	修	
		金	重修	
		元	重修	
F25	观音堂	—	—	清
F26	明秀寺	汉	始建	明、清
		明嘉靖三十八年（1559）	重修	
		明崇祯十二年（1639）	修	
		清乾隆四十八年（1783）	修	
F27	仙严寺	北齐天保二年（551）	始建	无存
F28	童子寺	北齐天保七年（556）	始建	仅存遗址
		明正德初（1506—）	修	
		明嘉靖初（1522—）	重修	
		清乾隆二十三年（1758）	修	
		清嘉庆六至十年（1801—1805）	修	
F29	童子寺大佛阁	北齐天保七年（556）	始建	无存
		唐中晚期	修	
F30	观音庙	—	—	清
F31	雨花寺	明洪武十年（1377）	重修	无存
F32	龙泉寺（太山寺）	唐景云元年（710）	始建	明、清
		明洪武二十四年（1391）	并寺、重修	
F33	紫竹林	明	始建	明
F34	观音庙（观音堂、小庙儿）	宋	始建	近代
		明洪武十八年（1385）之后	重修	
		清嘉庆二十四年（1819）	重修	
F35	观音堂	—	—	清

续表

编号	名称	时间	营建内容	现存状况
F36	净明寺（惠明寺）	隋仁寿二年（602）	始建	无存
		宋咸平元年（998）	重修	
		宋咸平六年（1003）	重修	
		明洪武十八年（1385）	并寺、重修	
		明正德十六年（1521）	修	
		清康熙间（1662—1722）	修	
F37	昭惠寺（二郎庙）	—	—	清
F38	观音堂	—	—	清
F39	三教寺	—	—	清
F40	开化寺（法华寺）	北齐天保二年（551）	始建	近代于遗址重建
		隋仁寿初（601—）	修	
		唐乾宁二年（895）	修	
		五代后晋开运二年（945）	修	
F41	隆恩寺	明	始建	明
F42	观音堂	—	—	清
F43	崛围寺	唐贞元二年（786）	始建	无存
		明洪武间（1368—1398）	重修	
		明嘉靖间（1522—1566）	重修	
F44	悬泉寺	宋崇宁前（—1102）	始建	—
		明嘉靖间（1522—1566）	修	
F45	多福寺（崛围教寺）	唐贞元二年（786）	始建	明、清
		明洪武间（1368—1398）	重修	
		明万历三十六年（1608）	修	
F46	观音院	明	始建	清
		清	重修	
F47	净因寺（土堂寺）（大佛寺）	北齐	始建	金、明
		金泰和五年（1205）	重修	
		清康熙间（1662—1722）	修	
		清乾隆间（1736—1795）	修	
		清咸丰间（1851—1861）	修	
		清宣统间（1909—1911）	修	
F48	悬泉寺	明	始建	明、清
		清	修	
F49	广仁寺	唐	始建	清
F50	龙泉寺	唐	始建	新建
F51	佛行寺	—	—	清
F52	仙严寺	北齐	始建	清
		清	修	
F53	永宁寺	明	修	明、清
		清	修	
F54	资福寺	唐	始建	无存
F55	吉祥寺	元至正二年（1342）	始建	清
		清康熙间（1662—1722）	修	
		清乾隆间（1736—1795）	修	
		清光绪间（1875—1908）	修	
F56	慈云寺	明洪武间（1368—1398）	始建	毁坏

续表

编号	名称	时间	营建内容	现存状况
F57	西禅寺	明万历间（1573—1619）	重修	新建
T01	华岩塔	—	—	无存
T02	舍利生生塔	隋开皇间（581—600）	始建	清
		宋宝元三年（1040）	重修	
		清乾隆十三年（1748）	重修	
T03	观音塔	清乾隆间（1736—1795）	始建	清
T04	燃灯塔	北齐天保七年（556）	始建	北齐
T05	阿育王塔	隋仁寿二年（602）	始建	明
		明正德十六年（1521）	修	
		清康熙间（1662—1722）	修	
		宋咸平元年（998）	重修	
		宋咸平六年（1003）	重修	
		明洪武十八年（1385）	重修	
T06	连理塔	宋淳化元年（990）	始建	明
		明洪武十八年（1385）	重修	
T07	青峰塔	宋	始建	明
K01	华严经石刻	唐	始建	唐
X01	老虎洞	—	—	唐
X02	风洞	—	—	不存

石窟

编号	名称	时间	营建内容	现存状况
S01	西张村石窟寺	隋、唐	始建	隋、唐
S02	石庄头石窟	北齐	始建	北齐、明
		明	修	
S03	悬瓮寺石窟	北齐	始建	北齐、唐
		唐	修	
S04	福惠寺石窟及遗址	唐	始建	唐
S05	千佛洞	明嘉靖二十五年（1546）	始建	明
S06	天龙山石窟	东魏	始建	东魏至唐
		北齐天保二年（551）	加建	
		隋开皇四年（584）	加建	
		唐	加建	
		北汉	加建	
		明嘉靖二十五年（1546）	加建	
		明万历间（1573—1620）	加建	
		清咸丰十一年（1861）	加建	
S07	瓦窑石窟	东魏	始建	南北朝
		北齐	加建	
S08	姑姑洞（皇姑洞）	东魏	始建	南北朝
		北齐	加建	
S09	龙山石窟	唐初	始建	唐、元、明
		元	加建	
		明	加建	
S10	石门寺（硫磺沟石窟）	隋、唐	始建	隋、唐
S11	童子寺石窟	唐	始建	唐

续表

编号	名称	时间	营建内容	现存状况
S12	店头石佛洞	清	始建	清
S13	魏家店石窟	清	始建	清
Y01	蓥仁寺（石佛）	唐	始建	唐、清
Y02	童子寺大佛	北齐天保七年（556）	始建	无存
Y03	蒙山大佛（西山大佛）	北齐天保末年（559）	始建	北齐
		唐乾宁二年（895）	修	
		五代后晋开运二年（945）	修	

其他

编号	名称	时间	营建内容	现存状况
C01	晋阳古城遗址	春秋	—	春秋
C02	徒人城遗址（三角城）	春秋	—	无存
C03	义井文化遗址	新石器时代	—	新石器时代
G01	歇马殿	—	—	清
G02	高欢避暑行宫遗址	东魏	—	—
G03	刘继元避暑行宫遗址（蒙山寨）	北汉	—	无存
G04	晋阳古城殿台遗址	北齐	—	仅存遗址
J01	天主教堂	—	—	近代
J02	洞儿沟天主教堂	民国	—	民国
L01	春秋楼	明	—	清
W01	豫让桥	春秋	—	明
W02	锢圪堰	清	—	清

西山历史遗存分布

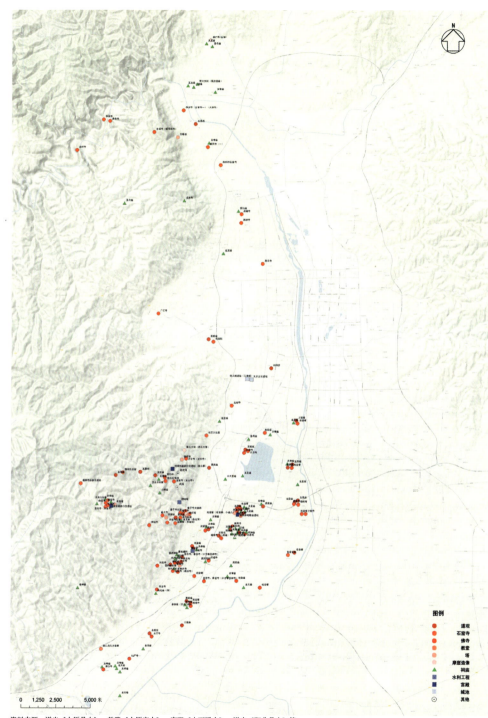

资料来源：道光《太原县志》、乾隆《太原府志》、康熙《山西通志》、道光《阳曲县志》等。

图表目录

注：图表未说明者均为自制。

引言

图 0-1　太原城址变迁示意
图 0-2　太原的山水格局
　　　　底图引自 google earth。
图 0-3　多福寺舍利塔
　　　　自摄 2010.11。
图 0-4　永祚寺双塔
　　　　自摄 2009.07。
图 0-5　太原市域文物分布
　　　　底图引自中国城市规划设计研究院. 太原市历史文化名城保护规划, 2010。
表 0-1　太原地区的建置沿革
　　　　据山西省地图集编撰委员会. 山西省历史地图集. "政区图组"整理。

山水城景

图 1.1-1　西山形势示意图
　　　　据道光太原县志・县治图、道光阳曲县志・卷一・舆地图上・山川图及实地考察情况绘制。图中所绘元素并非精确位置，仅作为示意性标注。图中淡蓝色大片区域为晋阳湖，是 20 世纪 50 年代开凿的人工湖，故不在本文所讨论的范围中。
图 1.1-2　崛围山鸟瞰图（由北向南看）
图 1.1-3　崛围山实景
　　　　自摄 2009.07。
图 1.1-4　蒙山晓月（日景图）
　　　　自摄 2010.08。
图 1.2-1　汾水实景
　　　　汾河平原地、汾河出山口自摄 2010.03, 汾河谷地自摄 2009.07。
图 1.2-2　西山山峪实景
　　　　自摄 2010.08。
图 1.2-3　烈石寒泉区位图
　　　　底图引自道光阳曲县志・卷一・舆地图上・山川图。
图 1.3-1　历代太原区位图
　　　　底图引自谭其骧. 中国历史地图集。
图 1.3-2　北齐娄睿墓壁画《驼运图》部分
　　　　引自太原市文物考古研究所. 北齐娄叡墓：图版 3。驼运图位于墓道两壁上层各一幅，本图是位于西壁上的一幅四人五驼载物驼队图。前驼背负圆鼓大软包，后驼身驼软包、垂橐。两驼一人头戴高筒毡帽，高鼻短胡，浓眉凹眼，似为波斯人。
表 1.2-1　西山各峪矿藏分布
　　　　据道光太原县志整理。

表 1.4-1　西山各级八景（十景、十二景）内容
　　　　据嘉靖太原县志、道光阳曲县志、（清）刘大鹏. 晋祠志整理。

营建漫漫

图 2.1-1（a）　现存的（所有）建筑的现状年代统计
　　　　据附录 1 整理绘制。
图 2.1-1（b）　现存的（已知始建年代的）建筑现状年代统计
　　　　据附录 1 整理绘制。
图 2.1-2（a）　西山历史建筑的营建力度（次数）统计
　　　　据附录 2 整理绘制。
图 2.1-2（b）　西山历史建筑的营建力度（频度）统计
　　　　据附录 2 整理绘制。
图 2.1-3　太原地区历代城市格局图
　　　　底图引自 Google Map 地形图，据山西省地图集编撰委员会. 山西省历史地图集、刘铁旦. 古城营村志中关于晋阳及太原城市城垣建设的内容绘制。
图 2.1-4（a）　历代各类型建筑营建力度（次数）统计
　　　　据附录 2 整理绘制。
图 2.1-4（b）　历代各类型建筑营建力度（频度）统计
　　　　据附录 2 整理绘制。
图 2.1-5　北齐、唐代始建的建筑类型统计
　　　　据附录 1 整理绘制。
图 2.1-6　宋、金、元营建力度（次数）统计
　　　　据附录 2 整理绘制。
图 2.1-7　明、清营建力度（次数）统计
　　　　据附录 2 整理绘制。
图 2.2-1　明清太原府城与周边历史建筑的关系
　　　　引自东南大学建筑设计研究院・城市保护与发展工作室. 太原钟鼓楼地区修建性详细规划及建筑设计初步方案, 2010。
图 2.2-2　西山建筑遗存始建年代统计
　　　　据附录 3 整理绘制。
图 2.2-3　西山建筑遗存现状年代统计
　　　　据附录 1 整理绘制。
图 2.4-1　圆仁入唐寻法路线图（五台—太原段）
　　　　底图引自（唐）（日）释圆仁. 入唐求法巡礼校注，据该书文字绘制。
图 2.4-2　佛教建筑分布图
　　　　据附录 1、附录 3 整理绘制。
图 2.4-3　西山现存佛教建筑类型统计
　　　　据附录 1 整理绘制。
图 2.4-4（a）　西山石窟寺营造力度（次数）统计
　　　　据附录 2 整理绘制。
图 2.4-4（b）　西山石窟寺营造力度（频度）统计
　　　　据附录 2 整理绘制。
图 2.4-5　道教建筑分布图
　　　　据附录 1 整理绘制。
图 2.4-6（a）　西山道教建筑营建力度（次数）统计
　　　　据附录 2 整理绘制。
图 2.4-6（b）　西山道教建筑营造力度（频度）统计
　　　　据附录 2 整理绘制。
图 2.4-7　西山道教建筑祭祀类型统计
　　　　据附录 1 整理绘制。

图 2.4-8　龙泉寺三大士殿门楣挂落（道教人物题材）
　　　　自摄 2009.07。
图 2.4-9　龙泉寺中门彩画（含"八卦"形象）
　　　　自摄 2009.07。
图 2.4-10　唐塔遗址处考古层叠置现象
　　　　底图为自摄 2009.07。
图 2.4-11（a）　西山祠庙建筑营造力度（次数）统计
　　　　据附录 2 整理绘制。
图 2.4-11（b）　西山祠庙建筑营造力度（频度）统计
　　　　据附录 2 整理绘制。
图 2.4-12　"圣母出行"村落间线路图
　　　　底图引自（清）刘大鹏. 晋水志；转引自行龙. 以水为中心的晋水流域：29；圣母出行路线据（清）刘大鹏. 晋祠志绘制。
图 2.4-13　"圣母出行"活动县城内部线路图
　　　　引自东南大学建筑设计研究院·城市保护与发展工作室. 明太原县城历史文化街区保护详细规划. 2010。
图 2.4-14　水母祭祀次序
　　　　底图引自（清）刘大鹏. 晋水志；转引自行龙. 以水为中心的晋水流域：29；祭祀次序据表 2.4-1 绘制。
图 2.4-15　太原县城窑神庙
　　　　自摄 2010.10。
图 2.4-16　洞儿沟养济各会院
　　　　引自"洞儿沟和七苦山"新浪博客：http://blog.sina.com.
图 2.4-17　cn/s/blog_5ffda3800100d7xf.html
　　　　太原县城天主教堂
　　　　自摄 2010.10。
图 2.5-1　傅山像、傅山作品及相关研究
　　　　引自东南大学建筑设计研究院·城市保护与发展工作室. 太原崛围山风景名胜区规划, 2010。
图 2.5-2　傅山隐居处图
　　　　图 1 引自"一滴水一树种"网易博客.http://zshown.blog.163.com/blog/static/140924294201022603391 79/；图 7 引自"正修"网易博客.http://wulongci.blog.163.com/blog/static/288084382009829111251476/；图 2、图 6 为自摄 2010.10, 图 3、图 5 为自摄 2010.03。
图 2.5-3　傅山隐居处区位图
　　　　底图引自 Google Map。
图 2.5-4　傅山绘画《土堂怪柏》
　　　　引自三晋文化信息网. 傅山书法绘画——绘画.http://www.sxcnt.com/whys/fssfhh/hh.htm。
图 2.5-5　傅山绘画《崛围红叶》
　　　　引自三晋文化信息网. 傅山书法绘画——绘画.http://www.sxcnt.com/whys/fssfhh/hh.htm。
图 2.5-6　傅山绘画《古城夕照》
　　　　引自三晋文化信息网. 傅山书法绘画——绘画.http://www.sxcnt.com/whys/fssfhh/hh.htm。
表 2.3-1　晋水流域水利工程
　　　　据张荷. 古代山西引泉灌溉初探. 晋阳学刊,1990（5）：44-49 整理。
表 2.4-1　水母祭祀
　　　　据（清）刘大鹏. 晋祠志整理。
表 2.4-2　太原现存的天主教堂
　　　　引自刘静. 太原地区乡村天主教文化研究。
表 2.5-1　傅山在太原的寓居区域

筑景构境

图 3.1-1　魏家店石窟
　　　　自摄 2010.10。
图 3.1-2　龙山石窟
　　　　自摄 2010.10。
图 3.1-3　大佛类石窟
　　　　自摄 2010.04。
图 3.1-4　天龙山石窟
　　　　自摄 2010.04。
图 3.1-5　悬泉寺位置
　　　　图底自摄 2010.03。
图 3.1-6　悬泉寺
　　　　图 2、图 3 自摄 2010.03。
图 3.1-7　多福寺
　　　　图 2 为自摄 2009.07。
图 3.1-8　窦大夫祠形势图
　　　　自摄 2010.03。
图 3.1-9　天门积雪
图 3.1-10　崛围红叶
图 3.1-11　西山叠翠
图 3.1-12　汾河晚渡
图 3.1-13　净因寺大佛阁实景、平面
　　　　图 1 为自摄 2010.03。
图 3.1-14　净因寺实景
　　　　自摄 2010.03。
图 3.1-15　净因寺、窦大夫祠及村落相对形势图
图 3.1-16　明秀寺实景、平面
　　　　图 1 为自摄 2010.03。
图 3.1-17　临近神祇设置的庙宇
　　　　自摄 2010.10。
图 3.1-18　天龙山布局
　　　　引自北京清华城市规划设计研究院·文化遗产保护研究所. 全国重点文物保护单位天龙山石窟文物保护规划, 2010。
图 3.1-19　奉圣寺与晋祠图
　　　　底图引自朱向东, 等. 晋祠中的祠庙寺观建筑研究. 太原理工大学学报, 2008（1）：84。
图 3.1-20　保宁寺与窦大夫祠
图 3.1-21　入口前设置台阶
　　　　图 1、图 3 为自摄 2009.07, 图 2 为自摄 2010.10。
图 3.1-22　龙泉寺上山序列
　　　　自摄 2009.07。
图 3.1-23　童子寺平面分区
　　　　底图引自中国社会科学院考古研究所边疆考古研究中心, 等. 太原市龙山童子寺遗址发掘简报：47.
图 3.1-24　童子寺进山序列
　　　　图底引自 Google Map, 其余自摄 2010.04。
图 3.1-25　由童子寺大佛处望晋阳城
　　　　图底自摄 2009.07。
图 3.1-26　多福寺、舍利塔、庄头村形势图
　　　　图底自摄 2010.10。
图 3.1-27　多福寺、舍利塔、多福寺位置关系 GIS 图
图 3.1-28　多福寺实景图
　　　　自摄 2009.07。

图 3.1-29 晋祠建筑类型分布
    底图引自朱向东，等. 晋祠中的祠庙寺观建筑研究.
    太原理工大学学报，2008（1）：84.
图 3.1-30 晋祠建筑轴线关系
    底图引自朱向东，等. 晋祠中的祠庙寺观建筑研究.
    太原理工大学学报，2008（1）：84.
图 3.1-31 晋祠献殿
    自摄 2009.07。
图 3.1-32 晋祠水镜台
    自摄 2008.01。
图 3.1-33 人字堰与张郎塔
    自摄 2009.07。
图 3.1-34 窦大夫祠
    图1、图2为自摄 2008.01，图3、图4为自摄 2009.07。
图 3.1-35 窦大夫祠平面
    引自曹洪立. "景以境出"的实践——山西窦大夫祠景区详细规划. 中国园林，2009（5）：53.
图 3.1-36 窦大夫祠轴线剖面
    引自曹洪立. "景以境出"的实践——山西窦大夫祠景区详细规划. 中国园林，2009（5）：53.
图 3.1-37 窦大夫祠乐楼
    自摄 2008.01。
图 3.1-38 窦大夫祠献亭
    自摄 2009.07。
图 3.2-1 西山村落
    图1、图2为自摄 2010.01. 图3、图4为自摄 2009.07。
图 3.2-2 散点体系祭祀建筑分布
    据附录1整理绘制。
图 3.2-3 西山庙会分布
    引自东南大学建筑设计研究院·城市保护与发展工作室. 明太原县城历史文化街区保护详细规划. 2010.
图 3.2-4 独立型祠庙的类型
    自摄 2010.10。
图 3.2-5 店头村鸟瞰图
    自摄 2010.10。
图 3.2-6 店头村平面
    底图引自第五批中国历史文化名村申报材料——山西太原市晋源区店头古村，2009。
图 3.2-7 文昌宫
    自摄 2010.10。
图 3.2-8 紫竹林与灯山
    自摄 2010.10。
图 3.2-9 紫竹林入口下部空间
    自摄 2010.10。
图 3.2-10 庄头村平面
    引自东南大学建筑设计研究院·城市保护与发展工作室. 太原崛围山风景名胜区规划，2010.
图 3.2-11 庄头村 GIS 分析
图 3.2-12 庄头村路网布局
    底图引自 Google Map。
图 3.2-13 王郭村堡墙
    自摄 2010.10。
图 3.2-14 王郭村平面
    底图引自 Google Map。
图 3.2-15 王郭村祭祀建筑朝向分析
    底图引自 Google Map。
图 3.2-16 赤桥村平面
    底图引自 Google Map。
表 3.0-1 西山历史建筑遗存的空间体系
表 3.1-1 晋祠庙号变化

参考文献

历史文献

[1] （周）左丘明传，（晋）杜预注（唐）孔颖达正义. 春秋左传正义. 十三经注疏（标点本）. 北京：北京大学出版社，1999.

[2] （西汉）司马迁撰，（南朝宋）裴骃集解. 史记. 景印文渊阁四库全书·第二四三册·史部一·正史类. 台北：台湾商务印书馆，1983.

[3] （西汉）毛亨传，（东汉）郑玄笺，（唐）孔颖达疏. 毛诗正义. 十三经注疏（标点本）. 北京：北京大学出版社，1999.

[4] （西汉）孔安国撰，（唐）孔颖达疏. 尚书正义. 十三经注疏（标点本）. 北京：北京大学出版社，1999.

[5] （东汉）班固撰，（唐）颜师古注. 汉书. 北京：中华书局，1962.

[6] （东汉）郑玄注，（唐）贾公彦疏. 周礼注疏. 十三经注疏（标点本）. 北京：北京大学出版社，2000.

[7] （东汉）公羊寿传，（东汉）何休解诂，（唐）徐彦疏. 春秋公羊传注疏. 十三经注疏（标点本）. 北京：北京大学出版社，2000.

[8] （南朝宋）范晔. 后汉书. 北京：中华书局，1965.

[9] （后魏）郦道元撰. 水经注. 景印文渊阁四库全书·第五七三册·史部三五一·地理类. 台北：台湾商务印书馆，1983.

[10] （北齐）魏收撰. 魏书. 北京：中华书局，1974.

[11] （唐）徐坚等著. 初学记. 北京：中华书局，1962.

[12] （唐）李百药撰. 北齐书. 北京：中华书局，1972.

[13] （唐）李延寿撰. 北史. 北京：中华书局，1974.

[14] （唐）李吉甫撰，贺次君点校. 元和郡县图志. 中国古代地理总志丛刊. 据光绪六年（1880）金陵书局初刊本排印. 北京：中华书局，1983.

[15] （唐）（日）释圆仁原著，（日）小野腾年校注，白化文等修订校注. 入唐求法巡礼行记校注. 石家庄：花山文艺出版社，1992.

[16] （北宋）赞宁撰，范祥雍点校. 宋高僧传. 中国佛教典籍选刊. 北京：中华书局，1987.

[17] （北宋）乐史撰. 宋本太平寰宇记. 北京：中华书局，2000.

[18] （南宋）释志磐撰. 佛祖统纪. 续修四库全书·一二八七·子部·宗教类. 据北京大学图书馆藏明刻本影印. 上海：上海古籍出版社，2002. 唐圭璋编纂，王仲闻参订，孔凡礼补辑. 全宋词. 北京：中华书局，1965.

[19] 姚奠中主编. 元好问全集. 太原：山西古籍出版社，2004.

[20] （明）高汝行纂修. 嘉靖太原县志. 嘉靖刻本.

[21] （明）大明一统志. 天顺五年（1461）刻本.

[22] 马蓉，陈抗等点校. 永乐大典方志辑佚. 北京：中华书局，2004.

[23] （清）穆尔赛纂修. 康熙山西通志. 康熙二十一年（1782）刻本.

[24] （清）刘书年撰. 刘贵阳说经残稿. 滂喜斋丛书第四函01. 吴县潘氏京师刊本，光绪十一年（1885）.

[25] （清）李培谦监修，阎士骧纂辑. 道光阳曲县志. 中国方志丛书·华北地方·第396号. 据道光二十三年（1843）修，民国二十一年（1932）重印本影印. 台北：成文出版社，1976.

[26] （清）觉罗石麟等监修，储大文等编撰. 山西通志. 景印文渊阁四库全书·第五四二册至五五〇册·史部三〇〇至三〇八·地理类. 台北：台湾商务印书馆，1983.

[27] （清）康熙四十二年（1703）御定. 御定全唐诗. 景印文渊阁四库全书·第一四二三册至一四三一册·集部三六二至三七〇·总集类. 台北：台湾商务印书馆，1983.

[28] （清）傅山著. 霜红龛集. 太原：山西人民出版社，1985.

[29] （清）高宗纯皇帝实录. 清实录·第九册至第二十七册影印本. 北京：中华书局，1986.

[30] （清）嘉庆二十五年国史馆撰. 嘉庆重修一统志：中国古代地理总志丛刊. 北京：中华书局，1986.

[31] （清）刘大鹏遗著，乔志强标注. 退想斋日记. 太原：山西人民出版社，1990.

[32] （清）刘大鹏著，慕湘，吕文幸点校. 晋祠志. 太原：山西人民出版社，2003.

[33] （清）戴梦熊修，（清）李方蓁，李方苁纂. 道光阳曲县志. 中国地方志集成·山西府县志辑·第二辑. 据道光二十三年（1843）修，民国二十一年（1932）铅印本影印. 南京：凤凰出版社，上海：上海书店，成都：巴蜀书社，2005.

[34] （清）费淳，沈树生纂修. 乾隆太原府志. 中国地方志集成·山西府县志辑·第一辑、第二辑. 据乾隆四十八年（1783）刻本影印. 南京：凤凰出版社，上海：上海书店，成都：巴蜀书社，2005.

[35] （清）顾祖禹撰. 贺次君，施和金点校. 读史方舆纪要. 中国古代地理总志丛刊. 据北京图书馆特藏善本《商丘宋氏纬萧草堂写本》为底本. 北京：中华书局，2005.

[36] （清）员佩兰修，（清）杨国泰纂. 道光太原县志. 中国地方志集成·山西府县志辑·第二辑. 据道光六年（1826）刻本影印. 南京：凤凰出版社，上海：上海书店、成都：巴蜀书社，2005.

[37] （清）李渔著，杜书瀛评注. 闲情偶寄·插图本. 中华经典随笔. 北京：中华书局，2007.

[38] （清）傅山著，吴言生，景旭解评. 傅山集. 太原：三晋出版社，2008.

今人著述

[1] 郝树侯. 太原史话. 太原：山西人民出版社，1979.

[2] 谭其骧. 中国历史地图集. 北京：中国地图出版社，1981.

[3] 赵守正撰. 管子注译. 南宁：广西人民出版社，1982.

[4] 侯文正等. 傅山诗文选注. 太原：山西人民出版社，1985.

[5] 杜斗城. 敦煌五台山文献校录研究. 太原：山西人民出版社，1991.

[6] 康守中. 太原市南郊区志. 北京：生活·读书·新知三联书店，1994.

［7］ 山西省地图集编撰委员会. 山西省历史地图集. 北京：中国地图出版社，2000.
［8］ 祁志祥. 佛学与中国文化. 上海：学林出版社，2000.
［9］ 张德一，姚富生. 太原市晋源区旅游漫谈. 太原：山西人民出版社，2001.
［10］ （美）凯文·林奇. 方益萍等译. 城市意象. 北京：华夏出版社，2001.
［11］ 晋祠博物馆. 晋祠碑碣. 太原：山西人民出版社，2001.
［12］ 李裕群，李钢. 天龙山石窟. 北京：科学出版社，2003.
［13］ 安捷. 太原风景名胜志. 太原：山西人民出版社，2004.
［14］ 陈钦庄. 基督教简史. 北京：人民出版社，2004.
联合国教科文组织世界遗产中心等. 会安草案——亚洲最佳保护范例. 北京：文物出版社，2005.
［15］ 太原市文物考古研究所. 北齐娄叡墓：晋阳重大考古发现丛书. 北京：文物出版社，2004.
［16］ 太原市文物考古所. 晋阳古城. 北京：文物出版社，2005.
［17］ 李继东. 太原龙山. 北京：中国戏剧出版社，2006.
［18］ 太原市崛围山文物保管所. 太原崛围山多福寺. 北京：文物出版社，2006.
［19］ 姚富生. 古太原县城. 太原：山西人民出版社，2006.
［20］ 行龙. 以水为中心的晋水流域. 太原：山西出版集团 & 山西人民出版社，2007.
［21］ 政协太原市尖草坪区委员会. 尖草坪文史资料（第二辑）. 太原，2008.
［22］ 张亚辉. 水德配天——一个晋中水利社会的历史与道德. 北京：民族出版社，2008.
［23］ 安介生. 历史地理与山西地方史新探. 太原：山西出版集团 & 山西人民出版社，2008.
［24］ 常青文. 上兰村志. 太原：《上兰村志》编委会，2008.
［25］ 范世康. 太原文化资源概览. 太原：山西出版集团 & 山西人民出版社，2009.
［26］ 刘铁旦，张德一. 太原市古城营村志. 太原：山西出版集团 & 三晋出版社，2009.
［27］ 王海. 晋阳文史资料第十四辑·古堡店头. 太原：政协太原市晋源区文史资料委员会，2009.
韩贵福主编. 并州风光. 太原：山西出版集团 & 山西人民出版社，2010.
［28］ 宿白. 中国佛教石窟寺遗迹——3—8世纪中国佛教考古学. 北京：文物出版社，2010.

学术论文

［1］ 于逢春. 太原考. 兰州大学学报（社会科学版），1984（2）：44-46.
［2］ 张荷. 古代山西引泉灌溉初探. 晋阳学刊，1990（5）：44-49.
［3］ 李学江. 太原历史地理研究. 晋阳学刊，1992（5）：95-98.
［4］ 李先逵. 风水观念更新与山水城市创造. 建筑学报，1994（2）：13-16.
［5］ 王剑霓. 佛教净土宗的早期道场. 文史月刊，1996（1）：186-188.
［6］ 李裕群. 晋阳西山大佛和童子寺大佛的初步考察. 文物世界，1998（1）：14-28.
［7］ 张春燕. 从《诸山圣迹志》看五代佛寺的分布及其原因. 敦煌学辑刊，1998（2）：148-151.
［8］ 张俊峰. 明清以来晋水流域之水案与乡村社会. 中国社会经济史研究，2003（2）：35-44.
［9］ 温玺玉. 龙山石窟与山西道教. 世界宗教文化，2003（4）：46-47.
［10］ 李并成. 一批珍贵的太原历史资料——敦煌遗书中的太原史料综理：中国古都学会2003年年会暨纪念太原建成2500年学术研讨会论文集. 中国古都研究，2003（第二十辑）：222-232.
［11］ 张廷银. 传统家谱中"八景"的文化意义. 广州大学学报（社会科学版），2004（3）：40-45.
［12］ 岳伟. 太原西山风景区的生态环境资源. 太原科技，2004（4）：5.
［13］ 王铭铭. "水利社会"的类型. 读书，2004（11）：18-23.
［14］ 康玉庆，靳生禾. 晋阳城肇建的地理环境因素. 太原大学学报，2005（2）：12-15.
［15］ 行龙. 晋水流域36村水利祭祀系统个案研究. 史林，2005（4）：1-10.
［16］ 陆霞，陈向荣. 太原佛教研究. 山西财经大学学报，2006（1）：222.
［17］ 李非. 晋阳文化综论. 晋阳学刊，2006（4）：38-41.
［18］ 赵夏. 我国的"八景"传统及其文化意义. 规划师，2006（12）：89-91.
［19］ 陈双印，张郁萍. 唐王朝及五代后梁、后唐时期太原佛教发展原因初探. 敦煌研究，2007（1）：87-93.
［20］ 靳生禾，谢鸿喜. 晋阳古战场考察报告. 山西大学学报（哲学社会科学版），2007（3）：240-253.
［21］ 康玉庆. 傅山与晋阳文化. 太原大学学报，2007（3）：13-15.
［22］ 王君. 山西道教名胜古迹拾零. 文物世界，2007（4）：46-52.
［23］ 申军锋. 太原城史小考. 文物世界，2007（5）：45-48.
［24］ 常一民，陈庆轩. 晋阳——与水火相连的古城. 中国文化遗产，2008（1）：16-23.
［25］ 夏惠英. 太原窦大夫祠. 文物世界，2008（2）：67-68.
［26］ 张俊峰. 传说、仪式与秩序：山西泉域社会"水母娘娘"信仰解读. 传统中国研究集刊，2008（第五辑）：386-399.
［27］ 朱向东. 晋祠中的祠庙寺观建筑研究. 太原理工大学学报，2008（1）：83-86.
［28］ 渠传福，周健. 晋阳与"并州胡". 中国文化遗产，2008（1）：73-77.
［29］ 杨玲艳，姚道先. 中西自然观在传统宗教建筑上的反映. 建筑与文化，2008（9）：74-75.
［30］ 曾谦. 近代山西煤炭的开发与运销. 山西档案，2009（1）：51-53.
［31］ 曹洪立. "景以境出"的实践——山西窦大夫祠景区详细规划. 中国园林，2009（5）：53-57.
［32］ 张强. 开凿石窟与续修道藏——宋德方对金末元初全真道发展的贡献. 东岳论丛，2010（4）：94-97.
［33］ 中国社会科学院考古研究所边疆考古研究中心等. 太原市龙山童子寺遗址发掘简报. 考古，2010（7）：43-56.

学位论文

[1] 程文娟. 山西祠庙建筑研究：[硕士学位论文]. 太原：太原理工大学，2006.

[2] 陈双印. 敦煌写本《诸山圣迹志》校释与研究：[硕士学位论文]. 兰州：兰州大学，2007.

[3] 黄琳. 论明遗民傅山的美学思想：[硕士学位论文]. 成都：四川师范大学，2009.

[4] 刘静. 太原地区乡村天主教文化研究：[硕士学位论文]. 太原：山西大学，2010.

[5] 来嘉隆. 结合山水环境的城市格局设计理论与方法研究：[硕士学位论文]. 西安：西安建筑科技大学，2010.

其他

[1] 中国城市规划设计研究院. 太原市历史文化名城保护规划，2010.

[2] 东南大学建筑设计研究院·城市保护与发展工作室. 太原崛围山风景名胜区规划. 2010.

[3] 东南大学建筑设计研究院·城市保护与发展工作室. 太原钟鼓楼地区修建性详细规划及建筑设计初步方案. 2010.

[4] 东南大学建筑设计研究院·城市保护与发展工作室. 明太原县城历史文化街区保护详细规划. 2010.

[5] 北京清华城市规划设计研究院·文化遗产保护研究所. 全国重点文物保护单位天龙山石窟文物保护规划. 2010.

[6] 第五批中国历史文化名村申报材料——山西太原市晋源区店头古村，2009.

[7] "洞儿沟和七苦山"新浪博客"洞儿沟小伙". http://blog.sina.com.cn/dongergou

[8] "一滴水一树种"网易博客"zshown's blog". http://zshown.blog.163.com/

[9] "正修"网易博客"也虹巢". http://wulongci.blog.163.com/

[10] 三晋文化信息网. http://www.sxcnt.com/

卷下 保护五则——

多福寺 净因寺 窦大夫祠 龙泉寺 明秀寺

多福寺

第一章　总则

第1条　概况

1. 行政区划：山西省太原市。
2. 类型：古建筑。
3. 保护级别与公布时间：2006年被国务院公布为第六批全国重点文物保护单位。

第2条　规划性质

全国重点文物保护单位的保护规划。

第3条　编制依据

1. 国家法律、法规与文件

《中华人民共和国文物保护法》（2002）

《中华人民共和国文物保护法实施条例》（2003）

《中国文物古迹保护准则》（2000）

《全国重点文物保护单位保护规划编制要求》（2004）

《全国重点文物保护单位保护规划编制审批办法》（2004年）

《全国重点文物保护单位保护范围、标志说明、记录档案和保管机构工作规范（试行）》（1991）

《中华人民共和国环境保护法》（1989）

《中华人民共和国城乡规划法》（2008）

《国务院关于加强文化遗产保护的通知》（国发〔2005〕42号）

2. 地方法规与文件

《太原市城市总体规划》（2008—2020）

《太原崛围山风景名胜区规划》（2010）

《太原市崛围山景区建设和管理办法》（2008）

3. 国际宪章与公约

《威尼斯宪章》（1964）

《华盛顿宪章》（1987）

《西安宣言》（2005）

《北京文件》（2007）

第4条　规划区位及范围

1. 地理位置

多福寺位于太原市崛围山上，庄头村东侧。地理坐标为东经112°25′42″，北纬37°57′59″，海拔高度1250米。

2. 规划范围

西侧至庄头村，东侧至山脚，北侧至多福寺所在山体北侧的山谷线，南侧至珍珠坡南侧山体的山脊线，规划面积658.0公顷。

第5条 规划期限与分期

（1）规划期限为20年（2011—2030），分三期实施：近期5年（2011—2015），中期5年（2016—2020），远期10年（2021—2030）。

（2）在未制定新的保护规划取代本规划前，本规划继续有效。

第6条 规划成果

本规划成果包括规划文本及规划图纸，规划说明及基础资料汇编两部分，其中规划文本与规

区位图

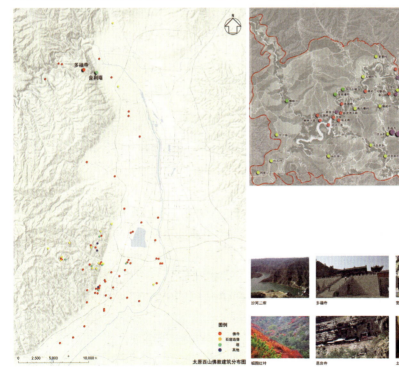

周边文物景点分布图

划图纸是规划区控制与管理的基本依据,具有同等的法律效应。规划说明应与文本及规划图纸对照使用,对文本起解释说明作用。

第二章 项目概况

第一节 遗产概况

多福寺位于崛围山之巅小峪之中,始建于唐,宋末毁于兵火,明洪武年间 (1368—1398) 重建。寺址坐北朝南,三进院落,占地面积 3153 平方米。主要建筑有天王殿、大雄宝殿、藏经阁、千佛殿、黑龙殿、文殊阁等,其中大雄宝殿内有彩塑 14 尊,两山及后墙满绘佛教故事壁画,与建筑同期,为明代壁画珍品。

除此之外,多福寺东南侧和东北侧的山顶上分别保存有一座舍利塔和墓塔,前者创建于金代,后者年代不详,现均为多福寺文物保护单位所辖遗产的组成部分。

第二节 环境概况

第7条 自然环境

1. 地形地貌

多福寺及附近舍利塔、墓塔均位于太原市西北 24 公里处的崛围山上,属于太原市西山带,地理位置西拥群山,东临汾河,海拔高度为 1200 米以上。

2. 气候特征

太原市属温带季风性气候,冬无严寒,夏无酷暑,昼夜温差较大,无霜期较长,日照充足。年平均降雨量 456 毫米,年平均气温 9.5℃,全年日照时数 2808 小时。

第8条 社会环境

1. 行政划分

多福寺等文物所在区域属于太原市尖草坪区,规划范围内涉及两个行政村,分别为山上的庄头村和山下的呼延村。

2. 社会居民及经济结构

庄头村现有常住人口约 70 户,共 300 人左右;呼延村常住人口约 5000 人。

2006 年,村民年人均纯收入为 4000 元左右,村民经济来源以农业、养殖业和工业为主,近年逐步开展了旅游服务业等第三产业。

3. 土地利用现状

规划范围内现状用地以林地和耕地为主,其余为村镇用地和基础设施用地等。

4. 对外交通

现状对外交通主要依靠盘山公路和珍珠坡登山石阶,基本满足交通需要。

5. 文化资源

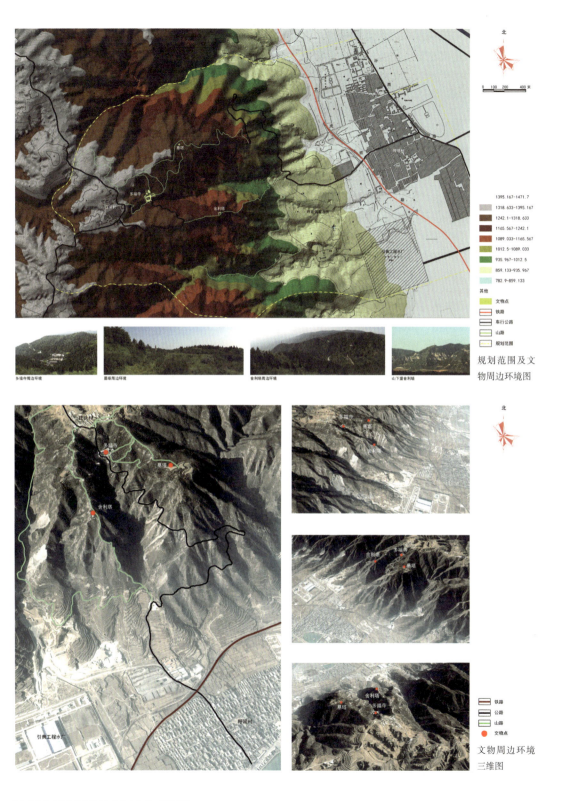

规划范围及文物周边环境图

文物周边环境三维图

多福寺所在的崛围山属于太原西山文化带的重要组成部分，该区历史悠久，文化遗产丰富，除多福寺外，还有全国重点文物保护单位窦大夫祠、净因寺，省级文物保护单位悬泉寺等多处历史遗存。

第三节 遗产构成
第9条 文物建筑

多福寺文物建筑一览表

名称	别称	现存建筑创建年代	建筑规模及形制
山门	天王殿	明景泰年间（1450—1456）	面阔三间，进深五椽，前檐设廊，单檐悬山屋顶
钟鼓二楼	无	明景泰年间（1450—1456）	均为重檐十字脊屋顶，下层砖砌墩台，四周围廊，每面三间，上层方一间
大雄宝殿	无	明景泰年间（1450—1456）	殿身面阔五间，进深三间，四周设廊，单檐歇山顶
观音阁	藏经阁	明代，屋顶为明万历三十六年（1608）重修	二层，面阔五间，下为窑洞，上为木构，进深四椽，重檐悬山顶
文殊阁	文殊阇黎阁	明万历二十四年（1596）	二层，面阔三间，上层进深四椽，一层无檐，二层悬山顶
黑龙殿	无	明代	面阔三间，进深四椽，前檐设廊，硬山顶
千佛殿	无	台基柱础为明清所建，上部为1991年重建	面阔五间，进深六椽，单檐歇山顶
罗汉殿	无	台基柱础为明清所建，上部为1994年重建	面阔五间，进深三椽，单坡硬山顶
地藏殿	无	台基柱础为明清所建，上部为1994年重建	面阔五间，进深三椽，单坡硬山顶
舍利塔	无	建于金代，顶部为明代重修	六角七层楼阁式塔
墓塔	无	不详	六边形喇嘛塔

第10条 文物院落

文物院落是指多福寺和舍利塔所处院落和广场的空间特征、建筑格局以及院门、围墙和地面铺装。

多福寺的文物院落包括多福寺山门前平台、前院、中院和后院。

第11条 附属文物

1. 明代彩塑

多福寺内现存的明代彩塑均位于大雄宝殿内。

（1）三身佛像（法身毗卢佛、报身卢舍那佛、应身释迦佛），分别位于大殿内后槽明次三间。

（2）胁侍菩萨像四个，位于三身佛像两侧。

（3）护法金刚像两个，位于殿内佛坛下两侧。

（4）佛坛背壁彩塑，包括一尊倒座观音像，一尊韦陀像，以及悬塑的山崖怪石。

（5）三大士像，位于佛坛前。

2. 明代壁画

现存明代壁画位于大雄宝殿内东西两壁和后檐墙内侧，画题为释迦牟尼本行经变，以连环画形式组成，共计84幅。

3. 碑刻

（1）清康熙十五年（1676）刻《崛围重修多福寺记》碑，现存大雄宝殿前廊下西侧。

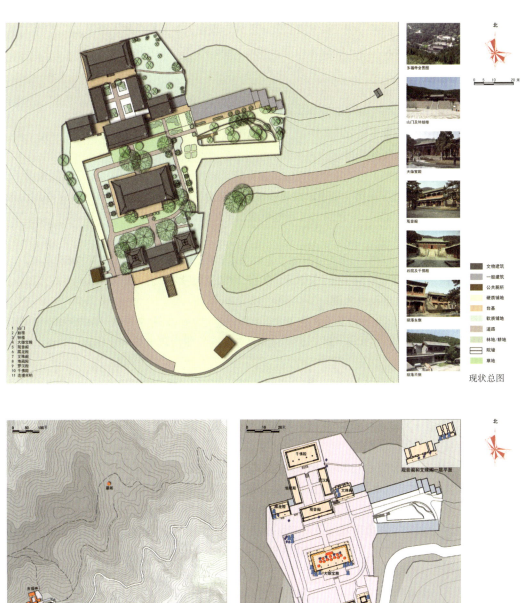

现状总图

文物构成图

太原西山地区的历史营建与遗存 卷下：保护五则

（2）明嘉靖十九年（1540）刻《崛围寺兴复记》碑，现存大雄宝殿前廊下西侧。

（3）明崇祯八年（1635）刻《崛围施田常住碑记》碑，现存大雄宝殿前廊下东侧。

（4）明万历四十三年（1615）刻《晋省西山崛围多福寺碑》，现存大雄宝殿前廊下东侧。

（5）清光绪十三年（1887）刻《重修多福寺诸处碑记》碑，现存大雄宝殿前廊下东侧。

（6）明成化二年（1466）刻《崛围寺兴复记》碑，现存大雄宝殿前月台东侧。

（7）大雄宝殿西侧檐廊下斜放残碑两通，一为清乾隆九年（1744）刻《重修地藏王碑记》碑，碑后另置一残碑，碑名及年代未详。

（8）清嘉庆元年（1796）刻《重修崛围山多福寺华严洞碑记》碑，现存钟楼一层东侧檐廊下。

（9）寺内观音殿西侧照壁前靠墙堆放数通残碑，包括清乾隆二十五年（1760）刻《崛围山重修舍利宝塔碑记》碑，明天启三年（1623）刻《重修崛围山千佛殿碑记》碑，以及年代未详的《□□□□山多福寺罗汉殿记》碑等。

（10）清光绪十三年（1887）刻《傅青主先生读书处》碑，现存文殊阁一层红叶洞外东侧。

（11）清乾隆二十二年（1757）刻《欠银碑记》碑，碑阴于乾隆六十年（1795）续刻《后欠钱石》碑文，现存文殊阁一层红叶洞外西侧。

（12）明万历二十四年（1596）刻《重建文殊閣黎殿阁碑记》碑，现存文殊阁一层红叶洞外西侧。

（13）清道光二十四年（1844）刻《崛围山多福寺金刚岭前新建山神土地庙碑记》碑，现存文殊阁二层室内西南角。

（14）清道光十五年（1835）刻石，碑名未详，现存文殊阁二层室内西南角。

（15）明万历元年（1573）刻《□□围山龙王庙记》碑，现存黑龙殿室内西南角。

（16）清乾隆五十四年（1789）《重修龙王庙记》碑，现存黑龙殿檐廊西侧。

4. 其他附属文物

（1）金大定年间（1161—1189）石经幢幢身，位于大雄宝殿佛坛西隅。

（2）清乾隆二十二年（1757）书"福海慈航"匾额，挂于观音阁南面二层檐下。

（3）四个石质基座，其中一个六边形，三个圆形，功能和年代不详。观音阁一层明间檐廊下东西分别放置一个圆形、六边形基座，顶部均开槽，前者槽为方形，较大较深，后者槽为圆形，较小较浅。其余两个圆形基座，一个位于黑龙殿檐廊下，为圆台状，顶部不开槽，另一个位于千佛殿东侧空地中，顶部开小圆槽。

（4）柱础石、出水嘴等石质构件，现散放于观音阁西侧照壁前和千佛殿东侧空地上。

（5）黑龙井，位于黑龙殿前。

（6）傅山墨迹，位于观音阁一层外墙，共两处。

第12条　多福寺周围的历史风貌与自然环境

1. 寺塔相望的空间景观。多福寺地处山脉凹处，负阴抱阳；舍利塔矗立于东南山巅，东临沃野，西踞群山；墓塔地处山脊，背靠山巅，前邻平地。三个文物点各据一处，远近相望，共同组成和谐自然的寺塔景观。

2. 山屏叠翠的自然环境。多福寺、舍利塔和墓塔的选址和空间格局离不开其所处的山体环境，自然景观和人工景观相得益彰。

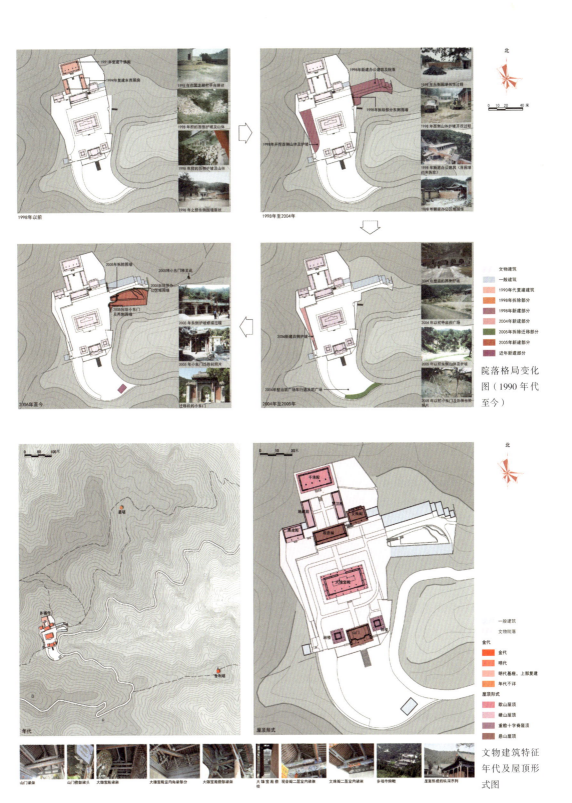

院落格局变化图（1990年代至今）

文物建筑特征年代及屋顶形式图

第13条　与寺庙有关的非物质文化遗产

包括明末清初太原著名学者傅山与多福寺的关系，吟诵寺塔的文章以及与连理古柏有关的民间传说等。

第三章　专项评估

第一节　价值评估

第14条　文物价值

1. 历史价值

（1）多福寺是太原崛围山人文景观的重要组成部分，现状遗存不仅体现了寺庙兴衰更迭、历经修缮的历史，展现了文物古迹自身的发展变化，而且对于研究该地区佛教文化的发展和人文景观的演变具有重要的历史价值。

（2）多福寺反映了多层次社会变迁的历史背景，并见证了傅山等历史著名人物的活动，对考证崛围山地区特定历史时期内的人物活动和历史事件具有重要的作用。

（3）多福寺保存的历史建筑和古代碑刻对于研究当地的古代建筑史、金石文化等具有重要的研究价值。

（4）多福寺内的明代壁画和塑像对于研究宗教史、生活史和艺术史具有重要的史料价值。

2. 艺术价值

（1）多福寺内的整体布局是古代佛寺选址和布局的典型代表，同时也是崛围山人文景观的重要组成部分。

（2）多福寺内的壁画和彩塑具有极高的艺术价值。

（3）多福寺内历史建筑和寺外的舍利塔、墓塔是研究山西地区明清寺院建筑和古代佛塔艺术的典型案例。

3. 科学价值

（1）多福寺的选址经过精心规划，是太原西山一带山林寺观的代表之一，在寺庙选址研究领域具有代表意义。

（2）多福寺内各时期建筑的建筑结构、内部装修等是我们研究相关朝代的建筑形制和小木作制度的重要佐证。

（3）多福寺内的明代壁画和彩塑所体现的相关艺术创作手法和工艺是研究明代山西壁画和彩塑的典型案例。

第15条　社会价值

（1）多福寺和舍利塔是太原崛围山风景区的重要组成部分，彰显了太原的生态和人文特色。

（2）多福寺是太原市历史文化资源与旅游资源的重要组成部分，对地方的生态保护和旅游发展产生积极的促进作用。

（3）多福寺作为全国重点文物保护单位，保护好多福寺，将对山西省文物保护工作产生积极推动作用。

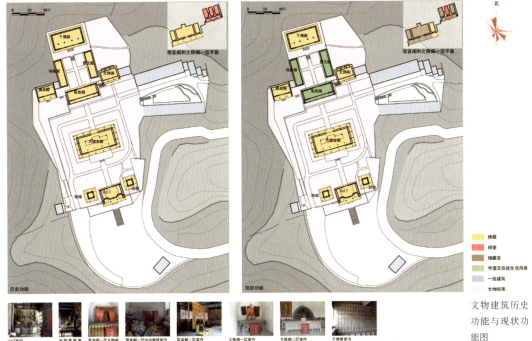

文物建筑历史功能与现状功能图

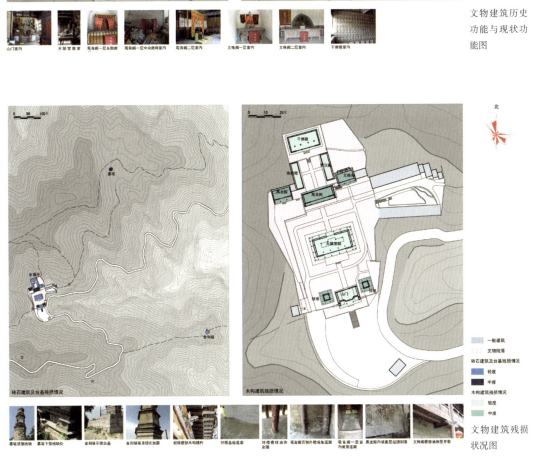

文物建筑残损状况图

太原西山地区的历史营建与遗存 ｜ 卷下：保护五则

第二节　本体保存现状评估

第16条　文物建筑现状评估结论

（1）真实性方面，除多福寺后院千佛殿及罗汉殿、地藏殿上部木构为1990年代复原外，其他文物建筑基本保持历史原貌。

（2）完整性方面，除墓塔塔刹残缺外，其他文物建筑保存基本完整。

（3）延续性方面，所有文物建筑现状均无结构危险，延续性较好，但珍珠坡山脚呼延调蓄水库的建设和附近开山采石行为对舍利塔带来的影响有待进行科学监测。

（4）病害方面，山门、钟楼、鼓楼、大雄宝殿、观音阁、文殊阁、黑龙殿、罗汉殿、地藏殿、墓塔普遍面临地面和墙脚返潮问题，尤以钟楼、鼓楼、观音阁、文殊阁和黑龙殿较为严重；黑龙殿、观音阁、文殊阁、罗汉殿和地藏殿靠近山体的墙面容易受潮，以黑龙殿最为严重；木构建筑普遍存在檐部木构腐朽、油饰层褪色、剥落的病害，钟楼、鼓楼、观音阁、文殊阁和黑龙殿较为严重；墓塔和舍利塔表面均存在人为刻划破坏现象，墓塔下部砖块风化酥碱，局部砖块剥落。

第17条　文物院落现状评估结论

（1）真实性方面，院落的规模基本与历史相符，但现状铺地和院墙已几乎全非原物，院落植被除几株松柏年代稍远外，其他植被均为新中国成立后种植。

（2）完整性方面，多福寺山门前平台、前院、后院基本完整，中院由于现状与办公院落连通，完整性受到影响。

（3）延续性方面，院落整体保存状况较好，但院内中央甬路地砖破碎较为严重。

（4）景观风貌方面，山门前平台及台阶风貌较好；大雄宝殿前后院落景观风貌较好，但院落西侧护坡周围植被较缺乏，护坡洞龛的景观效果一般，院落东侧办公区附近的植被和花池存在园林化倾向，与寺庙的历史氛围不尽相符；后院花池植被零乱，千佛殿东侧空地景观较为杂乱。

第18条　附属文物现状评估

（1）真实性方面，所有附属文物自身真实性均较好，但除明代彩塑、壁画、黑龙井和傅山手书墨迹外，其他附属文物几乎均非原址保存。

（2）完整性方面，明代彩塑除后壁悬塑局部残缺外，整体保护较为完整；壁画整体保存相对完整，历史上因大雄宝殿屋面漏雨导致局部被冲刷；现存碑刻半数残缺、破裂；包括经幢在内的其他石质构件大多仅剩局部，完整性较差；"福海慈航"匾额、黑龙井和傅山手书墨迹完整性较好。

（3）延续性方面，明代彩塑延续性较好；壁画和傅山手书墨迹对环境影响较为敏感，延续性一般；室内和檐下保存的碑刻和石质构件延续性较好，而室外放置的碑刻和石质构件易受雨雪侵蚀，保存状况较差；"福海慈航"匾额易受外界侵蚀，延续性较差；黑龙井延续性较好，但泉水已基本枯竭，变为雨水井。

（4）病害方面，明代彩塑表面普遍存在颜料褪色、剥落问题，彩塑背壁上存在人为涂画现象；壁画除历史上遭受雨淋而局部漫漶外，目前还存在颜料层龟裂、起甲、酥碱、颜料褪色、表面污染的问题；现存碑刻和其他石质构件普遍存在缓慢风化现象，室外碑刻和石质构件保存环境较差，易受雨雪侵蚀；"福海慈航"匾额目前面临颜料褪色、起翘、剥落，以及木质匾额局部残缺的问题；傅山手书墨迹存在表面污染、墨迹褪色的问题。

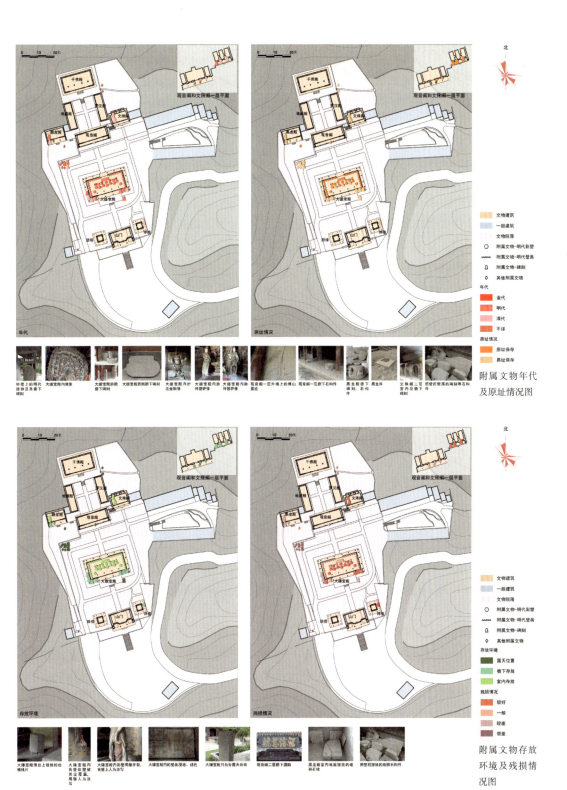

第三节 环境现状评估

第19条 多福寺内一般建筑现状评估

（1）一般建筑包括多福寺院落东侧的办公管理建筑（建于1998年）、作为东侧护坡的服务用房（建于2005年），文殊阁东侧和黑龙殿东侧的管理人员生活用房（建于1980年代）、庙内西侧护坡和照壁（建于2004年）、入口大台阶（建于2007年），以及寺内西南角公厕（建于1980年代）和寺外前广场公厕（建于2009年）。

（2）办公管理建筑和东侧护坡建筑在修建时拆除了原东侧围墙，并将原小东门搬迁至现寺外东侧山路上，寺内西侧护坡和照壁的建设对院落原貌有一定影响。

（3）风貌协调性方面，寺外公厕的风貌较差，寺内公厕风貌一般，其他一般建筑风貌协调性较好。

第20条 用地现状评估

（1）规划范围内现状用地主要包括林地、农业用地、居住用地、文物用地和基础设施用地五种，其中林地面积最大，有助于维持文物的历史环境。

（2）规划范围内基础设施用地包括珍珠坡山脚正在施工的大型水库，其对文物的影响没有进行科学论证。

第21条 环境质量现状评估

（1）规划范围内以山地为主，绿化状况较好，且无工业污染，环境质量总体较好。

（2）多福寺内垃圾焚烧、周围开山采石、山脚砖厂生产等会对大气造成一定污染。

（3）舍利塔周围垃圾较多，缺乏及时清理。

第22条 历史环境评估

（1）目前对文物本体的历史环境有一定研究。

（2）文物本体所在的崛围山山体环境和地形地貌是文物历史环境的重要组成部分，现状整体保存较好，但山脚开山采石及水库建设对山体造成破坏。《太原市崛围山景区建设和管理办法》对山体环境的保护有相关规定，但执行力度欠缺。

（3）文物周边的崛围红叶和多福寺寺外东侧路旁的太原市古树名木连理古柏是文物历史环境中的重要植被景观，《太原市崛围山景区建设和管理办法》中对植被的保护有相关规定，但保护措施有待进一步细化和深入。

第23条 景观环境现状评估

（1）建筑景观方面，庄头村民居风貌整体较好，但部分现代民居风貌较差，与传统民居风貌和文物环境不协调，且部分传统民居年久失修，破败不堪；呼延村通往珍珠坡的主要道路两侧建筑景观较差，部分两层建筑对望向珍珠坡的视线有遮挡。

（2）环境景观方面，规划范围内的山体绿化总体较好，道路广场铺装相对较好，但多福寺前广场景观效果一般，规划范围内公共构筑物和设施景观效果较差。

（3）视线通廊方面，多福寺和舍利塔之间、墓塔与舍利塔之间的视线通廊现状较好，舍利塔的标志性景观地位依然存在。

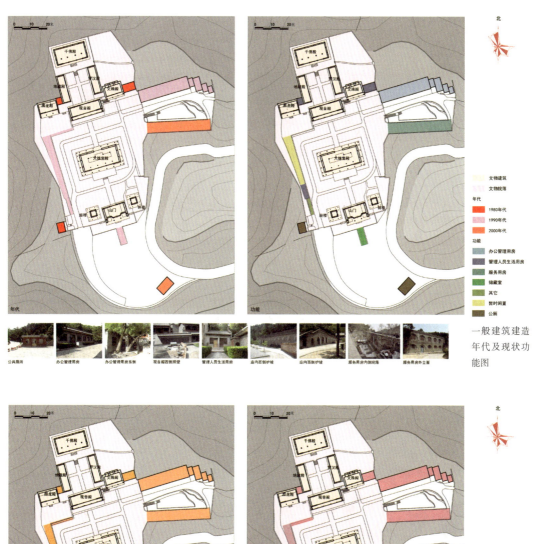

一般建筑建造年代及现状功能图

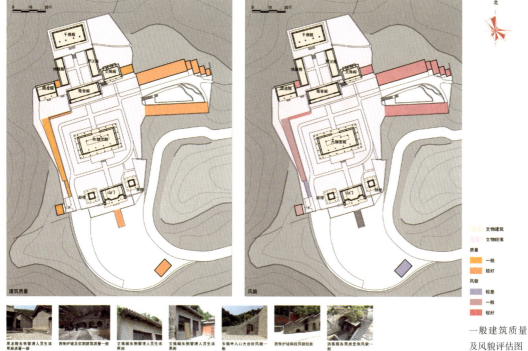

一般建筑质量及风貌评估图

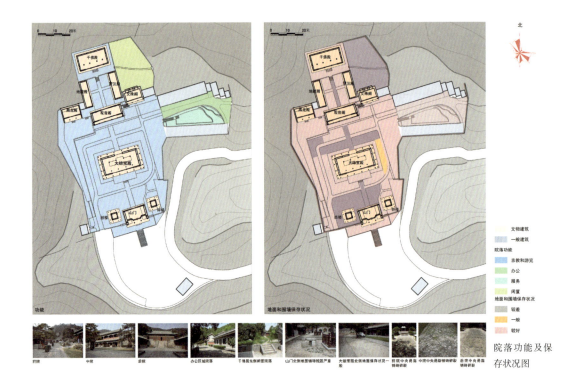

院落功能及保存状况图

院落绿化类型及景观风貌现状图

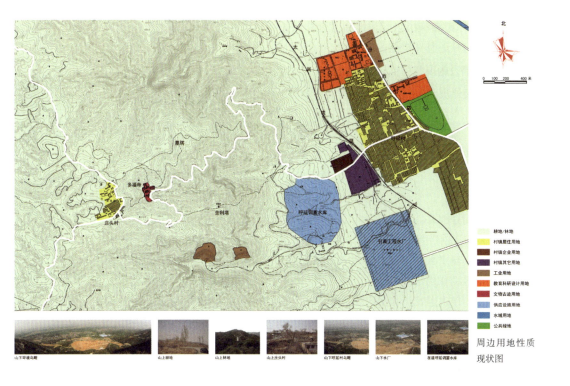

周边用地性质现状图

周边建筑风貌评估

（4）《太原市崛围山景区建设和管理办法》中对该区域建筑和村落风貌有相关规定，但执行力度欠佳，且缺乏具体措施。

第24条　基础设施现状评估

1. 道路交通现状

（1）对外车行交通方面，受地形所限，规划范围内以盘山公路作为唯一的车行交通道路，路面状况较好，基本满足交通需要。盘山公路在山下穿越呼延村与汾西公路相接，连通市区。盘山公路经多福寺到达山顶，连通庄头村、马头水乡等塬上村镇。

（2）对外步行交通方面，除盘山公路可兼做步行道路外，沿珍珠坡另有一石阶道路通向舍利塔，与盘山公路相接，近年经过整修，道路状况较好，可以满足登山游览需要。

（3）多福寺和墓塔之间有山间小路相接，但路面状况和指向性较差。

（4）多福寺前广场兼做停车场，能够满足目前旅游停车需要，但广场现状并未划定具体停车位，对未来停车车辆增加所带来的管理问题和风貌影响未做进一步考虑。

2. 给排水设施现状

（1）山上用水困难，多福寺所用水源为寺内黑龙井里的泉水，基本满足寺内生活需要。

（2）多福寺现状雨水排放以有组织明沟、暗沟排水和无组织场地排水相结合，基本满足排水需要。

（3）随着寺内院落地平因院落整治而逐渐抬高，钟鼓楼的檐廊地平已与院落地平相差无几，容易造成雨水漫淹和侵蚀。

3. 电力、通讯设施现状

（1）供电方面，多福寺和庄头村共用一个变电站，电压较低，勉强满足寺内现状办公和管理用电需要。

（2）寺内用电设施主要包括寺内环境照明和监控用电、管理人员工作及生活用电，现状电量难以满足未来的更多管理和监控需要。

（3）寺内电力线路采取架设方式引入，内部线路以穿管沿墙敷设为主，对景观影响较小，但部分线路仍为明线架设或敷设，对文物建筑的防火和防雷带来安全隐患。

（4）文物管理部门的网络及电讯线路基本畅通，但移动通信信号较差。

4. 环境卫生设施现状

（1）寺内及寺外前广场各有一个公共厕所，寺内公厕为旱厕，卫生状况较差；寺外公厕为冲水厕所，卫生质量较好。

（2）多福寺内外垃圾采用垃圾桶收集并集中处理，并有专人打扫，卫生状况较好。

（3）舍利塔周围环卫工作归崛围山风景区管理部门负责，虽放置有垃圾桶，但因清洁不及时和管理不力，现状卫生状况较差。

（4）墓塔地处偏僻，游客较少，目前虽未开展环卫工作，但环境卫生状况较好。

第25条　防灾及防护设施现状评估

1. 防洪、防潮现状

（1）多福寺位于靠近山顶处的山坳里，面临山洪及泥石流压力，目前寺后山坡植被状况良好，

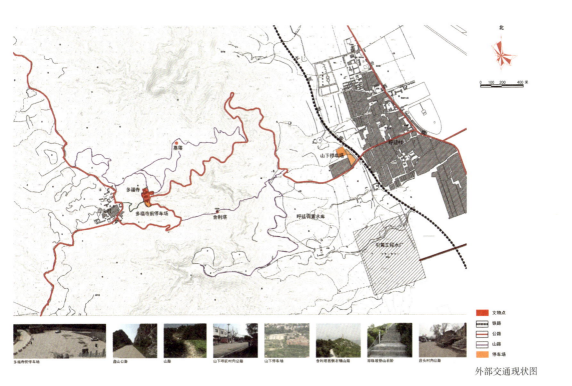

外部交通现状图

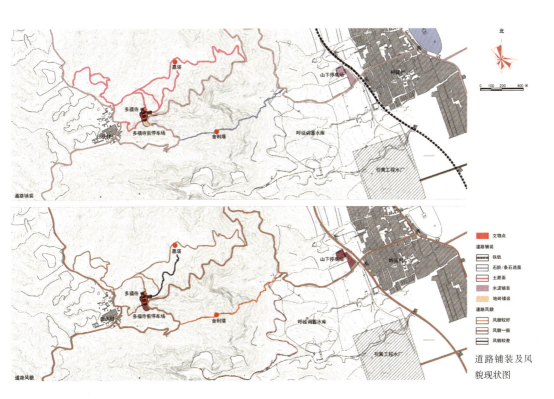

道路铺装及风貌现状图

太原西山地区的历史营建与遗存 | 卷下：保护五则

蓄水固土能力较强，寺院靠山坡已建设护坡，并沿西侧围墙设立排水沟，基本满足排水需要，但对于突发性暴雨和山洪的潜在危险尚未做充分准备。

（2）舍利塔和墓塔地处山顶，靠近塔体处地平相对较高，排水较为便利，防洪压力较弱。

（3）多福寺内院落地平随院落整治逐渐升高，导致现状一些建筑台基的离地高度逐渐降低，易遭雨水侵蚀和返潮；寺内建筑随山势建造，因山体雨水下渗和流动，靠近台地和崖面处的渗水和返潮问题较为严重。

（4）舍利塔下部台基较高，防潮压力较弱。

（5）墓塔下部埋入土中，易受雨水侵蚀和返潮。

2. 防雷和消防现状

（1）多福寺面临的防火隐患主要包括森林火灾、游客烧香礼佛用火、用电不当和线路问题、寺内管理人员日常生活用火、雷击等。舍利塔和墓塔为砖石建筑，火灾影响较小，但会对砖石表面造成损伤，目前主要面临塔体周围山体植被的火灾隐患和防雷隐患。

（2）森林火灾归林区管理部门负责，多福寺附近山顶建有防火瞭望站和瞭望塔，基本满足多福寺周围森林火险监控需要。

（3）寺内现状禁止游客在室内焚烧香火，相关活动主要在室外进行，能有效避免意外火灾发生。

（4）寺内部分电线仍为室外架设，存在安全隐患。

（5）多福寺主要建筑、舍利塔、墓塔和多福寺内电线杆、高大树木均无有效防雷措施，存在雷击隐患。

（6）山上无消防站，火灾发生后消防队不能及时抵达。

（7）多福寺内木构建筑均已配备手提式灭火器，但寺内用水不充裕，无消防蓄水池；寺内主要建筑内装有监控设备，但无火灾报警装置。

3. 防鸟及其他生物设施现状

多福寺内木构建筑外檐均未安装防鸟设施，但现状防鸟压力较小。

4. 安防设施现状

寺内主要建筑内外已安装监控设施，基本满足安防需要。

第四节　管理现状评估

第26条　保护等级

2006年，多福寺被国务院公布为第六批全国重点文物保护单位。

第27条　保护工作状况

（1）崛围山文物保管所自1988年成立后，对多福寺和舍利塔组织了多次维修，修建了多福寺内外的山体护坡，对院落环境进行了整治，并加强了文物安全防范工作，这些措施的开展确保了文物的真实性、完整性和延续性。

（2）限于人员缺乏和经费短缺，文物的日常保养工作难以保障，且现状保护工作主要集中在多福寺和舍利塔，墓塔的保护工作相对不足。

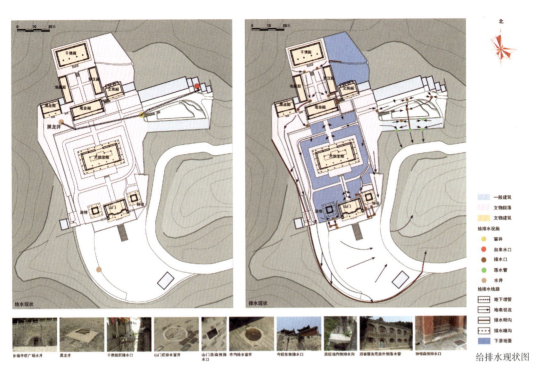

给排水现状图

防灾及安防设施现状图

第28条 "四有"工作状况

1. 管理机构

太原文物局下属机构崛围山文物保管所为多福寺的管理机构，负责多福寺的保护管理工作。

2. 管理人员

崛围山文物保管所现有编制人员共15名，分管包括多福寺在内的3个文保单位，其中负责多福寺的管理人员目前只能分配4名，编制名额严重不足，不能满足文物保护和管理需要。

3. 保护区划

（1）多福寺现状已划定保护区划，其中保护范围为寺院周围100米，向东延伸至同一山脉走向的舍利塔及珍珠坡，寺院北墓塔周围50米；建设控制地带为保护范围外延伸3公里。

（2）现状保护区划基本满足文物保护的需要，但保护范围对保护多福寺所处山体环境稍显不够，建设控制地带范围偏大，执行不力。

4. 保护档案

多福寺的文物保护档案较为齐全，基本满足《全国重点文物保护单位记录档案工作规范（试行）》的相关要求，但在修缮和整治图纸的收集和整理方面还有所欠缺。

5. 保护标志

（1）全国重点文物保护单位标志牌位于寺外前广场台阶西侧，标志牌为石质，正面刻文保单位级别、名称和公布日期，碑面刻多福寺的文物年代、地址和保护区划。

（2）山门前东侧尚存水泥制市级文物保护单位标牌。

第29条 管理状况

1. 日常管理和维护现状

崛围山文物保管所负责多福寺的日常保护管理工作，已制定完善的责任制制度，日常管理和维护工作总体较好。

2. 安全防护工作

（1）多福寺内安防设施和人员配备基本满足安防需要，但由于工作人员较少，对突发事件和意外事件的应急处理难以应对。

（2）舍利塔和墓塔尚未安装监控设施，且距寺庙办公驻地有一定距离，尤其是墓塔，与多福寺之间缺乏视线联系，不能有效防范破坏文物行为。

（3）崛围山文管所对突发事件和重大事故建立了安全责任制和应对机制，但缺乏详细和具体的应对措施。

3. 保护管理经费

多福寺目前的保护管理经费主要来源于山西省和太原市文物局、财政部门、发改委和城建委等部门，以及国家文物局的拨款，但目前文物保护管理经费相对短缺，不能满足现状需要。

第五节 利用与展陈现状评估

第30条 现状功能分区

（1）由于多福寺文物保护单位涉及的三个文物本体——多福寺、舍利塔和墓塔——相互独立，

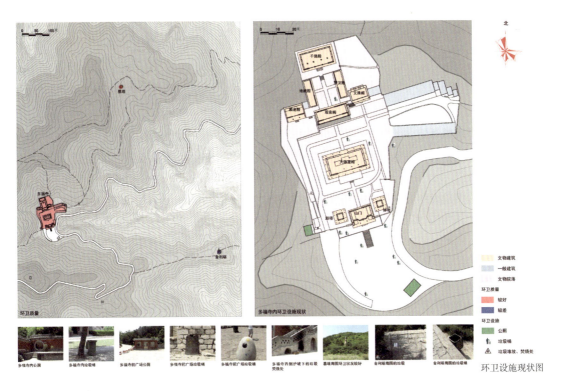

环卫设施现状图

现状保护区划图

因此，总体上形成了三个不同的展示分区。其中多福寺和舍利塔之间已有通畅的道路联系，而墓塔与多福寺之间的道路仍为山路，交通不便。

（2）多福寺内外又可分为前广场的游客服务区、寺内三进院落的文物展示区和寺庙东侧的办公管理区等三个主要分区，其中办公管理区与文物展示区之间缺乏明确分隔，降低了文物院落的可识别性。

第31条　利用现状评估

（1）多福寺、舍利塔和墓塔均具有可观赏性，其中多福寺和舍利塔已经得到开放和利用，但墓塔尚未开放。

（2）到达多福寺和舍利塔的交通便捷程度很好，并已纳入崛围山风景区总体旅游线路，目前到达墓塔的道路均为山路，可达性较差。

（3）利用强度方面，舍利塔的利用强度最好，多福寺次之，墓塔尚未得到有效利用。

（4）目前已开展关于多福寺和舍利塔的宣传教育工作。

第32条　展陈体系现状评估

（1）展示内容为文物本体自身，缺乏相关历史背景、资料和研究成果的展示。

（2）现状展示方式以文物直接展示为主，基本满足展示要求，但展示方式较为单一。

（3）现状展示效果总体较好，但明代壁画和彩塑等受保护要求所限，无法全面开放和展示。

（4）多福寺和舍利塔的展示路线较为便捷，墓塔位置较为偏僻，展示路线较差。

（5）现状展示设施仅为展板，缺乏现代化展示场所和实施。

（6）现状缺乏导游人员和电子解说设备。

第33条　游客管理现状评估

（1）现状游客人数相对较少，主要集中在假期。随着崛围山风景区的建设和发展，多福寺和舍利塔将会迎来良好的旅游发展机遇。

（2）现状尚未制定对多福寺的游客容量控制措施。

（3）游客服务功能较为欠缺，由附近村民自发开展的相关服务缺乏统一管理，服务质量难以保障。

（4）多福寺现状设有停车场、公厕等，但其风貌及质量有待进一步改善。

第六节　研究现状评估

第34条　研究成果评估

（1）由崛围山文物保管所编著的《太原崛围山多福寺》是全面研究和介绍多福寺文物内涵和历史环境的重要成果。

（2）对墓塔的研究较为缺乏，舍利塔和墓塔尚未开展测绘工作，两塔的年代尚未得到准确断定。

（3）对历史名人傅山与多福寺的关系还有待进一步深入研究。

第35条　研究机构和人员评估

现状研究人员以文物工作者和大专院校相关专业师生为主，研究人员构成较为完善。但人员现状较为分散，缺乏集中的研究团体和组织。

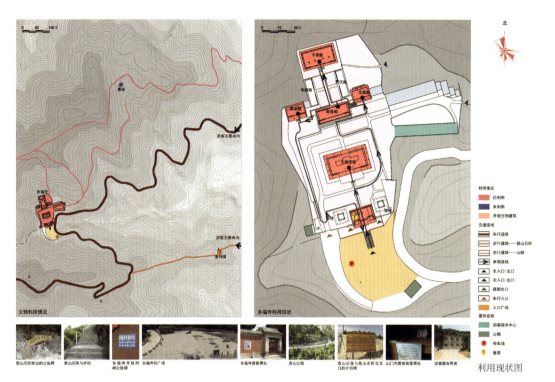

利用现状图

第36条 研究经费和设备评估

（1）现状研究经费较为短缺，经费渠道较少，缺乏专项基金支持。

（2）研究所需软硬件设备较为落后，不能满足研究需要。

第七节 存在问题

根据以上各专项评估结果，多福寺现状各方面主要存在的问题有以下方面。

第37条 文物建筑现状存在的问题

（1）文物建筑普遍面临檐廊地面和墙脚返潮酥碱问题。

（2）木构建筑普遍存在油饰和彩画层褪色、起翘和剥落问题，以柱脚和檐部较为严重。

（3）山门、钟鼓楼等部分建筑的檐部椽头和苫板局部糟朽。

（4）部分木构建筑存在屋面瓦件残损、墙面开裂等问题。

（5）呼延调蓄水库对舍利塔基础的影响并未进行科学论证和监测。

（6）墓塔顶部塔刹缺失。

第38条 文物院落现状存在的问题

（1）前院和中院院落地砖大部分碎裂，地面状况较差。

（2）大雄宝殿东侧院落围墙被拆除，文物院落与新建办公区直接连通，破坏了院落的真实性和完整性。

（3）院内景观风貌局部较为杂乱，院落东侧景观存在园林化倾向，与寺庙风貌不尽相符。

第39条　附属文物现状存在的问题

（1）大雄宝殿内明代彩塑普遍面临表面颜料褪色、剥落问题；胁侍菩萨泥胎局部开裂，佛坛背壁彩塑部分残缺。

（2）大雄宝殿明代壁画面临颜料层龟裂、起甲和酥碱问题，局部颜料褪色、霉变，画面漫漶不清。

（3）部分碑刻残破，表面风化，有些散置室外，不利于碑刻保存。

（4）观音阁二层"福海慈航"匾额表面残破，颜料褪色、起翘、剥落。

（5）个别柱础和石雕散落室外，易遭外界侵蚀，不利于保存。

第40条　本体环境现状存在的问题

（1）寺内东侧办公建筑修建时拆除了寺庙院落原东侧围墙；东侧护坡和游客服务用房在修建时对原小东门外石阶进行了破坏。

（2）寺外公厕建筑的墙体涂料和门窗样式与文物历史环境不协调。

（3）山下水库等基础设施用地对文物的影响没有进行科学论证。

（4）文物周围山体存在开山采石现象，破坏了文物所处的山体环境。

（5）庄头村部分现代民居建筑风貌与文物环境不协调，村落环境较差。

（6）山下前导空间景观效果不佳，公路两侧部分建筑风貌较差，部分两层以上建筑对珍珠坡存在视线遮挡。

（7）规划范围内的公共构筑物和设施的风貌较差。

第41条　基础设施现状问题

（1）交通方面，墓塔的可达性较差，寺前停车场有待整治。

（2）给排水方面，多福寺可用水源较少，无法满足未来需要；钟鼓楼等建筑台基地平与院落相差无几，容易遭受雨水漫淹和侵蚀。

（3）电力通讯方面，现状电压较低，部分线路仍未明线，存在安全隐患。

（4）环卫方面，寺内公厕卫生状况较差，且垃圾焚烧处理易造成环境污染；舍利塔周围环卫工作较差。

第42条　防灾和防护现状问题

（1）防洪方面，对于多福寺面临的突发性暴雨和山洪的潜在威胁尚未做充分准备。

（2）防潮方面，多福寺部分建筑的台基较低，易返潮，靠近山体崖面和台地处的建筑返潮问题也较为严重；墓塔下部埋入土中，易受雨水侵蚀和返潮。

（3）防雷方面，主要文物建筑和寺内高大树木均未安置防雷装置。

（4）消防方面，电力线路和防雷问题易造成火灾隐患，山上无消防站，多福寺内无消防蓄水池和火灾报警设备。

第43条　管理现状存在的问题

（1）保护工作方面，墓塔的保护工作相对不足。

（2）管理人员方面，现有编制名额太少，无法满足文物保护和管理需要。

（3）保护区划方面，现状保护范围对保护多福寺所处山体环境稍显不够，建设控制地带范围偏大，执行不力。

（4）保护档案方面，缺乏对修缮和整治图纸的收集和整理。

（5）安全防护方面，对舍利塔和墓塔的防护工作不足。

（6）文物保护和管理经费短缺。

第44条　利用和展陈现状存在的问题

（1）现状办公管理区与文物展示区之间缺乏明确分隔。

（2）对多福寺的宣传力度相对不足，墓塔尚未得到合理利用。

（3）现状展陈体系不完善，展示内容局限，展示方式单一，展示设施落后，展示效果欠佳，且缺乏解说服务。

（4）尚未制定游客容量控制措施。

（5）游客服务质量较低。

第45条　研究现状存在的问题

（1）对舍利塔和墓塔的研究存在不足之处，对傅山与多福寺的关系有待深入。

（2）研究人员分散，缺乏组织。

（3）研究经费短缺，设备落后。

第四章　规划框架

第46条　规划目标

（1）为今后多福寺的文物保护提供控制管理的法律依据、工作框架和具体措施。

（2）明确多福寺未来的发展方向和控制依据，确保其文物价值和社会价值的传承延续与发扬。

第47条　指导思想

在坚持"保护为主，抢救第一，合理利用，加强管理"的文物保护工作方针的基础上，最大限度地保护多福寺，有效保护本体及相关环境的真实性和完整性。在此基础上编制科学的、合理的、具有前瞻性和可操作性的文物保护规划，将多福寺的风貌和全部价值尽可能完整地保存并传之后世。

第48条　规划原则

1. 法制的原则

依法保护文物，将文物本体的保护工作和计划纳入规范的法律框架。

2. 可操作性的原则

深入研究评估文物的价值，对保护范围和建设控制地带做出调整建议，强调可操作性。

3. 前瞻性与现实性相结合的原则

本规划的制定着眼于长期有效的保护，同时解决文物本体所面临的抢救性保护问题。

4. 联系与协调发展的原则

本规划重点突出多福寺对崛围山自然和人文景观的挖掘与提升，强调与城市总体规划相衔接，注重将周围旅游度假资源与多福寺整合，使文物在得到保护的基础上发挥出更大的社会效益和经济效益。

5. 整体保护的原则

不仅保护有形的历史遗产,也保护其群体格局和整体环境,乃至沉淀其中的非物质文化遗产。

第49条 基本对策

(1) 采用有效措施,提升文物保护的力度。

(2) 加强法制程序下的保护管理工作。

(3) 明确地方政府的具体保护职责。

(4) 探索社会经济可持续发展的合理利用模式。

(5) 进一步增进公众参与意识,充分发挥多福寺、舍利塔和墓塔在崛围山乃至太原市社会文化生活中的作用。

第50条 规划主要内容

(1) 分析和评估多福寺文物本体的现状和价值。

(2) 确定保护对象、保护目标和重点。

(3) 确定文物保护原则和策略。

(4) 对保护区划做出调整建议,制订管理要求。

(5) 制定保护措施,划分措施等级。

(6) 编制环境、道路交通、管理、利用等专项规划。

(7) 编制规划分期与估算,制订各期实施计划。

第五章 保护区划

第一节 调整依据

(1) 根据《中华人民共和国文物保护法实施条例》第九条、第十三条,对已公布的多福寺的保护范围和建设控制地带进行调整。

(2) 在范围划定中,应依据文物本体所处的具体位置及范围,结合自然地形和重要人工设施和构筑物所形成的视觉边界界定。

第二节 区划类型

根据《中华人民共和国文物保护法》和《中国文物古迹保护准则》,建议调整后的保护区划分为:保护范围、建设控制地带和环境协调区。

第51条 保护范围

1. 四至边界

根据对多福寺和舍利塔的视域分析,结合文物本体价值和所处环境,将保护范围调整为:

西至庄头村东侧村落边界;

北至多福寺北侧山脊线,并将墓塔周围环境包括在内;

保护区划调整图

东至珍珠坡山脚处的山路，紧邻在建呼延调蓄水库的西侧；
南至珍珠坡南侧的山谷线。

2. 保护范围总面积

为 104.5 公顷

第52条　建设控制地带

1. 四至边界

西至庄头村所处台地的西侧边界；
北至规划保护范围北侧边界外扩约 150 米处，并顺应等高线和自然山脊线划定；
东至太岚铁路线；
南至舍利塔南侧 500 米处的山谷线和引黄工程水厂北侧道路。

2. 建设控制地带总面积

为 206.5 公顷

第53条　环境协调区

1. 四至边界

西至庄头村西侧沟壑的中心线和山顶公路；
北至墓塔所在山体北侧的山谷线。
东至呼延村东侧汾西公路，并将映山湖包括在内；
南至规划范围南侧山体的山脊线，并将引黄工程水厂包括在内。

2. 环境协调区总面积为 347.1 公顷

第三节 管理规定

第54条 保护范围内的管理规定

（1）遵守《中华人民共和国文物保护法》的相关规定。

（2）保护范围内不得进行本规划已明确保护工程以外的其他任何建设工程或者爆破、钻探、挖掘等作业。

（3）保护范围内的修缮或其他保护工程应以保护文物本体的真实性、完整性、延续性和最少干预为原则，有关设计方案须按照法定程序另行报批。

（4）根据环境评估结论，凡位于保护范围内，对文物本体或环境造成破坏或不利影响的建筑物、设施或植物应根据实际情况和经济条件，分别进行改善、整治以及分期拆除或迁建。

（5）因特殊情况，如考古发掘或复原性修建，需要在保护范围内进行其他建设工程或者爆破、钻探、挖掘等作业的，必须经山西省人民政府批准，在批准前应当征得国务院文物行政部门同意，且工程和作业应符合相关规定。

（6）保护范围内实施有效的安防与保护措施，电线电缆或埋地或迁移；进一步完善监控设备和防火设备，并配置专人守护。

第55条 建设控制地带内的管理规定

（1）遵守《中华人民共和国文物保护法》的相关规定。

（2）在建设控制地带内进行建设工程，不得破坏文物保护单位的历史风貌和周围山体的植被景观；工程设计方案应当根据文物保护单位的级别，经相应的文物行政部门同意后，报城乡建设规划部门批准。

（3）在建设控制地带内，不得建设污染文物保护单位及其环境的设施，不得进行可能影响文物本体安全及其环境的活动。对已有的影响文物本体及其环境的设施，应当限期治理。

（4）建设控制地带内严禁开山采石，应立即停止现有开山采石工程，并对破损山体进行生态修复。

（5）建设控制地带内的新建或改建建筑应满足以下要求：

建筑功能方面，新建或改建的建筑功能应限定为民居、公共设施、景观小品和旅游服务类建筑。若必须进行大型基础设施等工程建设，应进行相关论证，尽量避免对文物本体和环境产生破坏。

建筑高度方面，一般情况下，新建或改建建筑的高度应全部控制为一层；对于依山而建的传统窑洞式建筑，允许局部采用退台方式建设二层；对于与大型基础设施有关或承担其他重要任务的特殊建筑，则可视实际需要酌量放宽，但原则上建筑高度不应超过三层，高度不超过12米。

建筑平面尺度方面，新建或改建的居住建筑应与当地传统民居保持一致；非居住建筑的长度应控制为50米，进深应控制为15米。

建筑风貌方面，新建或改建的居住建筑应保持当地传统民居风貌，建筑外部应突出材料的乡土特征，不应采用贴面装饰，色彩应避免过分突出；新建或改建的非居住建筑的风貌应与多福寺、舍利塔的历史风貌和山体环境相协调。

（6）建设控制地带内的现有建筑应根据以上规定限期进行整治。

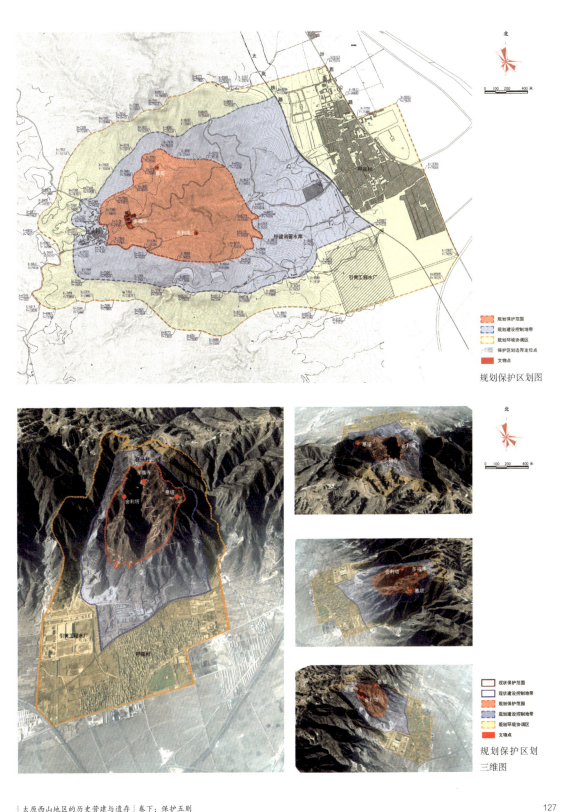

规划保护区划图

规划保护区划三维图

（7）建设控制地带内的村落应进行风貌整治，使其与文物本体和环境风貌相协调。

第56条　环境协调区内的管理建议

（1）环境协调区的设置目的是为了使文物环境和视线通廊在更大范围内得到保护。

（2）建议保护环境协调区内的山体环境，禁止开山采石。

（3）环境协调区内的新建和改建建筑在体量和风貌方面要与文物环境相协调。

（4）建议对进山道路两侧的建筑应进行重点风貌整治，改善朝向舍利塔和珍珠坡的景观视廊。

第六章　保护措施

第一节　保护工作

第57条　保护区划工作

调整保护区划，实现文物本体及环境的完整保护。

第58条　文物保护标志牌和保护区划界桩的设置

在舍利塔和墓塔处设置保护标志牌，并沿保护区划边界设置界桩，确定责任人巡守。

第59条　保护档案

规范保护档案，完善档案保存。

（1）根据国家文物局的保护档案规范要求，整理、完善保护档案的系统性与规范性；

（2）进一步完善对文物本体和环境的调查研究与资料收集；

（3）继续完善文物建筑的测绘工作和测绘图纸的采集存档；

（4）对修缮工程资料进行及时采集存档；

（5）保存方式采取数字化处理与存储。

第二节　实施原则

第60条　科学性原则

所有保护措施的制定必须建立在各文物点具体问题的实际调研和科学分析的基础上，技术方案须经主管部门组织专家论证批准后，方可实施。

第61条　可逆性原则

在制定具体保护措施时，必须采取审慎的态度，强调保护措施的可逆性。

第62条　严格管理的原则

保护工程必须委托具备全国重点文物保护单位文物保护工程资质的单位进行设计、施工、监理，设计方案必须符合文物保护要求和相关行业规范，依程序审批后才可实施，施工前应制定严格的质量责任制度和保修制度。

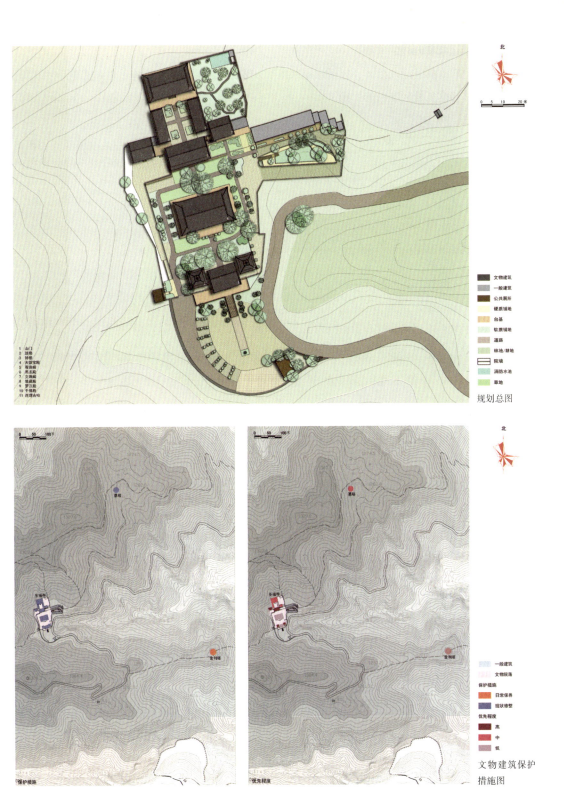

第63条　详细记录和归档的原则

所有保护措施都应记入档案，包括设计和施工方案、实施前状况、实施过程和实施后状况等。

第64条　具体修缮工程应坚持的原则

1. 真实性原则

最大限度地保存实物原状与历史信息；修复应当以现存的有价值的实物为主要依据，一切技术措施应当不妨碍再次对原物进行保护处理；经过处理的部分和原物或前一次处理的部分既相协调，又可识别。

2. 完整性原则

确保文物本体历史信息和建造信息的完整。

3. 原材料、原结构、原形制和原工艺的原则

4. 有效保护原则

根除隐患，保障安全，方便使用，十年之内不再大修。

5. 最小干预原则

尽可能减少干预。凡是没有结构危险的部分，除日常保养以外不应进行更多的干预。必须干预时，附加的手段只用在最必要部分，并减少到最低限度。采用的保护措施，应以延续现状、缓解损伤为主要目标。

第三节　文物保护措施

第65条　文物建筑保护工程

基于文物保存现状，根据相关法规，将多福寺文物建筑本体的保护措施分为日常保养和现状修整两类。文物本体的具体修缮措施应在本规划要求基础上，另行编制保护修缮工程设计方案。

文物建筑保护工程一览表

序号	文物名称	日常保养工程					现状修整工程				
		清洁除尘	测绘	文字及摄影记录	病害监测	沉降观测	墙面及地基防水防潮处理	油饰彩画保护	墙体面层维修	椽头、苫板维修	屋面维修
1	山门	√		√	√	√	√	√	√	√	
2	钟楼	√		√	√	√	√				√
3	鼓楼	√		√	√	√	√				√
4	大雄宝殿	√		√	√	√	√	√			
5	观音阁	√		√	√	√	√				√
6	文殊阁	√		√	√	√	√				
7	黑龙殿	√		√	√	√	√				
8	千佛殿	√		√	√	√	√				
9	罗汉殿	√		√	√	√	√				
10	地藏殿	√		√	√	√	√				√
11	舍利塔		√	√	√	√					
12	墓塔	√	√	√	√	√					

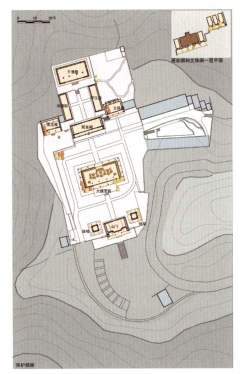
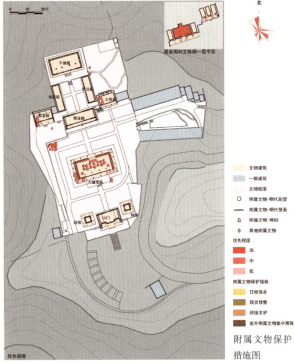

附属文物保护措施图

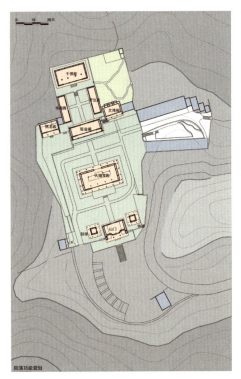
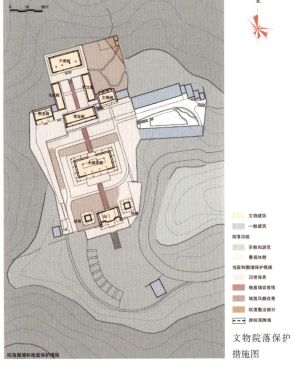

文物院落保护措施图

第66条 文物院落保护工程

（1）对多福寺前院和中院进行修整，按传统做法和形制恢复院落东侧围墙，在通向办公和服务建筑处设门。

（2）对多福寺院落内破损的铺地按保存下来的传统铺装材料和样式进行铺装，严禁采用水泥、混凝土等做硬化处理。

（3）对前院和中院进行修整时，应保证排水坡度的前提下，尽量恢复历史地平，并严禁对现状地平进一步抬高。

（4）对千佛殿东侧空地进行修整，清除杂草，布置绿化，并对路面按传统材料和样式进行铺墁。

（5）对文物院落中的绿化、景观小品统一设计，突显传统寺庙风格，避免采用现代景观布局和手法。

（6）将电线杆和架设的电线穿管敷设并入地，对院落中的垃圾桶等环卫设施统一布置。

（7）结合千佛殿东侧空地上消防水池和水泵房的建设，对围墙东北角进行适当外扩和整治。

第67条 附属文物保护工程

附属文物保护工程一览表

文物名称	日常保养措施	修缮措施
大雄宝殿内明代彩塑	清洁除尘、三维测绘、文字及摄影记录、病害监测	塑像表面颜料层褪色、剥落部位修复，泥胎裂缝修补
大雄宝殿内明代壁画	清洁除尘、描摹复制、文字及摄影记录、病害监测	壁画保护处理：对壁画表面污染部位进行清洗，对酥碱和粉化部位进行加固，对起甲和画层开裂部位进行回贴
文物名称	日常保养措施	修缮措施
室内及檐下碑刻	清洁除尘、测绘、文字及摄影记录、病害监测	对断裂碑刻进行拼接，并对斜放或平躺的残碑进行支护
室外碑刻	清洁除尘、测绘、文字及摄影记录、病害监测	将寺内西侧照壁前堆放的残碑进行整理，对原为同一碑刻的残块加以拼接，同其他室外碑刻一起，放入檐下或室内保存
金大定石经幢幢身	清洁除尘、测绘、文字及摄影记录、病害监测	根据残段推测原状，并加以拼接和支护
"福海慈航"匾额	清洁除尘、测绘、文字及摄影记录、病害监测	对匾额木构件残损部位进行替换和修补，对颜料层表面污染部位进行清洗，并对起翘剥离部位进行回贴、修复。必要时可用仿制匾额代替原件，并将原件放入室内保存
石质基座、柱础等构件	清洁除尘、测绘、文字及摄影记录、病害监测	将室外散落的石质构件进行登记和整理，与其他现状檐下放置的构件一起，集中放入建筑室内或檐下进行保存
黑龙井	测绘、文字及摄影记录、水质和水位监测	按传统井盖样式，替换现有井盖
傅山墨迹	清洁除尘、临摹复制、文字及摄影记录、病害监测	对墨迹表面污染部位进行清洗，在墨迹表面贴防护膜，防护膜不应覆盖石墙灰缝

第四节 相关专项工程

第68条 保护标识设立工程

（1）增设舍利塔和墓塔处的文物标志牌，并对所有标志牌进行保护及定期维护。

（2）在保护范围沿线设立界桩标明保护范围边界。

第69条 防灾及防护工程

1. 抗震工程

（1）文物本体位于山上，地震带来的次生灾害极易对其产生破坏，因此应委托专业部门对文

防雷工程改造示意图

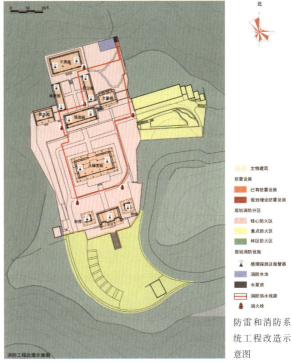

防雷和消防系统工程改造示意图

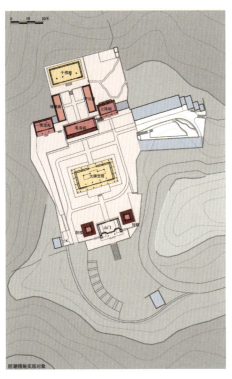
防潮措施实施对象

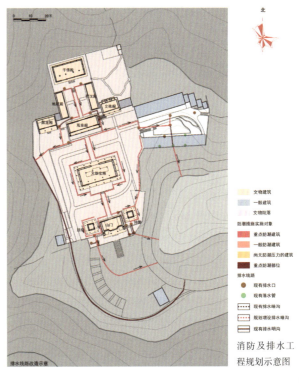
排水线路改造示意

消防及排水工程规划示意图

物本体所在山体的地质状况进行地质勘探，补充地质基础资料，对地震可能带来的各种灾害进行预判，对文物建筑进行相应的防护加固工程设计。

（2）对彩塑、壁画、匾额、碑刻等容易受地震影响，发生垮塌、坠落的附属文物制定专门防护加固方案。

（3）对多福寺东、西、北三面的护坡定时巡视，对护坡缺失和残损部位进行及时修补和加固。保护山体植被，并在护坡外围设置防护网，拦截滑落的岩石。

（4）针对地震发生后的受灾群众救援、受损文物建筑与附属文物保护、防止余震破坏及火灾、泥石流、山体滑坡等次生灾害等内容，制定应急预案。

（5）与相关部门制定联合预警和行动方案，共同保护文物安全。

2. 防洪工程

（1）保护并定期维护山体植被，增强山体蓄水功能。

（2）组织专业机构和人员对可能爆发的山洪和泥石流进行验算和模拟，根据研究结果对现状防洪设施进行评估，对不足之处提出相应整治方案，并加以实施。

（3）防洪工程应在不影响功能的情况下尽量隐蔽，减少对景观的破坏。

3. 防潮工程

（1）对靠近文物建筑并造成建筑返潮的山体崖面和台地进行防潮处理，由具有专业资质的设计单位进行现场勘查并进行防潮设计。

（2）防潮工程应在满足工程质量的前提下，做到与文物风貌的协调。

4. 防雷系统工程

（1）根据现行国家标准《古建筑木结构维护与加固技术规范》，全国重点文物保护单位的文物建筑应遵循该规范中第一类，即国家级重点保护古建筑的防雷装置的选择与构造要求，应进行专项设计，并尽快实施保护工程。

（2）根据《建筑物防雷设计规范》（GB 50057—1994，2000年修订版）要求，应保证各文物建筑正脊安装避雷装置。

（3）对文物建筑周围的高大树木安装避雷装置，采取相应防雷措施。

（4）对防雷装置进行定期检查和维护。

5. 消防系统工程

（1）将多福寺保护范围内分为三个消防管理分区：

核心防火区：该区为多福寺文物院落范围，不包括东侧办公管理区和游客服务区。此区域内禁止使用除安防设备、防火报警设备之外的其他用电设备，展示使用照明设备应符合消防要求。该区域内禁止吸烟，禁止在室内燃灯烧香，禁止燃放烟花爆竹，并在室外设置专用祭拜设施，设专人看管，引导游客的烧香燃烛等祭拜行为。

重点防火区：该区包括多福寺东侧办公管理区、游客服务区和寺庙前广场，该区域用电设备需符合消防要求，并禁止燃放烟花爆竹。

林区防火区：该区为保护范围内其余区域，由文物部门和林区管理部门协商，共同负责该区的火情监测工作。

安防分区及设施改造示意图

（2）改造电力、通讯设施，采用埋地穿管的方式敷设线路，消除火灾隐患。在满足消防要求的前提下，应尽可能使管线地埋暗敷，保障管线铺设与古建筑风貌相协调。

（3）定期检查消防器材的质量状况，严格消防器材的维护管理制度。

（4）在木结构文物建筑内安装感烟探测器及火灾自动报警器，安装时避免对壁画造成损害。

（5）在多福寺东北角建造消防水池和泵房，并在寺内铺设消防管网和消火栓。结合消防水池和泵房位置对围墙东北角适当外扩，对水泵房加以遮挡，以避免其对寺院风貌造成影响。

（6）完善消防管理制度，规范用电行为，加强对游客烧香、燃放烟花爆竹等行为的规范和管理，编制防火应急预案，加强管理人员的消防知识及技能的培训，设专职消防责任人，对火灾隐患全时监控。

（7）在寺内及林区设置明显的禁止烟火标志。

（8）建议在庄头村设置消防站，负责多福寺和周围林区的消防工作。

（9）建议加强水利建设，解决山上用水紧缺问题，满足消防用水需要。

6. 防鸟及其他生物侵害工程

根据日常监测结果，发现有鸟类及其他生物在文物本体上有固定栖息迹象时，及时采取相关防护措施，如安装防鸟网等，阻止其对文物的污染和损害。

7. 安防系统工程

（1）安防管理分区：将多福寺寺庙范围设置为重点安防区，完善人员配置和技术监控措施，形成健全的防护体系；将舍利塔和墓塔所在位置设置一般安防区，近期以日常巡视为主，远期安装摄像监控设备，与管理人员日常巡视相结合；将保护范围和建设控制地带内安防区以外的区域设为一般巡视区，安排管理人员定期巡视，及早发现隐患。

（2）完善安防保卫组织，增加人员和装备的配备，加强保卫人员的岗位培训及技术考核，制定保卫、巡查制度及防盗应急预案。

（3）与太原市武警、公安部门建立联动预警机制，一旦发生偷盗及其他安全事件应立即上报，共同打击犯罪分子，维护文物安全。

（4）针对大型活动或突发群体事件制订安防应急预案，对附近庄头村和呼延村村民宣传文物保护知识，建立联合防卫体系。

第五节 基础设施改造工程

第70条 道路系统

（1）结合现有山路，开辟多福寺与墓塔之间道路，路面宜维持自然状态，局部陡峭处应铺设石阶，并设栏杆防护。

（2）对前广场上的停车位加以划分，明确可停车数量，加强停车管理。

（3）前广场停车位近期尚能满足需要，中期车辆增多时建议在庄头村择址另辟停车场，远期应结合山下景区停车场组织步行登山或开展公共交通。

（4）寺内管理人员车辆白天不得进入寺内，晚上允许驶入并停放在前院西侧，但不得进入院落内部。

第71条 电力、电信系统

（1）提高变电站输入和输出电压质量，解决现状电压较低问题。

（2）将多福寺内线路采用套管敷设方式统一布线，现状架空线路改为地下敷设或沿墙敷设，禁止随意接线。

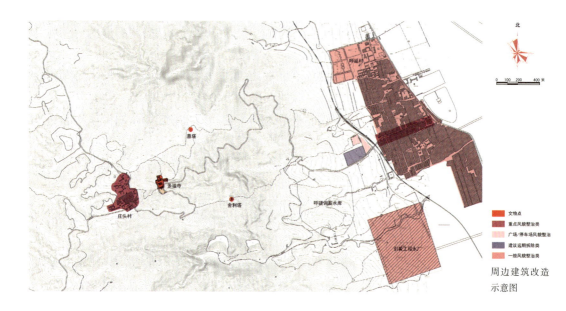

周边建筑改造示意图

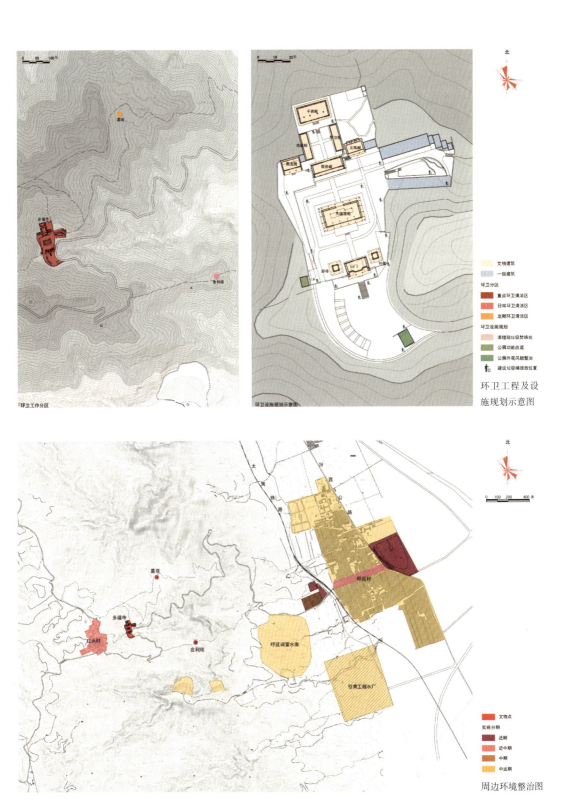

环卫工程及设施规划示意图

周边环境整治图

（3）鉴于舍利塔和墓塔距多福寺较远，管理人员应配备相应数量无线对讲机。

（4）建议在多福寺附近山顶建设移动通信基站，改善现状移动通讯信号质量。

第72条　给、排水系统

（1）建议文物部门和水利、电力等政府部门协商，建设提灌工程，从山下引水，抽水上山，解决山上水资源短缺问题，满足生活和消防用水需要。

（2）改善多福寺内排水系统，建设排水暗沟或盖板暗沟，基本实现有组织排水，并定期检查和维护寺内排水设施。

（3）降低钟鼓楼周围的院落地平，加大排水坡度，解决雨水对钟鼓楼檐廊地面的漫淹和侵蚀问题。

（4）改善舍利塔和墓塔周围的排水系统，在舍利塔台基砖墁下铺设防水层，在墓塔周围建设散水坡。

第73条　环卫设施

（1）改造寺内公厕，增加内部现代化卫生设施。

（2）对寺外前广场上的公厕进行外观整治，采用传统门窗样式，清除墙体涂料，采用青砖或石材贴面。

（3）多福寺内外和舍利塔周围的垃圾桶风格应统一，并应与文物风貌相协调。

（4）及时清除舍利塔周围的垃圾，对游客进行卫生宣传。

（5）对多福寺和舍利塔周围的垃圾应加以收集，并运往寺外垃圾填埋场集中处理。

第六节　日常维护

建立健全系统的文物本体与环境监测体系，实施规范化运行。包括：

（1）全面收集、整理和贮存文物本体与环境保护的基本档案和科学数据。

（2）研究、建立和健全全套系统的文物本体与环境监测体系。

（3）根据监测系统，制定规范化的日常维护措施，对文物本体实现持续性保护。

（4）建立日常维护制度，定期维护基础设施。

第七章　环境规划

第一节　用地调整规划

（1）将舍利塔和墓塔中心点分别外扩50米范围内调整为文物古迹用地，由文物部门进行管理。

（2）庄头村居住用地不得越过保护范围边界。

第二节　环境质量控制规划

（1）禁止在多福寺内焚烧垃圾，对舍利塔周围垃圾应进行及时清理。

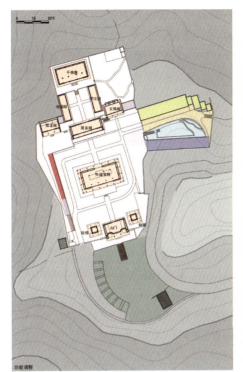
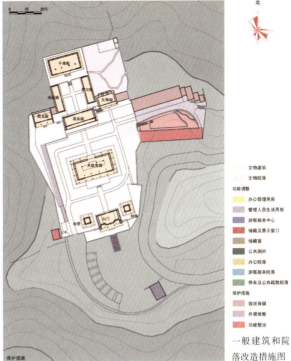

一般建筑和院落改造措施图

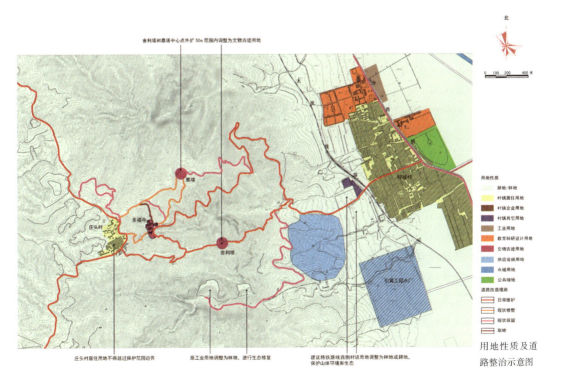

用地性质及道路整治示意图

（2）加强公厕等环境卫生的基础建设，游客粪便处理按照《城市公共厕所卫生标准 GB/T 17217》和《城市公共厕所规划和设计标准（CJJ 14）》的有关规定执行。

（3）开展自然环境质量监测和记录工作，包括气象、空气、噪音、风沙、水质、辐射等。监测档案与文物保护单位档案共同管理。

第三节 历史环境保护规划

（1）加强对多福寺历史环境的研究工作。

（2）保护多福寺、舍利塔和墓塔的山体环境，严格执行《太原市崛围山景区建设和管理办法》第二十四条规定，在保护范围和建设控制地带内严禁从事开山、采石、开矿、开荒、修坟立碑等活动，对正在进行的违规活动应立即制止并进行处罚。

（3）对现状破损山体进行景观修复，恢复植被。

（4）保护重要植被景观"崛围红叶"和太原市古树名木连理古柏，严格执行《太原市崛围山景区建设和管理办法》第二十四条规定，在保护范围和建设控制地带内禁止采伐、毁坏古树名木或者采挖花草苗木，对正在进行的违规活动应立即制止并进行处罚。

（5）建议崛围山景区管理部门、林业部门等相关机构在《太原市崛围山景区建设和管理办法》的基础上，采取具体措施，全面调查"崛围红叶"所指的黄栌的分布和生长状况，进行病害监测和治理，确保"崛围红叶"景观的延续。

第四节 景观环境规划

第74条 景观规划主要内容

1. 庄头村民居及村落环境整治

（1）根据庄头村民居现状，将庄头村民居的整治方式分为以下几类：

维修类：对典型传统民居建筑进行不改变外观特征的加固和保护性复原。

改善类：对一般传统民居建筑不改变外观特征，仅进行立面整治和结构加固，并调整、完善其内部布局及设施。

整修类：对与传统民居风貌有冲突的建筑物进行改建。

（2）加强基础设施建设，整治村落环境，包括以下几个方面：

改善道路交通，改造地面铺装，内部街巷宜采用条石、石板路面。

整治村内排水系统，远期实现雨污分流。

改进电力通讯设施，提高变电站电压输出质量，远期将架设线路统一改为穿管敷设；建设移动通讯基站，改善信号质量。

完善环卫设施，逐步实行垃圾袋装化，择址建设垃圾填埋场，进行集中处理，对污染性较大的垃圾统一送往市垃圾站进行处理。

对村落内的广告牌等设施加以规范和统一，使其与村落传统风貌相协调。

2. 山下前导空间景观整治

（1）根据建设控制地带内视廊控制要求，对建筑高度、风貌不协调的建筑进行减层或立面整治。
（2）对道路两侧的广告牌进行规范和统一制作，使其与文物风貌相协调。
（3）将沿街电线杆移到街道视线之外，远期统一改为地下埋管敷设。

3. 墓塔与舍利塔之间的视线通廊
严格执行保护范围内的管理规定，确保墓塔与舍利塔之间不受任何人工构筑物遮挡。

4. 舍利塔的标志性景观地位
建议城市总体规划结合对舍利塔的可视范围，选择主要观景点或观景带，如汾河沿岸等，进行三维视线分析，以此对建筑高度进行控制，确保舍利塔的标志性景观地位得到延续。

第五节 多福寺内外一般建筑和院落改造措施

第75条 建筑处置方式

（1）现状保留建筑：适用于寺内办公管理建筑、管理人员生活用房。
维持现有建筑规模和外观，去除外立面上与传统风貌不协调的个别构件和装饰。
在进行改建和装修时必须符合传统风貌的要求，不得有过分醒目张扬的添加构件和设施，严禁使用商业广告和灯箱。

（2）外观修整建筑：适用于游客服务用房、庙内西侧护坡、入口大台阶和寺外公厕。
清除墙面现状水泥灰缝，改为传统白灰砂浆抹缝，且灰缝不应凸出砌块外。
改变建筑外部落水管的颜色，使其与文物风貌相协调。
将西侧护坡立面洞龛的白色内墙面刷为土红色，避免颜色过于突出。
停止在西侧护坡下方窑洞里堆积和焚烧垃圾，并对熏黑的墙面和扶手进行清洁处理，恢复原貌。
对寺外公厕立面进行整治，采用传统门窗样式，清除墙体涂料，采用青砖或石材贴面。

（3）功能整治建筑：适用于游客服务用房和寺内公厕。
对游客服务用房进行内部改造，完善游客咨询、导游、纪念品销售等功能。
清除游客服务用房外部招牌设施，增加必要的建筑标牌。
对公厕内部进行整治，增加现代化卫生设施。

第76条 院落处置方式

现状一般院落包括办公院落和服务用房北侧下沉院落，其改造均采用现状修整方式，具体措施如下：
（1）整治办公院落东侧靠近出口的斜坡和石材堆，改造为石砌台阶，对散落的备用石材码放整齐。
（2）清除下沉院落内的杂物和垃圾，拆除搭建的雨棚。

第77条 前广场整治

（1）对广场铺装进行整治，结合停车位铺砌植草砖，对广场其余部分按不同功能需要进行重新分隔和铺装，铺装风格应突显寺庙人文特征，并与文物风貌相协调，铺装材料应尽量利用当地乡土材料。
（2）通过绿化和景观小品，对广场上的公厕进行适当遮挡。
（3）对垃圾桶的风格进行统一，增设必要的坐椅、指示牌等服务设施，所有设施应与文物风貌相协调。

第八章　展示利用规划

第一节　展示利用原则与策略

第78条　展示利用原则

（1）以文物保护为前提，科学、适度、持续、合理地利用。

（2）展示工程方案应按相关程序进行报批，所有用于展示服务的建筑物、构筑物和绿化的方案设计必须在不影响文物原状、不破坏历史环境的前提下方可实施，展示手段、相关工程必须与文物本体、风格、内涵及其环境相协调。

（3）在保护文物和环境整体格局和风貌的前提下，合理利用文物资源，提高当地人民生活水平，促进社会效益与经济效益协调发展。

（4）注重环境优化和设施更新，为游客接待和优质服务提供便利。

第79条　展示利用策略

（1）注重展示内容的明确和展示手段的多元化。

（2）注重将文物本体的展示与周边人文景观、自然景观相结合。

（3）注重公众参与，强调文物的教育功能。

第二节　展示与利用布局

第80条　展示主题和内容

1. 古代建筑和艺术成就

（1）明清寺庙建筑文化：展示明清时期中国北方寺庙整体布局和建筑成就。

（2）明代彩塑及壁画艺术：大雄宝殿内的明代彩塑和壁画是明代艺术成就的典型代表。

（3）古代佛塔艺术：舍利塔和墓塔保存基本完整，是山西古代佛塔的代表。

（4）古代碑刻和雕刻艺术：展示多福寺内保存的多块碑刻及石雕构件。

（5）傅山书法艺术：展示傅山书法真迹。

2. 人文景观

（1）古代风水和建筑景观成就：多福寺、舍利塔、墓塔的选址是古代风水成就的典型代表，它们所形成的空间视廊和标志性节点是崛围山人文景观的重要组成部分，舍利塔的空间影响力甚至辐射到了太原市区。

（2）傅山的崛围山：崛围山是明末清初历史名人傅山成长之地和隐居之所，多福寺内的红叶洞是傅山读书之处，观音阁墙壁上至今保存有傅山的墨迹，傅山的存在使多福寺和崛围山积淀了深厚的人文底蕴。

3. 自然景观

（1）植被景观：作为古代晋阳八景之一的崛围红叶，以及太原市古树名木连理古柏。

（2）山体景观：文物周围山体陡峻，山上却相对平坦，是典型的高塬地貌。

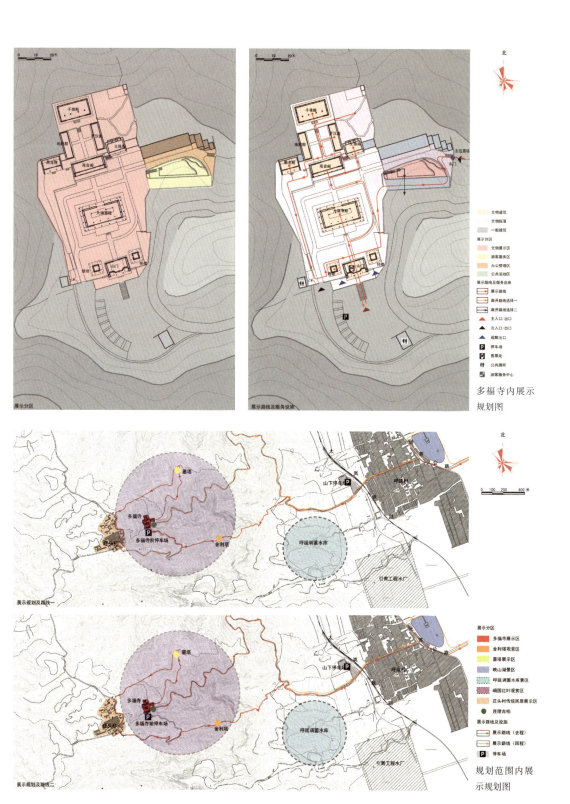

多福寺内展示规划图

规划范围内展示规划图

第81条　展示分区

　　1. 规划范围内总体分区

　　（1）寺庙展示区：展示多福寺内的文物本体和人文遗存。

　　（2）墓塔展示区：瞻仰无名墓塔。

　　（3）舍利塔观景区：居高临下，纵览晋阳山水。

　　（4）崛围红叶景观展示区：赏满山红叶，层林尽染。

　　（5）庄头村传统民居展示区：展示并体验传统村落。

　　2. 多福寺内展示分区

　　（1）文物区：文物院落区域。

　　（2）办公管理区：多福寺东侧办公管理区。

　　（3）游客服务区：多福寺东侧的游客服务中心及下沉院落。

　　（4）公共活动区：多福寺前广场。

第三节　展示路线

第82条　服务人群及到达方向

　　（1）山上庄头村及附近源上村落如马头水乡、甘草茆等的居民，沿山间公路经山顶到达。

　　（2）山下呼延村、太原市区、山西省内、全国其他地方及海外、港澳台的旅游散客及团体，沿盘山公路或珍珠坡登山石阶到达。

　　（3）建筑、艺术和历史研究等相关人士，沿盘山公路或珍珠坡登山石阶到达。

第83条　展示路线

　　1. 多福寺内展示路线

　　前广场→山门→大雄宝殿→观音阁→文殊阁→千佛殿→偏院（休息）→黑龙殿→鼓楼→钟楼→屋顶观景台→小东门（去往墓塔）或前广场。

　　2. 多福寺周边展示路线

　　（1）由珍珠坡登山，经盘山路下山：呼延调蓄水库→珍珠坡→舍利塔→崛围红叶→多福寺→墓塔→庄头村→连理古柏→盘山公路→映山湖。

　　（2）由盘山公路上山，经珍珠坡下山：盘山公路→连理古柏→多福寺→墓塔→庄头村→崛围红叶→舍利塔→珍珠坡→呼延调蓄水库→映山湖。

　　3. 崛围山景区展示路线

　　（1）串联崛围山主要文物景点，形成景点类游览线路：呼延调蓄水库→舍利塔→崛围红叶→多福寺→庄头村→土堂村净因寺→汾河鱼嘴→窦大夫祠→汾河峡谷→悬泉寺→汾河二库。

　　（2）经多福寺沿山体向西纵深，形成体验性游览线路：呼延调蓄水库→舍利塔→崛围红叶→多福寺→庄头村→山居十六院（横岭村）→极限运动基地→崛围山庄→汾河二库。

第84条　交通方式

　　（1）交通方式包括沿珍珠坡石阶步行登山和沿盘山公路车行两种。

（2）建议逐步开展山下至山顶的公共交通，并对旅游车辆规范管理，私家车和大巴统一停靠在山下停车场，游客步行或乘坐公共交通工具登山。

第四节　展陈及服务设施

第85条　展陈设施

1. 展示设施基本要求

（1）保证文物安全，应安全避免设施安装过程及使用中对文物造成损坏。

（2）在确保对文物保护有利的基础上，展示空间应满足参观需求，有适宜的光线照度、温湿度环境等。

（3）确保游客安全。

（4）展示相关设施选用形式与环境相协调。

2. 展示设施具体措施

（1）增加多福寺及寺内文物建筑、舍利塔、墓塔的文物介绍牌。

（2）加强多媒体展示设施建设，在游客服务用房二层开辟多媒体展室。

（3）改善大雄宝殿内壁画和彩塑的展陈环境，控制室内温湿环境和游客数量。

（4）将观音阁一层中央房间改造为碑刻陈列室，将室外碑刻及其他附属文物移入陈列室内展陈，并视碑刻病害情况确定是否添加防护罩等展示设施。

（5）将观音阁二层改造为傅山展览馆，集中展示傅山在崛围山的活动和创作。

第86条　服务设施

（1）在多福寺山门入口处、游客服务中心等场所，设置宣传文物本体的导游全景图、导览图、参观须知等。

（2）配备专业解说人员，并出版销售与多福寺有关的出版物和音像制品，帮助游客了解各种信息。

（3）改造寺内公厕，内部卫生设施尽量环保。

（4）开发与文物建筑、历史、文化有关的旅游产品进行生产销售。

（5）鼓励庄头村村民提供餐饮、家庭旅馆等服务设施，但应得到统一指导并规范管理，不得对文物本体和环境产生影响和破坏。

（6）规范停车场管理。

（7）管理部门需制定与游客有关的安全制度，建立责任追究制，并制订游客安全、公共卫生、社会安全等突发事件的应急预案，加强演习和管理人员培训。

第五节　容量控制

第87条　容量控制原则

多福寺的开放容量必须以不损害文物原状、有利于文物管理为前提，容量的测算要求科学、合理，测算数据必须经实践检验或仪器监测修正。

第88条　容量控制指标

（1）鉴于舍利塔和墓塔均以单体形式存在，且周围环境相对空旷，因此不对其进行容量测算，由管理部门根据实际情况加以控制。

（2）多福寺内游客一次性容量控制为321人次，日游客容量控制为5624人次，年游客容量控制为112.5万人次。

（3）以面积法测算出大雄宝殿的一次性容量为6人次，日游人容量为160人次。但由于大雄宝殿内的明代彩塑和壁画极易受温湿度变化影响，因此应在上述计算结果的基础上，根据对彩塑和壁画的日常监测，由相关专业机构和人员从文物保护和文物环境控制角度进行一次性游客容量和日游客容量测算，取两种计算结果较小值作为最终控制指标。

第89条　本规划初步测算的多福寺的开放容量为定值，不得随旅游发展任意增加。

第六节　大型民俗文化活动的组织

第90条　大型民俗文化活动的要求

（1）应继续保持现有的民俗文化活动，保持其中传统的活动内容，对新加的活动进行观察甄别，对危害文物安全的活动予以改革或取缔。

（2）应继续对相关联的传统民俗文化活动进行挖掘整理，使其继续流传。

（3）民俗文化活动的组织应注意与迷信活动的区别，保持以宣传传统文化为核心。

（4）对于传统的烧香祭拜活动加以限定和引导，严格执行第69条中的相关规定。

第91条　大型活动的组织体系

大型活动的组织应有公安、消防、武警及政府相关部门协调组织，做到对全局的掌控，建立健全各方面的保障体系。

第92条　针对紧急情况的应急预案

应针对大型活动可能引发的突发事件制订应急预案，应急预案中应把人员安全放在首位，需制订明确有效的人员疏导方案。

第九章　管理和研究规划

第一节　管理规划

第93条　管理策略

1. 加强管理，制止人为破坏是有效保护的基本保障。

2. 根据"保护为主，抢救第一，加强管理，合理利用"的文物工作方针和管理评估结论，规划采取以下主要策略：

（1）对文物统一管理；

管理规划示意图

（2）提出现有管理机构调整建议；

（3）制定管理规章要求，改进、完善现有规章制度；

（4）编制日常管理工作内容。

3.进一步加强对文物建筑的监控措施。

第94条　管理机构

（1）维持现状管理机构，加强崛围山文物保管所对文物的日常管理力度，维护文物本体的安全，进一步完善管理机制。

（2）结合舍利塔和墓塔周围用地性质的调整，塔体中心点外扩50米范围归崛围山文物保管所负责。

第95条　管理人员

（1）增加人员编制，扩大工作队伍，满足文物保护和管理需要。

（2）建立健全从业资格认定程序，严格筛选文物保护从业者。

（3）加强对管理人员进行文物保护专业知识的培训，提升文物管理工作人员自身的专业水平。

（4）进一步完善职工岗位责任制和领导责任制，完善奖惩机制，确保制度完备，责任到人。

第96条　管理规章

（1）根据《中华人民共和国文物保护法》（2002）、《中华人民共和国文物保护法实施条例》《文物保护工程管理办法》等法律法规文件，修改、补充、完善文物保护与管理的全套规章制度，提升管理制度的科学性和系统性，保障文物的安全性和延续性。

（2）管理规章制度应以确保本保护规划实施为主要目标。

（3）管理规章制度主要包括：

保护区划边界及管理规定；

建立健全对文物建筑的定期普查、保养和隐患报告制度；

建立健全对附属文物及文物环境定期监测的制度；

根据规划内容制定保护管理内容及要求；

管理体制与经费；

建立健全科学合理的奖罚制度；

对于文物展示利用的管理规定。

第97条　管理用房及设施

（1）多福寺内不允许再建设新的管理用房，如现状规模确实无法满足管理需要，则应考虑对地藏殿和罗汉殿加以利用。

（2）对游客服务用房进行内部功能改造，使其更好适应游客需要。

（3）远期可在舍利塔和墓塔周围增设可移动管理用房，但管理用房的选址不应对文物本体和环境产生破坏，其体量、样式、色彩等应和文物环境相协调。

（4）配备一定数量的无线对讲设备。

（5）在文物建筑内设置必要的环境监测设施，观察环境变化和建筑、附属文物残损发展趋势。

（6）根据安防要求，增设报警器和摄像头监控设施。

第98条　保护工作管理

（1）加强对保护工程的管理，确保设计方案和施工质量符合文物保护相关要求。

（2）加强对保护工程设计和施工图纸的收集和整理，并对施工前后和过程进行摄像和文字记录。

（3）对环境整治工程严格管理，并应确保建设对象外观风貌与文物环境相协调，慎重使用现代材料。

第99条　日常管理

（1）保证文物安全和游客安全，及时消除安全隐患。

（2）开展文物的预防性保护，组织文物日常保养维护。

（3）建立自然灾害、文物本体、环境以及开放容量等监测制度，积累数据，为保护措施提供科学依据。

（4）建立定期巡查制度，及时发现并排除不安全因素。

（5）提高展陈质量，扩大影响。

（6）收集相关历史资料，记录保护事务，整理档案，从中提出有关保护的课题进行研究。

第100条　应急预案制订

（1）制订防火疏散应急预案。

（2）制订防洪、抗震应急预案。

（3）制订重大人为事故应急预案。

第101条　宣传教育计划

（1）加强对地方政府部门和居民的宣传教育，通过展览、科普讲座、各种媒体宣传等形式进行深化。

（2）对于从事文物管理部门的员工应组织专业知识培训。

（3）与附近村落居民举行座谈，邀请居民代表参与到文物的保护管理工作中，增强他们的主人翁意识。

（4）为文物设立的说明牌等设施应起到强化文物保护意识的作用，建立醒目的标识系统，更加有效地进行宣传和教育。

第二节　研究规划

第102条　研究内容

（1）加强对舍利塔和墓塔的研究，开展测绘工作。

（2）进一步研究傅山与多福寺的关系。

第103条　研究机构和人员

（1）建议就包括多福寺、舍利塔、墓塔在内的崛围山地区乃至整个西山带成立一个集中的研究团体，研究并弘扬传统文化。

（2）建议相关部门通过举行学术讨论会，吸引更多学科的人员参与进来。

第104条　研究经费和设备

（1）建议通过政府拨款或社会资助，建立针对多福寺、崛围山乃至西山文化带的专项研究基金，支撑研究工作的开展。

（2）更新崛围山文物保管所的软硬件研究设备，满足文物研究需要。

第十章　规划分期

第105条　分期依据

（1）文物工作十六字方针："保护为主，抢救第一，加强管理，合理利用"；

（2）文物的不可再生性；

（3）文物保护工作的程序；

（4）地区经济条件；

（5）国家经济计划管理期划。

第106条　近期（2011—2015）规划实施内容

（1）公布执行本规划调整后的保护区划与管理规定，设置保护范围界标。

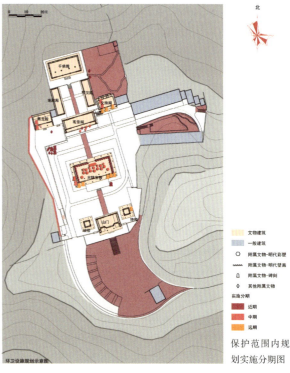

保护范围内规划实施分期图

（2）开展舍利塔和墓塔的测绘工作，对所有文物建筑实施日常保养工程。

（3）对钟楼、鼓楼、观音阁、黑龙殿实施现状修整工程。

（4）开展文物院落的现状修整工程。

（5）开展对附属文物的日常保养工程，将室外附属文物移入室内保存，并对壁画等病害较为严重的附属文物进行修整和修缮。

（6）实施抗震、防洪、防潮、防雷、消防、防范生物侵害及安防工程。

（7）开展包括道路系统、电力电信系统、给排水系统、环卫工作在内的基础设施改造工程。

（8）实施舍利塔和墓塔周围的用地性质调整，并控制庄头村和呼延村的发展对文物环境的破坏。

（9）开展历史环境的保护工作。

（10）开展多福寺内外的景观环境整治工作。

（11）开展对多福寺内外一般建筑、院落和广场的整治工作。

（12）开展对墓塔的展示利用，改善展示路线，并加强对服务设施的改造。

（13）增加管理人员名额，完善人员培训，并配备必要的管理设备。

（14）开展相关研究工作。

第107条　中期（2016—2020）规划实施内容

（1）继续实施对文物建筑、文物院落、附属文物的日常保养工程。

（2）对文殊阁、地藏殿和千佛殿实施现状修整工程。

（3）改善文物院落景观，突出传统寺庙风格。

（4）对明代彩塑、傅山手书墨迹、黑龙井实施现状修整和修缮。

（5）对专项工程进行定期检查、巡视和维护。

（6）进一步完善基础设施，并做好定期检查和维护。

（7）对建设控制地带内的破损山体进行生态修复。

（8）进一步完善文物周边景观环境整治工作。

（9）拓展规划区域内的旅游线路，整合景观资源，开辟庄头村旅游停车场，进一步完善旅游工作。

（10）进一步加强管理工作力度。

（11）深入开展相关研究工作，编辑出版研究成果。

第108条　远期（2021—2030）规划实施内容

（1）继续实施对文物建筑、文物院落和附属文物的日常保养及监测、记录工作。

（2）对山门、大雄宝殿和罗汉殿实施现状修整工程。

（3）对专项工程和基础设施进行定期检查、巡视和维护。

（4）继续开展和完善环境整治工作。

（5）拓展崛围山景区范围内的旅游线路，完善停车及交通管理，开展公共交通。

（6）进一步丰富和完善展陈体系。

（7）进一步提升管理工作质量，做好日常管理工作。

（8）深化研究，定期举办学术活动。

净因寺

第一章 总则

第1条 概况

1. 行政区划：山西省太原市。
2. 类型：古代寺庙建筑及其附属文物遗存的保护规划。
3. 保护级别与公布时间：2006年5月25日被国务院公布为全国重点文物保护单位。

第2条 编制背景

为有效保护净因寺文化文物，科学、合理、适度地发挥其在地方文化、经济建设中的积极作用，依据《全国重点文物保护单位保护规划编制审批管理办法》，编制本规划。

第3条 指导思想

贯彻"保护为主，抢救第一，合理利用，加强管理"的文物工作方针，加强和改善净因寺的文物保护工作，有效保护和延续文物本体及其环境的真实性、完整性；正确处理文物保护和合理利用的关系，促进文物保护事业的可持续发展。

第4条 规划性质

本规划是以全国重点文物保护单位净因寺为核心的文物保护专项规划。

第5条 适用范围

1. 本规划依据国家有关文物保护的各项法律法规文件编制而成，依法审批后，作为全国重点文物保护单位山西省太原市净因寺保护的法规性文件，纳入所在地的国民经济和社会发展规划以及新农村建设发展规划。

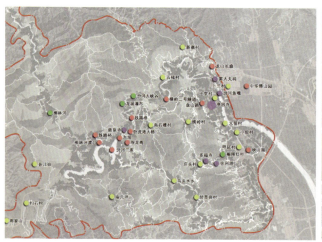

周边文保单位分布图

2. 本规划适用于规划区内各类别用地的土地使用、各类文物建筑及保护单位的保护控制、建筑物新建及改扩建的管理工作,是下一层次详细规划的编制、建筑和市政工程设计管理工作的依据。

3. 文件(规划图纸)涉及的控制指标和技术规定是根据现行的相关标准规范,结合规划区的实际情况而制定的,未涉及的指标应符国家、山西省和太原市的有关政策、法规、标准等相关条款的规定。

第6条 编制依据

1. 国家法律、法规与文件

《中华人民共和国文物保护法》(2002)

《中华人民共和国文物保护法实施条例》(2003)

《全国重点文物保护单位保护规划编制审批办法》(2004)

《全国重点文物保护单位保护规划编制要求》(2004)

《中华人民共和国城乡规划法》(2008)

《城市规划编制办法》(2006)

《中华人民共和国环境保护法》(1989)

《文物保护工程管理办法》(2003)

《全国重点文物保护单位保护范围、标志说明、记录档案和保管机构工作规范(试行)》(1991)

2. 地方法规与文件

《山西省实施〈中华人民共和国文物保护法〉办法》(2006)

《太原市文物保护和管理办法》(2003)

3. 相关指导性专业依据

《中国文物古迹保护准则》(2000)

《北京文件》(2007)

《太原历史文化名城保护规划》(2009)

第7条 规划范围

1. 规划范围:本规划以土堂村及其周边区域作为规划实施范围。

2. 规划面积:约300公顷。

第8条 规划期限

规划期限为2011—2032年。分别为近期2011—2015年,中期2016—2021年,远期2022—2032年。

第二章 保护对象

第一节 文物概况

第9条 遗存简述

1. 地理位置:净因寺位于太原市尖草坪区上兰镇土堂村西面,地理坐标为东经112°25'59.84",

北纬 37°59'49.29"。

2. 净因寺坐北朝南，寺域为长方形，东西长 30 米，南北长 98 米，占地面积为 2940 平方米，建筑面积约 900 平方米。

第10条　历史沿革

1. 金泰和五年（1205）创建净因寺；

明嘉靖二十年（1541）重修大佛阁；

明崇祯九年（1636）重修奂彩结范讽经建设三公；

清康熙三十二年（1693）重修土堂净因寺；

清雍正十年（1732）重修净因寺；

清乾隆四年（1739）重金大佛；

清乾隆二十九年（1764）重修净因寺；

清道光五年（1825）重修院落；

清咸丰二年（1852）重修净因寺；

清宣统二年（1910）重修净因寺；

1949 年，中华人民共和国成立至今，净因寺古建筑、文物、环境受到政府充分重视和保护；

1960 年，成立上兰村文管所，由上兰村文管所负责管理；

1980 年，太原市文管会维修大佛阁、大雄宝殿、观音殿、地藏殿、韦陀殿、南殿；

1983 年，上兰村文管所改名为太原市崛围山文物保管所；

1983 年，太原市人民政府公布为市级文物保护单位；

1991 年，太原市人民政府公布净因寺保护范围及建设控制地带；

1996 年，拆除大佛阁北侧倒塌窑洞三间，拆除大雄宝殿后窑洞三间；

1997 年，寺院植树 20 株，各类花草 500 余株；

1999 年，维修大佛阁，彩画阁楼；

2001 年，于第一进院落中新建办公管理用房，总面积约 150 平方米；

2003 年，净因寺改建大门；

2004 年，山西省人民政府将之公布为省级文物保护单位。

第二节　环境概况

第11条　区域概况

1. 净因寺位于山西省太原市西北 25 公里处尖草坪区上兰镇土堂村西侧，东经 112.5°，北纬 38°，海拔 820 米。寺院依山崖而建，背靠崛围山，东毗邻汾河，北为"洌石口"及"窦大夫祠"。南为崛围山景区及多福寺。

2. 净因寺所在的尖草坪区于 1998 年太原市实施行政区划调整后成立，位于太原市北端，东西北三面环山，汾河纵贯南北，东西最大宽度为 26 公里，南北最长距离为 22 公里，总面积 285 平方公里。建成区面积 32 平方公里，常住人口 31.04 万人。

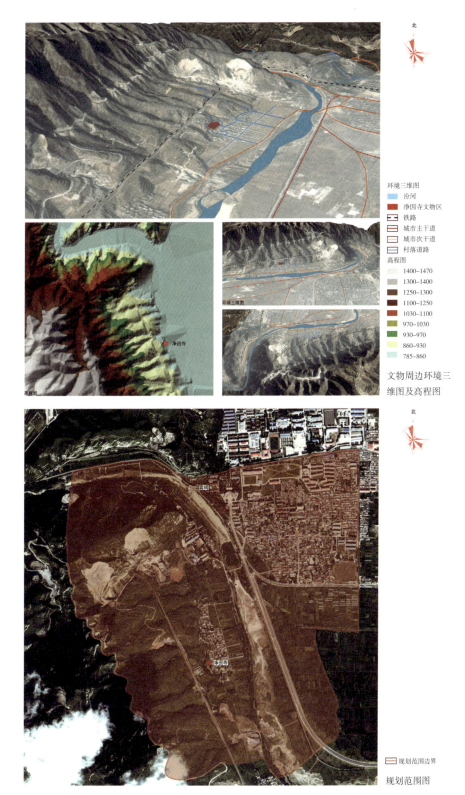

文物周边环境三维图及高程图

规划范围图

第12条 自然环境

1. 地形地貌：全区整个地貌分为土石山区、黄土丘陵、冲积平原、沟洼谷地、冲积扇等不同类型，地形起伏较大，境内海拔在780~1775米之间。

2. 气候特征：属北温带大陆性气候，平均年降雨量在450毫米左右，年平均温度在7~10℃，全年日照2400~2600小时，无霜期190天左右。

3. 自然灾害：尖草坪区的主要自然灾害为旱灾、水灾、雹灾、虫灾、风灾、霜灾和地震。

4. 对遗存造成的破坏因素：温差较大、雨季潮湿，加速了古建筑的木质构件和砖石材料的风化和腐朽，对壁画和彩塑的保存也造成一定的困难。

第13条 社会环境

1. 净因寺现行保护区划所涉及的土堂村行政区域，地处黄河中游经济区，村民以农业为主要经济来源。

2. 土地利用：现行保护范围（15.7公顷）内为文物古迹用地。现行建设控制地带（875.5公顷）内为耕地和村民居住用地及城市发展用地。

3. 道路交通：土堂村东侧为城市主干道晋祠路，西侧为城市铁路干道，对外的交通便捷。

4. 文化资源：尖草坪区现有各类文物古迹百余处，其中全国重点文物保护单位3处。

第三节 文物构成

第14条 文物本体

净因寺的文物本体包括建筑布局、文物建筑、建筑遗址和附属文物。

1. 建筑布局

（1）寺庙及其所处山岗组成的整体。

（2）寺庙内部的院落分隔、建筑布局及景观构成。

2. 文物建筑

由南而北依次为南殿、大佛阁、山门、禅房、韦驮殿、观音殿、地藏殿、大雄宝殿。

3. 建筑遗址

大佛阁北侧窑洞三间、山门左右钟楼、鼓楼。大雄宝殿后侧窑洞三间、戏台及其附属院落。

4. 附属文物

（1）雕塑

净因寺大佛洞内，现存金代彩塑三尊。即一佛二胁侍菩萨像。观音殿内十八罗汉朝观音塑像。大雄宝殿内佛台上塑三佛四胁侍。佛台前东西两侧各有一尊站殿将军。

（2）梁架彩绘

大佛阁、大雄宝殿、观音殿、地藏殿、南殿、韦驮殿内梁架上均施彩绘。

（3）碑刻

重修土堂阁楼记（明嘉靖二十年）、净因禅院经幢碑记（明天启三年）、净因重修奂彩结范讽经建设三公序（明崇祯九年）、土堂重修净因寺碑记（清康熙三十二年）、重修净因寺碑记（清宣统二年）、重金大佛碑记（清乾隆四年）、重修碑记（清乾隆二十九年）、重修净因寺庙碑记（清

净因寺院落格局变化图

现状总图

太原西山地区的历史营建与遗存 卷下：保护五则

157

雍正十年）、重修净因寺碑记（清咸丰二年）、重修净因寺本村布施开列于后（清道光五年）、重修净因寺募化四方众姓布施开列于后（清咸丰二年）、重修碑记（清道光五年）。

（4）石刻

大佛阁台阶下依次有2尊损毁的柱础石与2尊石刻构件，大雄宝殿前有1尊柱础石与1尊经幢。

（5）古木

大雄宝殿院落内有古柏两株，长势奇特，俗称"土堂怪柏"，为太原古八景之一。

大佛阁前有枣木一株。

第15条 非文物建筑

1. 办公管理用房：第一进院落内2001年所建办公管理用房约150平方米；
2. 附属设施用房：第一进院落西南角厕所及入口大门。

第16条 文物环境

1. 由净因寺东侧及南侧为土堂村的民居建筑群落，与北侧与西侧的农田山地景观组成村落景观。
2. 净因寺周边由窦大夫祠、多福寺、崛围山风景区等历史自然遗迹形成历史文物自然风光圈。

第三章 价值评估

第17条 文物价值

1. 历史价值

（1）净因寺现状格局奠定在明清两代，见证了山西明清佛教的发展情况，为研究山西明清时期的佛教发展状况提供了重要实物资料。

（2）净因寺的部分建筑及院落遭到破坏，但整体建筑格局保存仍较为完整，是研究我国明代寺庙建筑群体布局的珍贵资料。

（3）净因寺大佛阁院落及大雄宝殿院落是保存较为完好的明清风格的建筑，其斗栱、檐部做法具有典型的山西地域特征，是研究明代建筑及山西古建筑地域风格的珍贵实例。

（4）净因寺内保存的大量明代、清代的塑像和壁画，为研究相应时期佛教艺术作品提供了珍贵实物资料。

（5）明末清初著名学者傅山先生曾隐居在此读书，为后人留下佳话。

2. 艺术价值

（1）净因寺内现存古建筑及附属文物丰富，是集木结构、土崖建筑、彩塑、土雕、木雕、古树为一体的文物区域，形成具有极高观赏价值的人文景观。

（2）净因寺现存的大佛洞内，土佛依山崖而雕琢，高大圆润，具有很强的立体感。其视线深远，造像比例协调，仪规合度，表现出自然、平静的神态，是目前保留最大最完整的土洞土佛，是研究我国雕塑艺术和历史的珍贵资料。大雄宝殿及观音殿内的明代雕塑工艺考究、线条流畅、形态各异，是研究相应时期山西地区佛教艺术作品传统工艺的优秀实例。

建筑屋顶形式及文物建筑古今功能图

（3）净因寺建筑群体在空间构成、造型和装饰等方面体现了我国明清时期建筑的艺术水平，同时体现了相应历史时期山西木构建筑的地域风格。

3. 科学价值

（1）净因寺内现存的大佛洞是依土崖开凿，且与砖、石材料木结构楼阁相结合的建筑作品，为研究山西洞穴建筑提供了实物资料。

（2）净因寺内现存的土佛，是山西省境内目前尚存十余米高的两尊土雕大佛之一，是研究我国黄土区域文化与佛教文化相融不可多得的实物资料，具有较高的地域特色。

第18条 社会价值

净因寺东临汾河，北与汾河出山处冽石口、窦大夫祠相毗连，西南依畔崛围山多福寺、汾河二库、悬泉寺等文物保护单位，构成了太原市西北区域的文物旅游景区，是开发太原市旅游事业不可多得的资源。

第19条 相对价值评估

根据评估，净因寺文物建筑及附属文物的相对价值为：

A级：文物建筑：大佛阁。

附属文物：土堂大佛及两侧侍女彩塑、观音庙内彩塑；大雄宝殿内彩塑、韦驮殿内彩塑。

B级：文物建筑：南殿、弥陀殿、观音殿、地藏殿、大雄宝殿、山门。

附属文物：重修土堂阁楼记碑，净因禅院经幢碑，净因重修灸彩结范讽经建设三会序碑，土堂重修净因寺碑，重修净因寺碑，重金大佛碑，重修碑，重修净因寺庙碑，重修净因寺碑，重修净因寺本村布，施开列于后碑，重修净因寺募化四方众姓布施开列于后碑。

C级：文物建筑：禅房、朝阳洞。

附属文物：各殿梁架彩画；大佛阁前柱础石2尊、石刻构件2尊；大雄宝殿前经幢1尊、石柱础1尊。

第四章　现状评估

第一节　文物保存现状评估

第20条　文物本体保存现状

文物的保存状况主要从真实性、完整性和残损状况三方面来评估。

1. 真实性

净因寺部分建筑虽历经改建，但整体延续了明清寺院的规模和布局，真实性较好，且主要文物土堂大佛及大佛阁均保存完好。

2. 完整性

净因寺历经改建，但建筑风格变化不大，寺庙总体完整性未受到损害。

文物建筑、附属文物有不同程度的残损，但是目前保留的文物建筑及院落、附属文物能反映净因寺核心价值，单体价值的完整性保存较好。

3. 残损状况

（1）文物建筑残损评估结论

大佛阁现状保存较好，窑洞部分进行了合理的结构加固。尚未发现新的残损点和残损征兆。大雄宝殿、观音殿、地藏殿、南殿、韦驮殿保存现状尚可，但有部分构件出现残损，如继续发展将对结构造成影响，需要进一步观察和进行相应处理。

（2）附属文物残损评估结论

大佛阁前四尊石质柱础及大雄宝殿院内的两个石质经幢均残毁严重，缺乏有效的维护措施，容易受到游客行为影响。

碑刻均有不同程度的风雨侵蚀或人为破坏，部分碑文漫漶不清，残损严重的进行了正确的加固处理，但普遍缺乏有效的围护措施，容易受游客行为影响。

外檐彩画受风雨侵蚀和日晒影响较严重，大多不均匀褪色和脱落；内檐彩画保存相对较好，局部受烟熏和雨水渗漏污染，有轻微的颜色脱落和维修所造成的机械损伤。

大殿内壁画表面有飞禽粪便污染渍迹和人为刻划，局部有表层脱落、褪色、空鼓等现象，残损较为严重。

（3）建筑遗址残损评估结论

大佛阁北侧三间窑洞遗址经发掘、整理、修葺，保存状况较好。

大雄宝殿北侧窑洞建筑遗址保存较好，但未经整理、修葺，风貌较差。

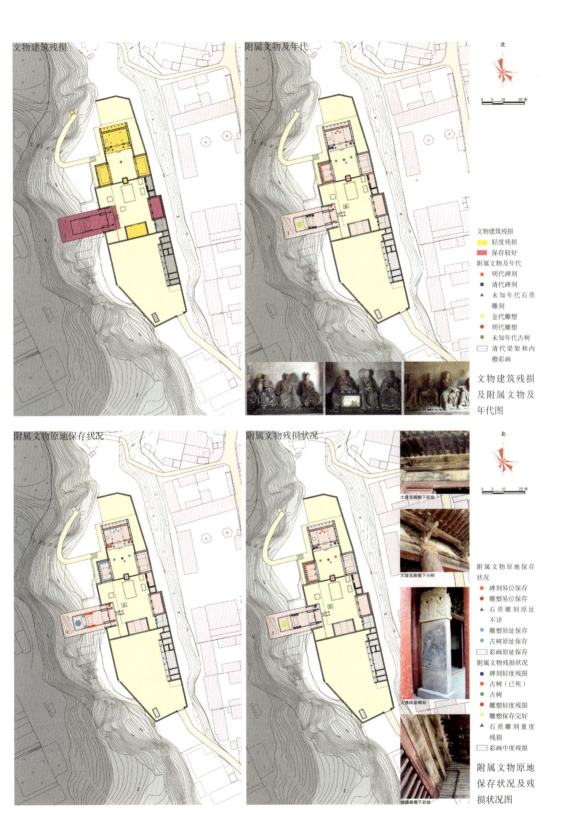

文物建筑残损及附属文物及年代图

附属文物原地保存状况及残损状况图

钟楼、鼓楼现有一般建筑占压,需要清理保护。

戏台及其对面倒座厢房建筑现状有道路占压,未经发掘整理。

第21条　寺内及周边环境评估

根据保护工作现状和实地调查情况,对寺内及其周边环境作出下列评估。

1. 非文物建筑现状

净因寺北侧的厕所和南侧的配电房系1980年代后新建,风貌与寺庙较为协调。新建厕所条件较差,新建大门简陋,风貌与净因寺不协调。

2. 本体及周边环境

（1）文物历史环境:净因寺内主要历史信息保存基本完整,寺庙格局基本完好。

（2）环境氛围:寺内主体建筑格局基本完好,塑造出了寺庙内部的环境氛围,寺庙外围村庄与净因寺较近,但因有高差,且体量不大,对净因寺的整体风貌影响有限。

（3）环境安全隐患:净因寺主体文物建筑大佛寺依附其西侧的土崖所建,土崖在长期露天情况下有多重病变因素,风蚀、雨蚀(太原属北温带大陆性气候,平均年降雨量在450毫米左右)直接影响到净因寺。西侧所在山崖,因日晒雨淋,风化严重土质日益疏松,有多处裂缝,时有小规模塌方,对净因寺构成较大的安全隐患。

（4）噪音噪声:净因寺距城市机动交通道路较远,但其西侧有铁路,故噪声污染较大。

（5）环境污染:净因寺西侧为崛围山风景区,东侧为汾河,周边大环境氛围较好。

3. 村落环境

（1）周边人文环境与历史环境

——净因寺东侧的村落仍然保存有明清时期的历史格局,有着重要的历史价值。

——净因寺西靠崛围山风景带,近靠村落农田,形成良好的自然风景。

——净因寺周边有多福寺、窦大夫祠等众多知名的文物古迹,形成价值极高的文物古迹区域。

（2）景观环境

——寺东侧为土堂村民居建筑,建筑的立面材料、色彩、形制与净因寺不协调。

——北侧和西侧均为农田或山地,环境较好。

（3）环境质量:当地大气、水质、土壤等环境要素均未受到严重污染,环境质量好。

第22条　主要破坏因素

1. 自然风化

由于长年暴露,受温湿度变化及日照等因素影响,净因寺所在土崖和主要建筑及附属文物均受自然风化的破坏。

2. 生物影响

大殿内彩绘有局部飞禽粪便污染渍迹。

3. 不良人为干预及破坏

主要为特殊历史时期对附属建筑的扒毁和对主体建筑、附属文物的破坏。

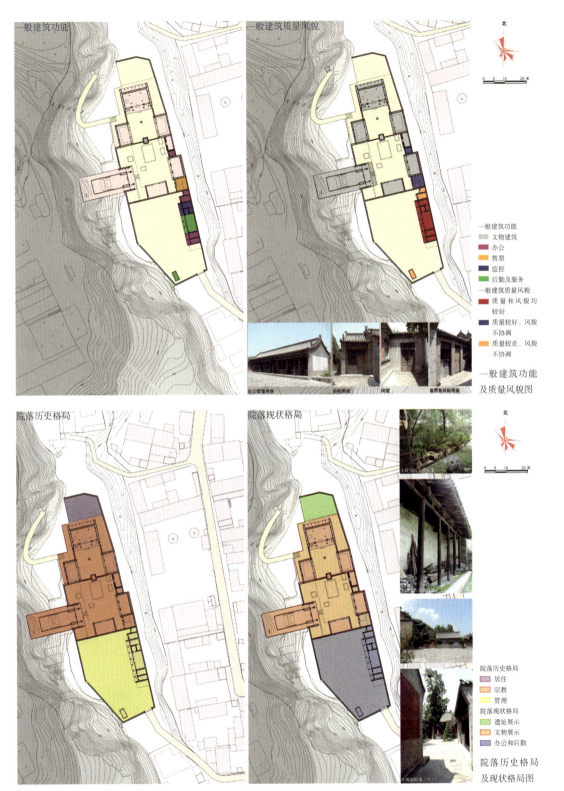

一般建筑功能及质量风貌图

院落历史格局及现状格局图

太原西山地区的历史营建与遗存 卷下：保护五则

第二节 综合现状评估

第23条 保护工作现状评估

（1）保护级别公布：2006年5月25日，净因寺被国务院公布为第六批全国重点文物保护单位。

（2）保护区划：现有保护范围为东至围墙外5米，南至围墙外80米，北至围墙外20米，西至寺院外50米。建设控制地带为西至保护范围外60米，东至保护范围外600米，南、北各至保护范围外500米。

（3）保护标志：有国保标志说明牌，无保护范围界碑。

（4）保护档案：文物档案工作开展较晚，尚待完善。

（5）保护管理条例：建立了24小时值班制度、领导带班制度、交接班签字制度。

（6）信息保存：相关碑刻、土雕、彩绘信息采集和信息数据库建设等工作已经展开，尚待进一步完善。

（7）应急预案：制定了相关的突发事件应急制度。

（8）病害检测：未开展木结构、土崖建筑、彩塑、土雕、木雕、古树、碑刻、彩绘的病害监测工作，无监测设备。

第24条 相关设施现状评估

1. 道路交通

土堂村内道路多为沙土地面，雨天泥泞，路况较差。

净因寺现状入口为近年改建，简陋风貌较差，且无相应的停车场所，无法满足未来发展需求。

净因寺内部游览步行道为青砖墁地，情况较好。

2. 电力通信设施

主要用电设施为消防设施用电和办公用电，供电量满足现状需求。电力线路于山门外采用架空方式，影响净因寺整体景观。庙内缺少环境照明设施，主要殿宇的照明采用需要时临时架设的方式，存在一定的安全隐患。文物管理部门的网络及电讯线路畅通。

3. 给排水设施

净因寺因临近土堂村，用水由城市市政供水系统提供，给水管暴露在院落内影响院落景观。水量满足现状庙内管理、办公需要，但无法满足未来展示和利用的需要。

寺内排水主要利用院落自然坡度与地下暗沟相结合的方式，庙外无组织排水，根据高差由北向南自然排放，排水状况基本通畅。

4. 消防设施

室外消火栓供水系统和火灾自动报警系统尚未完善，消防主要依靠手提式灭火器。净因寺大佛阁、大雄宝殿、观音殿和地藏殿安装了红外报警器，灭火器：A型9具，B型17具。

5. 安防设施

净因寺设保卫科，有1名专职保卫人员、1名保卫人员和警犬1条，各文物建筑内均安装有摄像监控设施。

安全防范、监控报警设施较为齐全。

6. 防雷设施

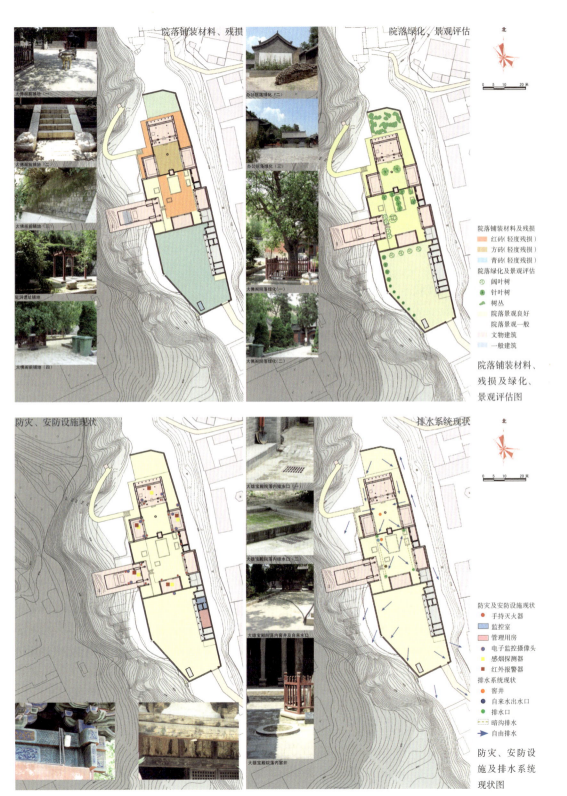

院落铺装材料、残损及绿化、景观评估图

防灾、安防设施及排水系统现状图

寺内缺少文物建筑防雷设施。

7. 防鸟及其他生物设施

无防鸟及其他生物设施。

8. 环境卫生设施

寺内现有公共厕所一处，为旱厕，影响环境卫生。

寺内有垃圾箱等垃圾收集装置。

庙周围缺少垃圾处理点，其附近土堂村内垃圾处理点为露天堆放，影响环境卫生。

第25条　一般建筑现状评估

1. 净因寺管理范围内一般建筑主要是办公管理用房、附属设施用房。一般建筑在近期将有利于文物的管理和利用，但影响了净因寺的历史风貌，有待整治和改善。

2. 净因寺周边一般建筑均为居住建筑，与净因寺距离较近，其风貌有待整治，但由于地势较低，建筑层高较低、体量不大，对净因寺周边历史风貌影响不大。

第26条　景观环境现状评估

1. 净因寺所依附的西侧土崖因自然风化等原因，土质日益疏松，雨季时有小范围塌方，对净因寺及游人有潜在安全隐患，亟待解决。

2. 寺庙周围的农田景观和山地景观及汾河景观保存状况较好，与寺庙人文历史风貌较为协调。

3. 寺庙南侧入口为近代新开，风貌简陋，空间局促，影响寺院整体景观风貌。

4. 寺庙周边缺少游览道路，景观环境有待整治。

5. 寺庙第一进院落及大雄宝殿后院落景观环境一般，有待整治。

第27条　利用现状评估

1. 开放条件

（1）净因寺内现存古建筑及附属文物丰富，是集木结构、土崖建筑、彩塑、土雕、木雕、古树为一体的文物区域，具有很高的观赏价值。

（2）净因寺周边对外交通便利。

（3）净因寺所在的尖草坪区内有众多的历史文物古迹，适合进行小范围的区域旅游。

2. 开放状况及展示、服务设施

（1）旅游开放：净因寺目前对外开放。

（2）旅游收入：每年旅游者3000～4000人次，旅游收入较少，未能对文物保护工作产生促进作用，群众对文物保护的重要性认识不够。

（3）现有展陈：场地内设施落后，缺少对文物本体的展示；缺少文物陈列馆，相关可移动文物没有科学、合理的保存及展示场所；缺乏对净因寺历史文化背景的展览介绍场所。

（4）游客服务设施：无游客服务设施，缺少相关的标识牌、指路牌及文物介绍性说明牌。

（5）交通服务设施：周边对外交通方便，但缺乏进入净因寺的旅游道路规划，现状道路为沙土，路况较差，雨天泥泞，且外围无停车场等交通服务设施。

（6）游线组织：无相关游线设计，游线单一。未能将净因寺文物建筑群及附属文物与周边自然、人文景观相结合。

游览、服务设施现状 周边用地性质现状

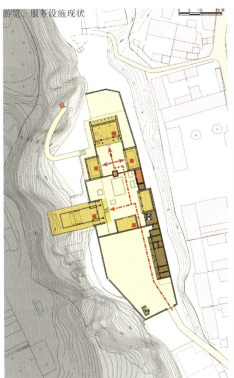

游览及服务设施现状
- 开放文物建筑
- 未开放文物建筑
- 非文物建筑
- 主要观赏路线
- 次要观赏路线
- 参观
- 售票
- 厕所

周边用地性质现状
- 村镇居住用地
- 文物古迹用地
- 农林用地
- 城市发展用地

游览、服务设施及周边用地性质现状图

周边建筑风貌评估
- 文物点
- 风貌一般
- 风貌较差

周边道路等级评估
- 一级道路
- 二级道路
- 三级道路
- 铁路

周边建筑风貌评估 周边道路等级评估

周边建筑风貌及周边道路等级评估图

3. 宣传教育

（1）宣传工作：尚未开展文物宣传工作，净因寺的知名度较差。

（2）教育工作：文物保护教育工作方式简单，力度不足。

第28条　管理现状评估

1. 运行管理

（1）管理机构：太原市崛围山文物保管所负责净因寺的管理工作。

（2）规章制度：已根据净因寺自身特点，制定了有关保卫、安全防火等方面的管理制度，对净因寺进行规范管理。

（3）安全保卫：保卫科有1名专职保卫人员、1名保卫人员和警犬1条，净因寺大佛阁、大雄宝殿、观音殿和地藏殿安装了红外报警器，灭火器：A型9具，B型17具。

（4）管理经费：主要来自三个方面：一为政府拨款，二为门票收入，三为自筹。

2. 综合设施

（1）管理用房：评估等级为B级，管理用房设施简陋。

（2）基础设施：保护单位临近村庄，周边给排水、电力、电讯设施齐备。

第29条　研究现状评估

1. 研究成果

（1）研究成果数量较少，广度、深度不足。

（2）尚未开展寺内土雕、彩塑、木雕和彩绘的保护研究工作。

（3）对建筑遗址的考古研究工作不足。

（4）尚未开展祭祀活动、庙会等相关非物质遗产的挖掘和研究工作。

2. 研究队伍与研究资料

（1）净因寺管理机构专职研究人员较少，不能满足研究、整理工作的需要。

（2）现已积累了一些有关文物建筑测绘、碑刻图像等基础资料，但尚未有正式出版物。

第三节　村落现状评估

第30条　村落建筑现状

1. 村落肌理：老村部分延续了传统的村落肌理，新村部分保留了原有村落的尺度特征。

2. 村内主要建筑类型及分布情况：

村落主要建筑类型及分布表

编号	类型	年代	在村中所占比例
1	传统坡屋顶建筑	清代	现老村中5%的传统建筑为此类
2	传统窑洞建筑	清—1960年	现老村中5%的传统建筑为此类
3	一层或二层现代建筑	1980年后	现老村中90%的建筑为此类

第31条　土堂村基础设施现状

（1）村内主要道路及硬质铺装残损严重，巷道均为土质路面，雨季泥泞，干燥则扬尘。

（2）村内主要道路中央设明沟排水，带来污染。
（3）村内供电线路主要为电线杆架空方式，线路凌乱。

第四节　现存主要问题

第32条　文物保护工作尚需完善

1. 保护工作尚需完善，未竖立保护范围边界界桩，"四有"档案仍需完善。
2. 安防能力有待加强，目前安防能力较弱，需尽快实施系统的安全防护方案。
3. 防鸟及其他生物设施有待完善，现无防鸟及其他生物的防护设施。
4. 保护措施，塑像、壁画保护措施力度不足，不能有效抵御目前的自然破坏因素的危害。
5. 监测设施，缺少对室内温度、湿度对壁画、塑像影响的监测设备。

第33条　文物展示利用不够

1. 现行展陈体系薄弱，未能发挥文物的社会价值。
2. 展示利用设施匮乏，现基本无展示设施，无游客服务设施，不能满足文物对外开放需求。

第34条　管理体系有待完善

1. 现有的保护区划不能应对城市的未来发展。
2. 文物专项管理经费不足，管理人员配备不足，专项保护管理条例尚待完善。

第35条　基础设施有待完善

寺内的电力通讯设施、给排水设施和卫生设施均较为简陋，不能满足净因寺未来的保护和管理需要。

第36条　研究宣传力度不够

1. 研究成果较少。
2. 科技保护研究人力资源不足，不能满足文物保护的需要。

第37条　村落更新有待引导

1. 村中建筑样式繁杂多样，历史建筑逐步被改建，历史风貌逐渐消失。
2. 村落基础设施不够完善，人们生活水平有待提高。
3. 城市西进与净因寺文物保护之间的矛盾日益凸显，亟须引导和调整。

第五章　规划框架

第38条　规划原则

1. 法制的原则

依法保护文物，在法律体系下，保护文物本体的真实性、完整性和延续性以及相关历史环境的完整性，是规划设计要遵循的基本原则。

2. 可操作性的原则

对净因寺的各方面进行深入研究和评估，结合周边业已形成的村落布局，强调可操作性，对保护范围和建设控制地带作出调整建议。

3.前瞻性与现实性相结合的原则

本规划的制定着眼于长期有效的保护，同时重点解决净因寺现存的主要问题。

4.联系与协调发展的原则

本规划强调净因寺与周边文化景点的联系，同时将旅游资源进行整合，使净因寺在得到保护的基础上，发挥更大的社会效益和经济效益。

第39条　规划目标

本规划目标是使净因寺这一全国重点文物保护单位获得有效保护和合理利用，使净因寺的文物价值和社会价值得到充分实现；明确保护方向和措施，为今后净因寺的文物保护工作提供控制管理的法律依据和工作框架，为净因寺的发展提供切实可行的建设指导。

第40条　基本对策

1.保护：调整保护区划、完善保护工作；完善安防、消防设施建设，制定保护措施。

2.管理：制定相关管理规章制度，完善基础设施建设。

3.展示：策划展陈方案，开展展示工程建设，完善展示设施。

4.研究：深化净因寺历史沿革、规模以及塑像、壁画保护措施等基础研究工作。

第41条　主要内容

1.分析和评估净因寺的现状和价值。

2.编制净因寺保护原则和策略。

3.确定保护目标和重点。

4.确定保护范围和建设控制地带，划定视线通廊，制订管理要求。

5.制定保护措施，划分措施等级。

6.编制净因寺展示、管理等专项规划。

7.编制规划分期与估算，制订实施计划。

第六章　保护区划

第一节　区划策略

第42条　保护区划调整

根据现状评估和调查研究，现有保护区划不能满足文物的保护需求，因此依据下列因素对保护区划重新界划：

1.满足文物本体及其环境保护的完整性、安全性的要求。

2.文物实际管理操作的可行性要求。

3.净因寺现行保护区划的范围。

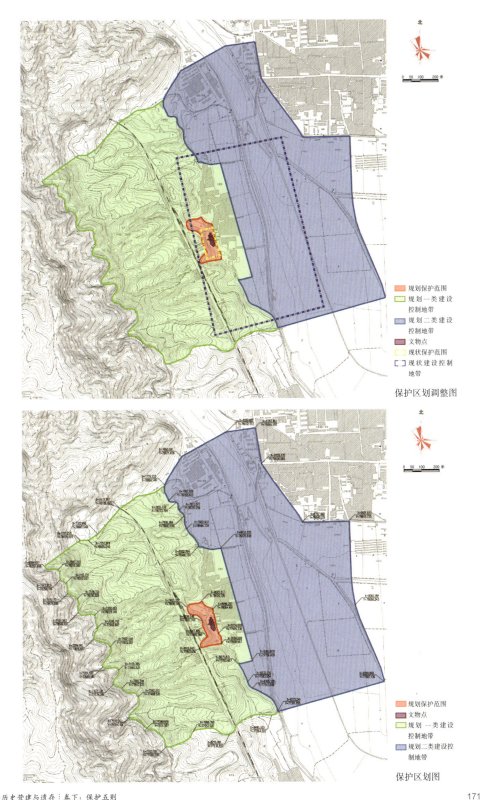

保护区划三维图

图例：保护范围、一类建设控制地带、二类建设控制地带

第43条 保护区划分区

本规划将净因寺保护区划分为保护范围、一类建设控制地带、二类建设控制地带三个层次，保护区划总面积为460公顷。

保护区划分区表

保护区划	规模（公顷）
保护范围	3.14
一类建设控制地带	138.92
二类建设控制地带	142.92
合计	284.98

第二节 区划类别

第44条 保护范围

1. 调整依据

——净因寺现存建筑状况。

——净因寺保护的安全性和保存的完整性。

——净因寺所在地区建设发展现状和趋势。

2. 四至边界

北侧至围墙外89米，南侧至山门外116米，最西侧至围墙外110米，东侧至山门东墙外4米。

3. 占地面积

约3.14公顷。

第45条 一类建设控制地带

1. 调整依据

——视域范围的完整性。

——环境风貌的协调性。

2. 四至边界

北至保护范围边界816米（向北至土堂村落最北侧道路），南至保护范围边界533米（向南至一条东西向沟渠），最西至保护范围边界西侧1070米，东至保护范围边界175米（土堂村落最东侧南北向道路边界）。

3. 占地面积

约 138.92 公顷。

第46条　二类建设控制地带

1. 调整依据

——相关历史环境的完整性。

——环境风貌的协调性。

2. 四至边界

北至保护范围边界 1071 米，南至保护范围边界 495 米，最西侧与一类建设控制地带东侧重合，东至一类建设控制地带东侧 839 米。

3. 占地面积

约 142.92 公顷。

第三节　管理规定

第47条　保护区划统一管理规定

1. 在保护范围和建设控制地带内，不得建设可能污染净因寺及其环境的设施，对已有的污染设施，应当限期整治或拆除；不得进行可能影响净因寺及其环境安全性、完整性的活动，对现有安全隐患，应当限期整改。

2. 本规划经批准后，按照《城市规划编制办法》的要求，保护区划边界、管理规定和主要保护措施的内容将作为强制性内容纳入太原市城市总体规划。

3. 在保护范围和建设控制地带内的考古发掘、保护工程、建设工程等项目必须遵守《中华人民共和国文物保护法》等有关法律法规的规定，并按法定程序办理报批审定手续。

第48条　保护范围内的管理规定

1. 保护范围内的土地性质确定为"文物古迹用地"。

2. 本区域为非建设区，不得进行除保护工程以外的其他建设工程或者爆破、钻探、挖掘等作业。

3. 逐步实施环境整治措施，迁埋电线电缆；凡位于保护范围内，对文物本体或环境造成破坏或不利影响的建筑物或设施应根据实际情况和经济条件，予以拆除或迁建。

4. 实施有效的安防与保护措施，安装监控设备和防火设备，配置专人守护。

5. 加强对文物建筑的日常保养和维护，及时修缮受损建筑和附属文物，消除安全隐患，确保文物建筑安全。

第49条　一类建设控制地带内的管理规定

1. 一类建设控制地带以规划路为界，东侧以控制净因寺周边建筑的高度、体量和风貌为主要手段，西侧以保护山地农田景观风貌为主要手段。

2. 控制地带内建筑物和构筑物高度应限制在 7 米以内，且不高于建筑物距净因寺保护范围最近水平距离的 1/5。

3. 控制地带内的建筑屋顶形式、立面风格应与周边留存下来的明清民居建筑风格相统一。

4. 控制地带内应保持现有用地性质，保持农田山林景观风貌，禁止实施与文物保护无关的建设工程。

5.控制地带内的建筑物和构筑物色调应与净因寺建筑相协调，以青灰色调为宜，避免刺目突出。

第50条　二类建设控制地带内的管理规定

1.二类建设控制地带以控制用地性质，调整村落居民，整治村落的肌理格局和建筑风貌为主要手段，以协调净因寺与景区发展的关系。

2.二类建设控制地带内的居民居住以外的土地只能作为农业用地或公共绿地，不作为工业或其他建设用地。

3.二类建设控制地带内的村落更新或改建应严格维持原有建筑平面，以清代坡顶或囤顶样式为准。

4.当民居不满足居住要求时，鼓励居民搬迁至周边"鼓励发展"村落中寻找适合的场地进行置换。

5.控制地带内的建筑物和构筑物色调应与寺庙建筑相协调，以青灰色调为宜，避免刺目突出。

第七章　保护措施

第一节　保护工作

第51条　公布保护区划、设置保护标志

1.本规划重新界划的保护区划在通过行政审批程序后，由山西省人民政府重新公布。重新公布的保护范围边界应落实界标。

2.标志牌制作应符合《中华人民共和国文物保护法实施条例》和《全国重点文物保护单位保护范围、标志说明、记录档案和保管机构工作规范（试行）》的要求。

第52条　编制保护管理条例

1.按照相关法律、法规要求，编制《净因寺保护管理条例》，并依据相关程序报山西省人民代表大会会议通过、公布实施。

2.建立监督机制，监测《净因寺保护管理条例》实施情况。

第53条　文物信息保存

开展文物信息采集工作，建立文物信息数据库，实现全面的、永久的信息保存。工作内容包括：

1.按照《全国重点文物保护单位记录档案工作规范（试行）》（2003.11）要求，补充完善保护档案。

2.收集、整理文物相关历史信息及历年保护工程资料。

3.开展净因寺塑像、彩绘影像、碑刻拓片数字化采集、古建筑测绘工作，建立文物信息数据库。

第二节　本体保护措施

第54条　原则

1.在制定具体保护措施时，必须采取审慎的态度，在保护措施和技术不够成熟的情况下，应首先考虑具有可逆性的措施。

2.保护工程必须委托具备相应文物保护工程资质的单位进行设计、施工、监理，设计方案必须符合文物保护要求，依程序审批后方可实施。施工前应制定严格的质量责任制度和保修制度。

远期保护规划总图（1）

远期保护规划总图（2）

3. 上述所有保护措施的运用必须建立在对各文物点具体问题的实地调研和科学分析的基础上，技术方案须经主管部门组织专家论证批准后，方可实施。

第55条 保护措施类别

1. 日常保养

（1）必须制定相应的保养制度，主要工作是对有隐患的部分实施连续监测，记录存档，并按照有关的规范实施保养工程。在监测、维护过程中，一旦发现比较明显的残损问题，经相关部门审批后按照有关的规范实施修整工程。

（2）净因寺文物建筑的日常保养措施包括：清洁除尘、测绘、文字及摄影记录、沉降观测、病害监测、定期打瓦节等。

2. 现状修整

指在不扰动现有结构、不增添新构件、基本保持现状的前提下进行一般性工程措施，将有险情的结构和构件恢复到原来稳定安全的状态。

3. 非文物建筑风貌整治

现状修整和风貌整治工程需制订相应设计方案，严格按照程序论证审批后方可实施。

4. 重点修复

可适当恢复已失去的部分原状。

重点修复工程对实物干预较多，必须严密勘察设计，严肃对待遗留历史信息，严格审批论证。

第56条 建筑保护措施

净因寺文物建筑本体的保护措施以日常保养工程、现状修整工程为主。

1. 日常保养工程

净因寺文物建筑的日常保养措施包括：清洁除尘、测绘、文字及摄影记录、沉降观测、病害监测、除草、打瓦节等。

2. 现状修整工程

净因寺文物建筑经前期修缮，保存状况较好，仅局部需实施现状修整工程。

3. 现状修整工程需制订相应设计方案，严格按照程序论证审批后方可实施。

4. 根据对各文物建筑残损现状的评估，现对各建筑单体分别采取如下保护工程：

建筑单体保护措施表

序号	文物名称	保护措施	措施级别
J1	大佛阁	清洁除尘、测绘、文字及摄影记录、病害监测	日常保养
J2	大雄宝殿	局部残破部位进行现状修整	现状整修
J3	观音殿	局部残破部位进行现状修整	现状整修
J4	地藏殿	局部残破部位进行现状修整	现状整修
J5	韦驮殿	局部残破部位进行现状修整	现状整修
J6	南殿	局部残破部位进行现状修整	现状整修
J7	山门	清洁除尘、测绘、文字及摄影记录、病害监测	日常保养
J8	禅房	局部残破部位进行现状修整	现状整修
J9	朝阳洞	局部残破部位进行现状修整	现状修整

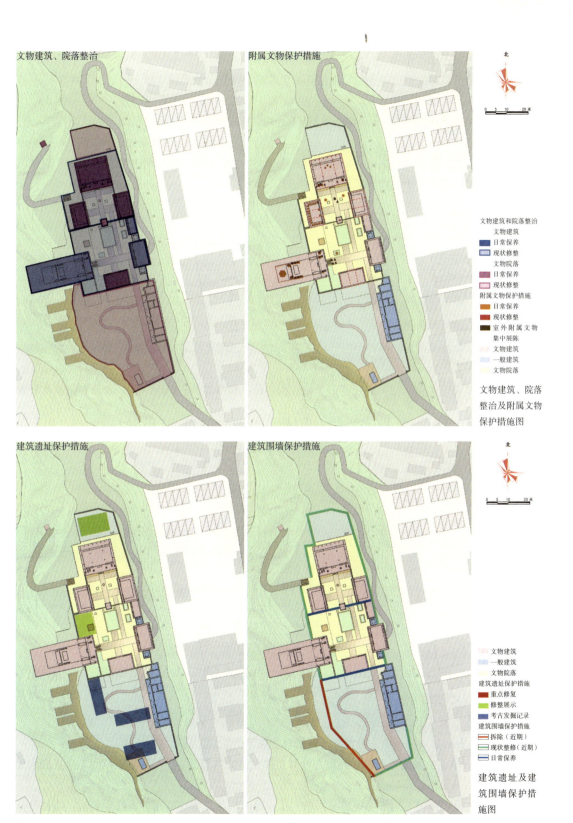

文物建筑、院落整治及附属文物保护措施图

建筑遗址及建筑围墙保护措施图

第57条 建筑院落保护措施

净因寺建筑院落保护措施分为日常保养工程及现状修整工程两种类型，包括以下内容：

1. 日常保养工程

对大佛阁、大雄宝殿院落，清理杂草、清除垃圾、补砌残损青砖、病害检测、文字及摄影记录。

2. 现状修整工程

对周边院落，依据考古遗址，修整院内传统铺装方式，对原有地面铺装材料进行维护。依据历史风貌，选择低矮的本地植物对院落进行绿化。

建筑院落保护措施表

序号	文物名称	保护措施	措施级别
Y01	入口院落	依据考古成果确定院落布局，建筑和道路遗址整修展示	现状整修
Y02	大佛阁院落	清理杂草、补砌残损青砖、病害监测、测绘、文字及摄影记录	日常保养
Y03	大雄宝殿院落	清理杂草、补砌残损青砖、病害监测、测绘、文字及摄影记录	日常保养
Y04	大雄宝殿北侧院落	依据考古成果确定院落布局，修整考古遗址，对外展示	现状整修

第58条 建筑遗址保护措施

净因寺文物建筑遗址的保护措施分为日常保养工程、现状修整工程、重点修复三类。

1. 日常保养工程

对已修复遗址实施包括清除杂草、补砌残损青砖、病害监测，测绘、文字及摄影记录等日常保养工程。

2. 现状修整工程

对未经修葺的建筑遗址，实施现状修整工程。

3. 非文物建筑风貌整治复建工程

对未经修葺的建筑遗址，局部实施重点修复工程。

建筑遗址保护措施表

序号	文物名称	日常保养	现状修整	重点修复
H01	钟楼、鼓楼遗址	—	—	清理上部占压建筑原貌修复
H02	大佛阁北侧窑洞遗址	补砌残损青砖、病害监测、测绘、文字及摄影记录	—	—
H03	大雄宝殿北侧窑洞建筑遗址	—	—	—
H04	戏台及其附属院落建筑遗址	—	进行考古发掘，进行相关测绘。文字及摄影记录	—
H05	大雄宝殿北侧院落	—	对植被进行清理，补砌残损青砖、病害监测、测绘、文字及摄影记录	—

第59条 附属文物保护措施

对净因寺内所有附属文物采取的保护措施分为两部分：

（1）对所有附属文物采取长期坚持不断的日常保养措施，包括清洁除尘、病害监测，完善测绘、文字、摄影记录等档案记录工作。其中，针对文物建筑殿内塑像、壁画的病害监测，应在殿内设温湿度监测设备等微观环境监控设备。

（2）针对附属文物不同的病害情况采取的重点修缮措施，在进行重点修缮工程前，需要进行严密的勘查测量，制订重点修缮设计方案，严格按程序论证审批。

1. 塑像及壁画

（1）信息采集：

——对所有塑像、壁画通过测绘、摄影、三维激光扫描等方式，开展壁画信息采集、记录建档工作。

——对泥塑、壁画病害进行调查分析评估，将病害信息记录建档，作为制定保护措施的依据。

（2）保护措施：

——控制有塑像、壁画的建筑室内温度、湿度，限制微生物的生存条件。

——研究塑像、壁画的材料成分、病害产生原因，根据病害产生原因，采用工程技术与管理措施相结合的保护措施，在实施保护措施前应制定详细的塑像、壁画保护方案。

2. 碑刻

为保持真实性原则，寺内碑刻原地保护，但应采取保护措施，避免自然风化、温湿度变化、雨水侵蚀等自然条件对其产生的破坏。

3. 古树

为有效保护净因寺内古柏，应设置围栏，加强管理，有效防止虫害及火灾，必要时设置防雷击设施。

根据对各附属文物残损现状的评估，现对各附属文物分别采取如下保护工程：

附属文物保护措施表

序号	文物名称	日常保养措施	现状修整
W1	大佛阁、大雄宝殿、观音堂及韦驮殿内彩塑	清洁除尘、病害监测，测绘、文字及摄影记录	分析颜料成分、起甲彩绘回贴、粉化彩绘加固，表面封护
W2	古树	摄影记录、病害监测	—
W3	梁架彩绘	清洁除尘、病害监测，测绘、文字及摄影记录	分析颜料成分、起甲彩绘回贴、粉化彩绘加固，表面封护
W4	碑刻	清洁除尘、病害监测，文字及摄影记录	对石材进行试验，进行表面封护，增加隔离防护措施
W5	柱础、经幢	清洁除尘、病害监测，测绘、文字及摄影记录	对石材进行试验，进行表面封护，增加隔离防护措施

第60条 保护修缮技术措施

保护技术主要依据对遗存本体的结构受力、物理化学性能、材料构成、残损状况以及相关地址勘测、环境监测等一系列数据的分析，判断破坏因素，制定保护技术对策。

净因寺面临的主要保护难题有以下几点：土堂所在山崖土方的加固技术及封护防风化技术；彩绘、彩塑、土雕、木雕、石雕的保护技术；建筑遗址的露天保护技术。需要进一步实验研究并制订相应的保护方案。

针对净因寺的实际破损情况和所处环境特征，需进行如下保护修缮技术的研究和实施：

附属文物保护措施表

类别	基础措施内容
加固防护技术	土崖的加固防风化技术
防护技术	彩塑、石质碑刻的防风化技术
彩画、壁画保护技术	彩画、壁画保护技术

第61条　本体保护措施要求

1. 所有本体保护措施必须严格执行"不改变文物原状"的原则和"最小干预"原则。
2. 实施古建筑修缮工程前，应对古建筑群现状进行认真的勘查。勘查应遵照《古建筑木结构维护与加固技术规范》相关规定进行。
3. 对古建筑的承重结构及其相关工程损坏、残缺程度与原因进行勘查。残损情况勘查后，应编写勘查报告，提交古建筑的残损情况和尺寸的全套测绘图纸、照片及文字说明。
4. 工程要求

（1）所有干预文物本体的保护工程必须在完成相关的文物信息采集工作后方可实施。

（2）根据建筑物法式勘查报告进行现场校对，明确维修中应保持的法式特征。

（3）根据残损情况勘查报告，编制维修方案，实施相关的审批手续。

（4）凡能修补加固的，应尽最大限度地保留原件。凡须更换的木构件，应在隐蔽处注明更换具体时间。维修中换下的原物、原件不得擅自处理，应统一由文物主管部门处置。

（5）在古建筑维修过程中，若发现隐蔽结构的构造有严重缺陷，或所处的环境条件存在着有害因素，可能导致重新出现同样问题，应采取紧急措施消除隐患。

（6）做好施工记录，详细测绘隐蔽结构的构造情况。维修加固的全套技术档案，应存档备查。

（7）必须严格遵守施工程序和检查验收制度。

第三节　本体防护措施

第62条　消防系统工程

1. 文物建筑内设置感烟探测器，完善火灾自动报警系统。
2. 电力、通讯设施，采用埋地穿管的方式敷设线路（埋地线路的管沟距离文物建筑的基础水平距离应大于2.0米），消除火灾隐患。
3. 完善消防安全制度，编制防火应急预案，进一步加强管理人员的消防知识及技能的培训。

第63条　安防系统工程

1. 安全检查：完善管理员安全检查规章制度，指定专职安全巡查员，规定日常巡查内容，记录巡查情况。
2. 安防工程：根据中华人民共和国安全行业标准《文物系统博物馆风险等级和安全保护级别的规定》，净因寺属于一级风险等级，应按一级防护级别进行设防。
3. 应急预案：根据相关法律法规文件，制定安全防范管理措施，编制《净因寺突发事件应急工作管理办法》。应对地震、暴雨、火灾、偷盗等由自然或人为因素引起的突发性危及文物安全的事件。
4. 与尖草坪区武警、公安部门建立联动预警机制，一旦发生盗窃及其他安全事件应立即上报，共同打击犯罪分子，维护净因寺文物安全。

第64条　防雷系统工程

1. 依据《古建筑木结构维护与加固技术规范》，净因寺为第一类防雷古建筑。

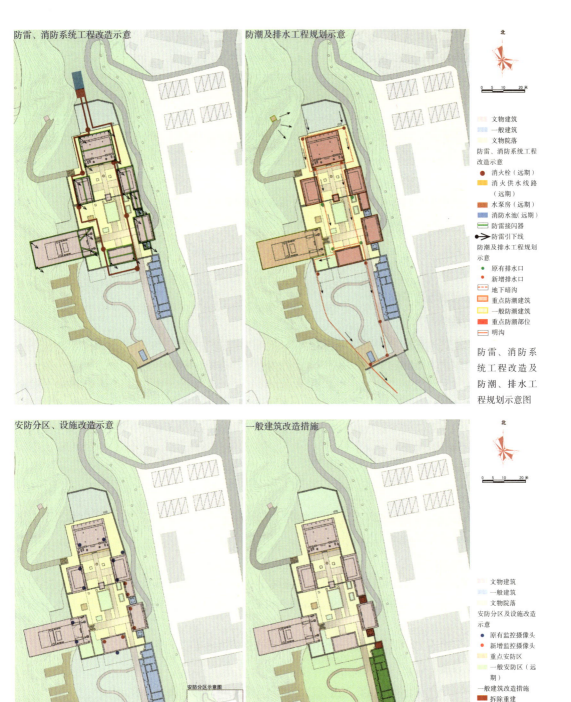

防雷、消防系统工程改造及防潮、排水工程规划示意图

安防分区、设施改造示意及一般建筑改造措施图

2. 古建筑安装防雷装置，应经文物主管部门允许及专家充分论证后，进行专项设计。防雷装置的选择与构造要求，应专门研究。

3. 古建筑防雷装置应按 GB 50057—1994《建筑物防雷设计规范》的规定进行设计，应符合以下要求：

（1）古建筑上部的吻兽、斗栱等部件均应与防雷装置靠地连接。

（2）接闪器和引下线沿古建筑轮廓的弯曲，应保证其弯曲段开口部分的直线距离，不小于其弯曲段全长的 1/10，并不得弯折成直角或锐角。

（3）不得在古建筑屋顶安装各种天线。

（4）对古建筑的防雷装置应做好日常的检查和维护工作。

第65条　防止生物侵害系统工程

大佛阁、大雄宝殿、观音殿等文物建筑安装防鸟网，并定期检查，发现破损及时修补、更换。

第四节　基础设施改造工程

第66条　道路系统

1. 以现有道路为基础，改善路面质量。

2. 在净因寺东侧保护范围外设置停车场，作为净因寺近期、中期旅游停车场。

3. 远期根据游客容量，在城市干道进入规划路的入口处设置停车场（同时取消净因寺东侧的停车场），经过风貌改造的土堂村，也将成为可游览景观的一部分，游客在村内主要以步行为主。

4. 远期对规划路实施车流限制，在日间旅游区开放时间内，禁止机动车进入规划路；夜间开放规划路，以方便王郭村内交通。

第67条　电力、电信系统

1. 净因寺山门处电线线路凌乱，存在安全隐患，干扰了周边景观视线，应尽快实施改造。

2. 电力改造应充分考虑到将来保护和旅游发展的需求，所有线路埋地敷设，管线设施应当避开建筑遗址区和遗址可能分布区。

第68条　给、排水系统

1. 净因寺用水以管理人员日常生活及消防用水为主，绿化、旅游展示、旅游服务用水为辅。

2. 按接待服务、观光游览、职工生活等服务设施的用水量计算日常用水量，以保证水管管径能满足使用要求。

3. 供水系统管道实行隐蔽工程，采用地下暗管或栽植树木遮挡，避免影响景观环境。

第69条　环卫设施

1. 改造净因寺内现有厕所，在土堂村内增设公共卫生间，满足使用需求。

2. 在寺内及寺周边设置与文物风貌协调的垃圾箱进行垃圾收集，以保证寺内及寺周边的环境卫生。

3. 清理规划路两侧垃圾，在村内设置垃圾收集点，要求村民将垃圾倒入指定的垃圾收集点。

周边建筑改造示意图

第八章 环境规划

第一节 文物环境整治

第70条 不协调建筑的拆除与整治

1. 寺内部的不协调建筑，包括钟楼、鼓楼遗址上的占压房屋、第一进院落内部分管理用房及西南侧的厕所等不利于遗址保护和寺庙内部风貌协调的建筑，应当根据保护设施的实施进度，予以拆除或整治。

2. 对于寺庙外部的建筑，考虑到保护范围的完整性和保护要求，保护范围内的民居及其他公建应逐步拆除，整治建设控制地带内的民居则应根据建设控制地带内的管理要求，逐步实施整治措施，使其风貌协调，功能改善。

第71条 院落景观整治

1. 近期拆除钟楼、鼓楼遗址上的占压房屋并进行风貌整治复建工程。
2. 近期整治现状入口大门作为规划后的出口。
3. 近期整治西南角厕所。
4. 近期拆除净因寺北侧民居。

第72条　景观整治

1. 加固净因寺西北侧土崖。
2. 迁埋电缆电线。
3. 近期在净因寺东侧开辟小型停车场，远期在城市干道进入规划路口处建设停车场，净因寺东侧建设为净因寺展示兼村民活动院落空间，并在远期整治建设控制地带内的村落环境。

第73条　景观整治要求

1. 景观整治应有效改善整治区域内脏乱无序的景观现状，突出净因寺的主体地位。
2. 任何景观整治措施应满足文物的历史性、场所性、地方性要求。

第二节　环境质量保护

第74条　环境管理规定

1. 根据《中华人民共和国环境保护法》第十八条，净因寺保护范围和建设控制地带范围属于"其他需要特别保护地区域"，规划要求此保护区划范围内禁止倾倒、堆积任何类型的固体、液体废弃物，不得建设污染环境的工业生产设施。
2. 保护区划内的一切新建工程项目必须提交《环境影响评估报告》，防止污染环境质量。

第75条　环境卫生要求

1. 保护范围内的生活垃圾管理和无害化系统参照旅游风景城市的标准执行。规划要求：
（1）在保护范围和建设控制地带内不得设置垃圾填埋场。
（2）规定大气、水、噪声、放射性防护标准按照风景名胜区标准执行，游客粪便处理按照《城市公共厕所卫生标准》和《城市公共厕所规划和设计标准》的有关规定执行。
2. 开展环境质量监测和记录工作，包括气象、风沙、水质等。监测档案与文物保护单位档案共同管理。

第三节　土堂村历史风貌保护与发展引导

第76条　村落的保护与更新

土堂村的保护更新，应符合建设控制地带的控制条件，并满足下列要求：

1. 总体要求：保护村落肌理，延续路网结构，控制建筑形式，疏解村内人口，完善基础设施，延续并改善现有生活。
2. 总体格局保护要求：保护并延续村落现有格局，不得改变主要路网，不得破坏村落肌理。
3. 建筑更新总体要求：保护并修缮传统建筑，拆除近期加建建筑，改造新建建筑。建筑更新应严格依照原有建筑平面布局进行，建筑形式以当地清代坡顶或囤顶为参考。
4. 建筑更新控制要求
（1）体量控制：所有新建建筑均应为1层，所允许的最高屋檐高度为5米。
（2）对新建建筑或现有建筑维修，进行形式、材料与色彩方面的控制：
形式：使用当地清代传统的坡屋顶或屯顶；
门窗框以村内保留民居的门窗为参照；

■ 净因寺展示区
■ 遗址展示区
■ 后勤办公区
■ 历史风貌展示区

近期展示功能
分区示意图

■ 净因寺展示区
■ 遗址展示区
■ 后勤办公区
■ 历史风貌展示区
■ 综合展示区
■ 村落农田体验区

远期展示功能
分区示意图

现有建筑修缮时，保留并维修传统建筑墙面及细部做法，如门头、照壁、墙头、砖雕等；
外露柱子使用传统形式的木柱。

材料：灰色的泥土、砖瓦；
当地常用的自然石材、木材。

色彩：屋顶、墙体主要以灰色为主；
墙体抹灰颜色基于材料的自然色素，主要为红、黄、棕灰与绿色；
外露木构件的油漆颜色宜平实简朴，限于棕灰、红棕、木色。

5. 基础设施改造
基础设施改造应在不破坏村落风貌的前提下，满足村内居民的生活要求：
（1）道路交通：保持现有路面宽度和交通体系，改善路面质量。
（2）给水排水：增设排水系统，改善供水设施。
（3）电力电信：整治现有供电线路，采用套管埋地敷设。
（4）消防设施：增设消防设施，以满足村内消防需求。
（5）卫生设施：增设垃圾收集点，增建公厕。

第77条　村落的发展与建设

土堂村的发展建设，应符合建设控制地带的控制条件，并满足下列要求：
1. 村落的总体发展方向以南向、北向为宜
2. 建筑设计与建造导引
（1）体量控制：所有新建筑高度宜控制在三层以内，屋檐高度不宜超过12米。
（2）对新建筑或现有建筑维修，应进行形式、材料与色彩方面的控制：
形式：与村落的传统建筑相呼应；
采用部分传统建筑的元素或符号，如坡顶，门头，吻兽等。
材料：允许采用混凝土、钢材等现代材料和结构形式；
推荐使用灰色的泥土、砖瓦及当地常用的自然石材、木材。
色彩：屋顶、墙体主要以灰色为主；
墙体抹灰颜色宜平实简朴，基于材料的自然色素，主要为红、黄、棕灰与白色。

第九章　利用规划

第一节　利用策略与要求

第78条　利用原则

1. 以净因寺文物保护为前提，坚持科学、适度、持续、合理利用。
2. 提高展示手段，充分揭示净因寺的历史文化内涵，加强可观赏性。
3. 注重环境优化，为游客接待和优质服务提供便利。
4. 提倡公众参与，注重普及教育。

近期展示及利用规划图

远期展示及利用规划图

第79条　利用策略

1. 在满足文物保护的前提下，可在土堂村内逐步开展游客服务项目，使文物受惠于民。
2. 加大宣传力度，完善文物保护教育手段，严格控制游客容量，实现文化资源的可持续发展利用。

第二节　展陈体系

第80条　整体展示结构建议

根据净因寺周围资源分布情况，规划对土堂村进行整体展陈策划。该地区展示结构以净因寺文物展示为核心，以土堂村古村落景观区和农田生态景观区为平台，形成区域整体展示结构。

第81条　展示内容与方式

1. 净因寺展示内容
（1）净因寺作为明代山西地区佛教文化展示区域，针对文物本体（包括文物建筑和附属文物）进行主题展陈。
（2）在厢房内配套关于寺庙历史文化的陈列展示，努力形成完整的展示体系。
2. 尖草坪区内其他历史遗迹展示内容
（1）窦大夫祠。
（2）多福寺。
（3）崛围山风景区。
3. 土堂村历史村落展示内容
土堂村村落风光展示分为历史村落展示区和农田生态展示区两部分：
（1）历史村落展示区：展示土堂村所保留下来的明清村落格局和整体建筑风貌。
（2）农田生态展示区：展示乡村农田风光。
4. 展示方式
（1）文物建筑、附属文物展示方式为原状、标示展示，并配合文字说明及解说。
（2）文物历史文化的介绍说明方式为图片结合文字说明和多媒体展陈设备。

第82条　展示利用分区

根据展示利用及管理要求，将规划范围分为：文物展示区、旅游服务区、古村落体验区和农田风貌展示区。

1. 文物展示区：包括净因寺古建筑群和寺内附属文物。
2. 旅游服务区：主要包括停车场、旅游区周边山林及道路两侧绿化、净因寺东侧展示活动院落部分。
3. 古村落体验区：在土堂村所保留下来的明清村落格局和整体建筑风貌中，游客可以徜徉在古老村落的巷道里，小坐在农家小院里，感受当地积淀深厚的民俗风情。
4. 农田山林风貌展示区：游客可由田埂小路进入农田区，近距离接触乡村农田风光。可登临净因寺西侧土崖，观赏山林风光。

第83条　展示线路

净因寺展示游线：

主入口—大佛阁—南殿—禅房—韦驮殿—观音殿—地藏殿—大雄宝殿—朝阳洞—出口

第三节 利用设施

第84条 展示设施

1.展示设施包括：展示系统，安全设施，必要的环境服务设施。

2.展示设施基本要求：

（1）保证文物安全，应完全避免设施安装过程中及使用中对文物造成的损坏。

（2）在确保对文物保护有利的基础上，展示空间应满足参观需求，有适宜的光线照度、温湿度环境等。

（3）确保游客安全，应避免展示设施在使用过程中对游客造成的伤害。

（4）展示相关设施选用的形式应与环境相协调。

3.需要在现有研究基础上进行深入的展示系统设计，通过实物、模型展示、图文说明、标示指引相结合的方式对净因寺的文物价值作出详尽的解释说明。

4.做好尖草坪区内其他历史文物遗存点的旅游线路规划及标示指引，以方便游客在区内寻找参观。

第85条 服务设施

1.服务设施应包括服务点、休憩设施、公共厕所、配套交通设施等。

2.出入口、售票处、主要参观点等场所设置宣传文物本体的导游图、参观须知、景点介绍牌等。

3.由净因寺管理人员负责对展示内容进行说明，出版销售与净因寺相关的出版物或音像制品帮助游客了解各种信息，并配备专业解说人员引导游人。

4.改造净因寺内厕所，在土堂村内增建公共厕所，使建筑风格与净因寺整体风貌协调，内部卫生设施与应采用环保型卫生设施。

5.在土堂村东侧建设停车场，远期在城市干道进入规划路口处建设停车场。

6.管理部门需制定与游客有关的安全制度，并制订游客安全、公共卫生、社会安全等突发事件的应急预案，并且在日常管理中进行演习。

第86条 展示分期

1.近期净因寺可联合尖草坪区内的众多历史遗存（多福寺、窦大夫祠、崛围山风景区）进行区域旅游资源的整合展示，主要工作包括：

（1）净因寺：完成文物本体、环境的修缮与整治后，开展寺院展示区展示设施的建设，根据本体保护工程实施情况，完善展示区内容。

（2）土堂村：整治村落道路与排水等基础设施。

2.中远期改善土堂村村落风貌，完善净因寺及村落整体的展陈服务设施，修建陈列馆，进一步加强土堂村历史资源的开发利用。

第四节 利用强度

第87条 游客容量控制原则

1. 游客参观活动对文物造成的干预或危害应尽可能控制在最低限。
2. 游客数量必须严格依据寺内游客承载量的测定数据与监测反馈信息实施管理控制与调整。
3. 文物展示开放容量为定值，不得随旅游开发期限增加。

第88条　容量控制测算

1. 根据测算，净因寺景区的最大日开放容量估算值为 3315 人次，其中文物建筑最大日容量为 1125 人次。规划建议用卡口法对文物建筑的游客量进行控制。
2. 节假日可根据此容量控制标准进行调整，建议延长开放时间并根据实际情况控制游客游览时间，不能突破文物建筑的极限容量。

第89条　游客管理

1. 由文物管理机构编制游客《参观指南》，讲解游客行为管理要求，规范游客参观行为，降低对文物的干扰程度。
2. 建立定期监测制度，监测游客行为，监督游客管理与服务情况，为加强管理、改善服务提供依据。

第90条　宣传要求

1. 广泛利用各种传媒，加强宣传力度，介绍文物古迹价值，扩大其知名度。
2. 重点强调文物古迹的脆弱性、不可再生性，增强居民与公众保护的意识。
3. 使用有效展示形式，吸引不同年龄、文化层次的游客。
4. 印制各类与净因寺相关的宣传册，销售具有当地特色的纪念品。
5. 提高导游和讲解人员的专业素质。

第十章　管理规划

第一节　运行管理

第91条　管理策略

1. 加强管理，制止人为破坏是有效保护文物的基本保障。
2. 日常保养是最基本和最重要的保护手段。要制定日常保养制度，定期巡视监测，并及时排除不安全因素和各种损伤。
3. 根据"保护为主，抢救第一，加强管理，合理利用"的文物工作方针和管理评估结论，规划采取以下策略：
（1）提出现有管理机构调整建议。
（2）制定管理规章要求，改进、完善现有规章制度。
（3）编制日常管理内容。

第92条　管理机构

1. 由太原市政府批准，由太原市文物局设置专门的管理机构，加强净因寺的保护、管理、研究工作。

近期及中期规划实施内容图

2. 加强职工职业教育和业务培训，提高职工的专业水平和综合素质。

第93条 管理规章

1. 根据《中华人民共和国文物保护法》(2002)、《中华人民共和国文物保护法实施条例》等法律、法规文件，建立、健全净因寺文物保护与管理的全套规章制度，保证管理制度的科学性和系统性，保障文物的安全性和延续性。管理规章制度包括：

——保护范围与建设控制地带的界划，应包括四至边界，具体管理和环境治理要求。

——建立、健全对文物建筑的定期普查、保养和隐患报告制度。

——建立、健全对附属文物定期监测的制度。

2. 根据规划内容制定保护管理内容及要求，包括防火应急预案、盗抢事件应急预案、大型活动组织应急预案等。

3. 管理体制与经费，包括各级地方政府、行政部门和管理机构的相关职责。

4. 奖励与处罚，包括保护范围和建设控制地带内对违章行为的处罚和对支持管理、加强保护行为的奖励。

5. 对于旅游利用及文物其他利用方式的管理规定。

第94条 日常管理

1. 文物保护单位的日常管理主要由太原市文物局设立的管理机构负责。

2. 建立自然灾害、文物本体、环境以及游客容量等日常记录制度，积累资料，为实施保护措施提供科学依据。

3. 做好经常性保养维护工作，及时化解文物所受到的外力侵害，对可能造成的损害采取提前预防措施。
4. 开展日常宣传教育工作，提高当地居民的文物保护意识，动员当地居民共同参与文物保护。
5. 配合政府相关部门对可能恢复的民俗活动进行监督和引导。

第二节　专项管理

第95条　工程管理要求

凡在保护区划范围内新建的保护、展示、管理等工程项目应满足下列要求：

1. 必须满足文物保护的安全性，尽可能满足文物环境的和谐性。
2. 必须严格控制新建工程的建设规模，体量宜小不宜大。
3. 建筑造型应避免不恰当的建筑表现手法，外观力求简洁得体。

第96条　工程管理规定

1. 按照2003中华人民共和国文化部令第26号《文物保护工程管理办法》，履行管理报批手续。
2. 按照国家文物局文物办发〔2003〕43号《文物保护工程勘察设计资质管理办法（试行）》《文物保护工程施工资质管理办法（试行）》，实施所有保护工程的勘察设计与施工管理。
3. 按照《中华人民共和国文物保护法实施条例》第十五条，执行文物保护工程的资质管理。

第97条　规划管理

1. 全面落实规划报批与公布程序，推进保护、展示工作的全面协调开展。
2. 建立规划实施的评估衡量标准，监督实施进展，及时向相关负责部门提交详细实施情况报告。

第三节　综合设施

第98条　管理用房

1. 整治现状入口处管理用房，满足近期办公和管理需求。
2. 远期可于现状管理用房一侧增建办公用房。

第99条　管理设施

1. 在管理办公用房和旅游产品销售用房内各设一部电话。
2. 在文物建筑内设置必要的环境监测设施，观察环境变化和建筑、附属文物残损发展趋势。
3. 根据安防要求，完善监控设施。

第十一章　研究规划

第100条　研究计划

1. 加强有关净因寺历史文献收集和整理工作，深入挖掘寺院文化价值。

远期规划实施内容图

2. 开展净因寺历史年代、选址、文物价值等方面的研究工作。

第101条 学术出版计划

有计划地编辑出版净因寺及土堂村专题研究系列丛书，系统传播和介绍净因寺和土堂村相关文化知识。

第十二章 规划分期

第一节 规划分期

第102条 分期依据

本规划分期主要依据"保护为主、抢救第一、合理利用、加强管理"的文物工作方针，国家文化遗产事业"十一五"规划，国家经济计划管理期划和地方相关的经济与社会发展规划等，主要包括：

1. 文物保护工作的方针与原则。
2. 文物保护工作的程序规划。
3. 现状问题的严重性与紧迫性。

4. 地方发展计划及财政可能性。

规划远期工作时期较长，在实施中，应结合实际需求和国家五年计划的经济部署进行统筹安排。

第103条　规划分期

本规划期限为15年，分三期实施：

1. 近期 2011—2016 年。

2. 中期 2017—2022 年。

3. 远期 2023—2033 年。

4. 同时设置不定期规划，以应对突发灾害及居民调控等不确定事件。

第二节　分期实施重点

第104条　近期（2011—2016）实施要点及主要内容

1. 收集并完善基础资料，完成前期咨询工作。

2. 区划科学合理的保护范围和建设控制地带，制定管理规定。

3. 完成文物基本信息采集工作。

4. 完成安防设施整治工程。

5. 完成消防设施整治工程。

6. 完成防雷设施工程。

7. 完成防鸟设施工程。

8. 制定并完善管理规章制度，加强日常管理，加强相关研究工作。

9. 完成净因寺西侧土崖加固防风化工程。

10. 完成建筑梁架彩绘、雕塑的修缮工程。

11. 完成大雄宝殿、观音殿、地藏殿、韦驮殿、南殿、禅房的现状整修工程以及防水、除草、除虫等专项保护。

12. 现状入口处院落整治，西侧围墙拆除。

13. 大雄宝殿北侧院落整治。

14. 重开山门作为主入口，完成山门两侧建筑拆除工程、钟楼、鼓楼复建工程。

15. 用电线路改造，电线电缆迁埋。

16. 完成净因寺西侧土崖加固工程。

17. 完成净因寺北侧民居拆除工程。

18. 完成入口处院落内戏台等建筑的考古记录。

19. 完成村落保护发展研究。

第105条　中期（2017—2022）实施要点及主要内容

1. 完善文物日常监测、管理、保养工作。

3. 完成一类建设控制地带以内建筑风貌改造工程。

4. 完成建筑控制地带以内违章建筑的拆除工程。

5. 实施净因寺历史沿革研究工作。
6. 实施净因寺壁画、雕塑、建筑等专项研究工作。
7. 完成净因寺东侧村委会院落拆除工程、戏台改建工程、并于北侧新建停车场。
8. 出版中期研究成果。

第106条　远期（2023—2033）实施要点及主要内容

1. 完成土堂村民居风貌整治工程。
2. 完成土堂村道路基础设施更新工程。
3. 新建停车场，缩小原有停车场规模。
4. 完成净因寺东侧展示、公共活动院落建设工程。
5. 研究成果出版。

第107条　不定期实施要点及主要内容

1. 文物建筑、附属文物的日常保养和监测。
2. 周边景观维护及环境监测。
3. 根据保护工作进展，不断更新文物保护单位记录档案，完善保护、管理等工作。
4. 合理调整净因寺开发利用的强度，控制文物保护与旅游发展的协调关系。

第十三章　实施保障

第108条　实施保障

1. 根据《中华人民共和国文物保护法》第九条要求：各级人民政府应当重视文物保护，正确处理经济建设、社会发展与文物保护的关系，确保文物安全。基本建设、旅游发展必须遵守文物保护工作的方针，其活动不得对文物造成损害。公安机关、工商行政管理部门、海关、城乡建设规划部门和其他有关国家机关，应当依法认真履行所承担的保护文物的职责，维护文物管理秩序。

2. 根据《中华人民共和国文物保护法》第十条要求：国家发展文物保护事业。县级以上人民政府应当将文物保护事业纳入本级国民经济和社会发展规划，所需经费列入本级财政预算。国家用于文物保护的财政拨款随着财政收入增长而增加。

3. 根据《中华人民共和国文物保护法》第十一条要求：文物是不可再生的文化资源。国家加强文物保护的宣传教育，增强全民文物保护的意识，鼓励文物保护的科学研究，提高文物保护的科学技术水平。

4. 根据《中华人民共和国文物保护法》第十六条要求：各级人民政府制定城乡建设规划，应当根据文物保护的需要，事先由城乡建设规划部门会同文物行政部门商定对本行政区域内各级文物保护单位的保护措施，并纳入规划。

窦大夫祠

第一章　总则

第1条　概况

1. 行政区划：山西省太原市。
2. 类型：古代寺庙建筑及其附属文物遗存的保护规划。
3. 保护级别与公布时间：2001年6月25日由国务院公布为全国重点文物保护单位。

第2条　编制背景

为有效保护窦大夫祠丰富而珍贵的历史文化资源，科学、合理、适度地发挥其在地方文化、经济建设中的积极作用，统筹安排各项建设活动及保护工程，依据《全国重点文物保护单位保护规划编制审批管理办法》，编制本规划。

第3条　指导思想

贯彻"保护为主，抢救第一，合理利用，加强管理"的文物工作方针，对窦大夫祠的保护与利用进行科学、合理的统筹策划，在保证文物本体及其历史环境的安全性、完整性的同时，发挥它们的社会价值，为保证正当的发展和环境的改善奠定基础，同时尽最大可能实现该区域整体的协调发展，使窦大夫祠的真实性、完整性获得有效的保护和延续。

第4条　规划性质

以全国重点文物保护单位窦大夫祠及其附属建筑为核心的文物保护专项规划。

第5条　适用范围

1. 本规划依据国家有关文物保护的各项法律法规文件编制而成，依法审批后，作为全国重点文物保护单位窦大夫祠保护的法规性文件，纳入所在地的国民经济和社会发展规划以及其他相关规划。
2. 本规划适用于规划区内各类别用地的土地使用、各类文物建筑及保护单位的保护控制、建筑物新建及改扩建的管理工作，是下一层次详细规划的编制、建筑和市政工程设计管理工作的依据。
3. 文件（规划图纸）涉及的控制指标和技术规定是根据现行的相关标准规范，结合规划区的实际情况而制定的，未涉及的指标应符合国家、山西省和太原市的有关政策、法规、标准等相关条款的规定。

第6条　编制依据

1. 国家法律、法规与文件

《中华人民共和国文物保护法》（2002）

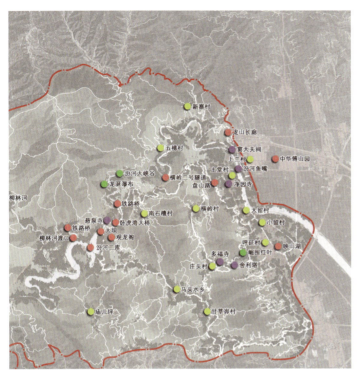

多福寺（全国重点文物保护单位）

净因寺（全国重点文物保护单位）

悬泉寺（山西省重点文物保护单位）

汾河

汾河二库

周边文物景点分布图

文物周边环境图

《中华人民共和国文物保护法实施条例》（2003）

《全国重点文物保护单位保护规划编制审批办法》（2004）

《全国重点文物保护单位保护规划编制要求》（2004）

《中华人民共和国城乡规划法》（2008）

《城市规划编制办法》（2006）

《中华人民共和国环境保护法》（1989）

《文物保护工程管理办法》（2003）

《全国重点文物保护单位保护范围、标志说明、记录档案和保管机构工作规范（试行）》（1991）

2. 地方法规与文件

《山西省实施〈中华人民共和国文物保护法〉办法》（2006）

《太原市文物保护和管理办法》（2003）

3. 相关指导性专业依据

《关于保护景观和遗址的风貌与特征的建议》（UNESCO，1962）

《国际古迹保护与修复宪章》（ICOMOS，1964）

《奈良真实性问题文件》（1994）

《国际文化旅游宪章》（ICOMOS，2002）

《中国文物古迹保护准则》（ICOMOS CHINA，2002）

《北京文件》（2007）

《太原历史文化名城保护规划》（2009）

第7条　规划范围

1. 规划范围：窦大夫祠及其相关环境。

2. 规划范围边界：东至中北大学，北至烈石山北端，西至汾河西岸，南至省轻工学院。

3. 规划面积：约173.5公顷。

第8条　规划期限

规划期限为20年（2011—2030），规划的期限分为三个阶段：第一阶段5年（2011—2015），第二阶段5年（2016—2020），第三阶段10年（2021—2030）。在未制定新的保护规划取代本规划前，本规划继续有效。

第二章　保护对象

第一节　文物概况

第9条　文物简述

1. 地理位置：窦大夫祠位于山西省太原市西北部25公里处的尖草坪区上兰镇西侧，地理坐标为东经112°25′59.19″，北纬38°0′37.39″。

东侧鸟瞰图

南侧鸟瞰图

环境地形高程图

东南侧鸟瞰图

文物周边环境三维图及地形高程图

规划范围图

2. 窦大夫祠坐北朝南，呈带状形依烈石山而建。东西长 296 米，南北长约 80 米，占地面积约 24864 平方米，建筑面积 2403.8 平方米。

第10条　历史沿革

1. 窦大夫祠唐代已存，但创建年代不详。
2. 宋元丰八年(1085)六月，祠为汾水所淹，北移至此重建。
3. 元世祖至元四年（1267）重修，基本形成目前格局规模。此后历经明清两代数次不同程度修建。明代与东侧建保宁寺，清代建观音阁。
4. 民国二十四年至二十五年（1935—1936），国民政府于窦大夫祠东侧为赵戴文修建公馆。至此，格局已完全形成。
5. 1949 年至今历经数次整修，文物及环境目前受到较完善保护。

第11条　遗存年代

（1）窦大夫祠山门、献亭和正殿文物建筑大木及装修遗存年代均为元代。
（2）保宁寺文物建筑的遗存年代为明代。
（3）窦大夫祠戏台、烈石神祠和观音阁文物建筑遗存年代均为清代。
（4）戴公馆文物建筑的遗存年代为民国。

第二节　环境概况

第12条　区域概况

窦大夫祠位于今太原市尖草坪区，全区总面积为 285 平方公里，总人口约 31 万。

第13条　自然环境

1. 地形地貌：东西北三面环山，汾河纵贯南北，地势由西北向东南倾斜。
2. 气候特征：属暖温带大陆性气候，四季分明，冬季寒冷干燥，夏季炎热多雨，秋季短暂凉爽。年均无霜期 170 天，年降水量 459.5 毫米。地下水资源丰富，水位较高。
3. 自然灾害：尖草坪区的主要自然灾害为旱灾、水灾、雹灾、虫灾、风灾、霜灾和地震。
4. 对遗存造成的破坏因素：雨季潮湿，冬季寒冷及大风破坏等自然因素加速了古建筑的木质构件和砖石材料的风化和腐朽，不利于碑刻、彩画的保存。

第14条　社会环境

1. 窦大夫祠东侧紧邻中北大学，该校为国家工业与信息化部和山西省政府合办的多学科研究型大学，是一所具有 70 年历史的高等院校。
2. 土地利用：现行保护范围面积为 18.5 公顷，保护范围内为文物古迹用地；现行建设控制地带 66.9 公顷，建设控制地带内为山地、汾河河道和中北大学学校用地。保护区划以外西、北两侧为山地，南侧为山西省轻工学院，东侧为中北大学及上兰村用地。
3. 道路交通：窦大夫祠南侧为城市主干道滨河东路，对外交通便捷。
4. 文化资源：尖草坪区现有各类文物古迹百余处，其中全国重点文物保护单位 5 处。

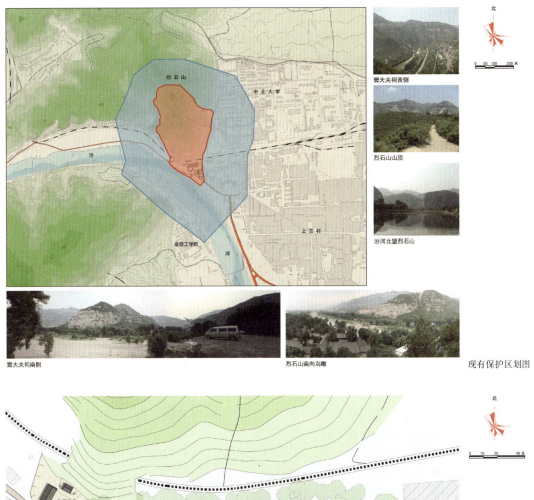

窦大夫祠西侧

烈石山山顶

汾河北望烈石山

窦大夫祠南侧　　烈石山南向鸟瞰

现有保护区划图

现状总图

太原西山地区的历史营建与遗存 ┊ 卷下：保护五则

第三节 文物构成

第15条 文物本体

窦大夫祠的文物本体包括建筑布局、文物建筑和附属文物。

1. 建筑布局

窦大夫祠总体呈带状分布，由东往西依次排列有赵戴文公馆、观音阁、保宁寺、窦大夫祠和烈石寒泉等文物建筑。其中赵戴文公馆为三进院落，保宁寺、观音阁和窦大夫祠为一进院落。

2. 文物建筑：

（1）赵戴文公馆：由南往北依次为大门、警卫室、车库、过厅、东西厢房、厨房、水塔、念佛堂。

（2）观音阁：由南往北依次为东西厢房、正殿及二层观音殿。

（3）保宁寺：由南往北依次为东西厢房、正殿。

（4）窦大夫祠：由南往北依次为戏台、山门、山门两侧窑洞、钟鼓楼、东西厢房、献殿、正殿及两侧耳房。

（5）烈石寒泉：现有正殿一座。

3. 附属文物

（1）正殿板门彩绘：为元代立粉贴金降龙彩绘原物。

（2）匾额：清代匾额6块，位于山门、献殿、正殿、山门西侧窑洞及烈石庙上方。

（3）碑刻：寺内现有碑刻20通，其中辟绳极元碑1通、明碑4通、清碑15通。

（4）塑像：保宁寺内清代塑像3尊。

（5）石刻：清代石狮2对，石经幢1处，烈石寒泉存有石雕螭龙吐水兽头1处，赵戴文公馆花园内东墙处散布石刻十几通。

（6）古井：烈石寒泉存有古井1口。

（7）古树：现有古树17株。

第16条 文物环境

1. 北侧烈石山、南侧崛围山和汾河烈石口所组成的山水格局自然景观。
2. 周边由净因寺、多福寺、悬泉寺等崛围山历史遗迹所形成的历史文物圈。

第三章 价值评估

第17条 文物价值

1. 历史价值

（1）窦大夫祠重建于元代，见证了山西元代祠院的发展情况，为研究山西元代时期的祠院发展状况提供了重要实物资料。

（2）窦大夫祠的整体建筑格局保存较为完整，是山西重要的元代祠院建筑群实例，对研究我国元代祠院建筑群体布局具有重要实证价值。

（3）窦大夫祠南殿、献亭和后殿是具有典型地域特征和时代特征的祠院建筑实例，是研究山西元代木构建筑的宝贵实例。

（4）窦大夫祠内保存的大量碑刻记载的历史信息，对于研究窦大夫祠的历史沿革及周边区域的社会活动提供了确凿的资料。

（5）窦大夫祠是"孔子回车"这一历史事件和当地晋文化的历史见证。

2. 艺术价值

（1）窦大夫祠南殿、献亭和后殿在空间构成、造型和装饰等方面体现了我国元代时期建筑的艺术水平，同时体现了相应历史时期山西木构建筑的地域风格。

（2）窦大夫祠的建筑艺术与汾河和烈石山的自然环境相互映衬，形成具有极高观赏价值的人文景观。

3. 科学价值

（1）窦大夫祠南殿、献亭和后殿是研究元代木构建筑技术科学直接、丰富的信息源；窦大夫祠戏台是研究山西清代木构建筑地域风格珍贵的实物资料。

（2）窦大夫祠内保存有完好的元代彩绘板门和献殿藻井，是研究元代山西地区传统工艺的优秀实例。

第18条　社会价值

1. 窦大夫祠是具代表性的古建筑群，是太原市西山地区重要的历史文化资源。

2. 窦大夫祠是当地人民传统信仰与民俗文化的精神场所，对于丰富地区文化，提升地区吸引力具有重要价值。

第四章　现状评估

第一节　文物保存现状

第19条　文物本体保存现状

文物的保存状况主要从真实性、完整性和残损状况三方面来评估。

1. 真实性

（1）窦大夫祠

窦大夫祠部分建筑虽历经改建，但整体延续了元代寺院重建时的规模和布局，真实性较好。

文物建筑：中轴线上的主要建筑物南殿、献亭和后殿为元代原物，戏台为清代原物，后期对建筑的干预措施主要为修缮加固，工程符合最小干预原则，所添加物可识别性较好，基本满足文物保护的真实性要求，故这四座文物建筑的真实性较好。

附属文物：后期保护维修工程对附属文物的干预较小，真实性较好。

（2）烈石寒泉

烈石寒泉经"文革"时期破坏和水文环境变化，现已干涸无水。但仍有少量文物遗存，部分延续了作为"太原八景"之一的"烈石寒泉"的历史风貌，真实性一般。

文物建筑屋顶形式图

文物建筑残损状况图

文物建筑：现存有烈石神祠小殿一座，为清代建筑。后期曾进行大修，基本满足文物保护的真实性要求，故这座文物建筑的真实性一般。

附属文物：后期保护维修工程对附属文物的干预较小，真实性较好。

（3）保宁寺

保宁寺现存有正殿和两侧厢房，后期曾进行大修工程，真实性一般。

文物建筑：现存正殿和两侧厢房，为明代建筑。正殿后期对建筑的干预措施主要为修缮加固，工程符合最小干预原则，真实性较好。两侧厢房后期曾进行落架大修工程，工程干预较大，真实性一般。

附属文物：后期保护维修工程对附属文物的干预较小，真实性较好。

（4）观音阁

观音阁现存有正殿、观音阁和两侧厢房，后期曾进行大修工程，真实性一般。

文物建筑：现存有正殿、观音阁和两侧厢房，为清代建筑。后期曾进行落架大修工程，工程干预较大，真实性一般。

附属文物：后期保护维修工程对附属文物的干预较小，真实性较好。

（5）赵戴文公馆

赵戴文公馆建筑院落格局和建筑保存完好，真实性较好。

文物建筑：后期对建筑的干预措施主要为修缮加固，工程符合最小干预原则，所添加物可识别性较好，基本满足文物保护的真实性要求，故这四座文物建筑的真实性较好。

2. 完整性

文物建筑、附属文物有不同程度的残损。但是目前保留的文物建筑及院落、附属文物能反映窦大夫祠核心价值，单体价值的完整性保存较好。

3. 残损状况

（1）建筑院落：院落硬质铺地局部残损，基本保存完好。

（2）文物建筑：窦大夫祠戏台、山门、钟鼓楼、正殿、厢房保存情况较好，但山门踏步部分残缺，现临时使用水泥进行修补；献殿保存状况尚可，但内部藻井出现部分残损，如果继续发展将对藻井整体结构造成影响，亟须进行相应处理。烈石寒泉、保宁寺、观音阁和赵戴文公馆现存文物建筑保存情况较好。

（3）附属文物：塑像保存现状基本完整，由于自然和其他等因素导致有轻度风化现象和积尘污染；正殿大门的元代彩绘保存现状基本完整；石碑受自然风化的破坏，碑体部分字迹已不可辨，台基亦受到损坏，匾额保存较好；石刻有部分残损情况；古井保存较好；古树有九株侧柏存有病害，正在治疗中，其他古树保存较好。

第20条　文物环境现状

根据保护工作现状和实地调查情况，本规划对寺内及其周边环境作出下列评估。

1. 本体及周边环境

（1）文物历史环境：主要历史信息保存基本完整，格局基本完好。

（2）环境氛围：寺内主体建筑格局基本完好，塑造出了祠院的环境氛围，环境卫生较好；窦

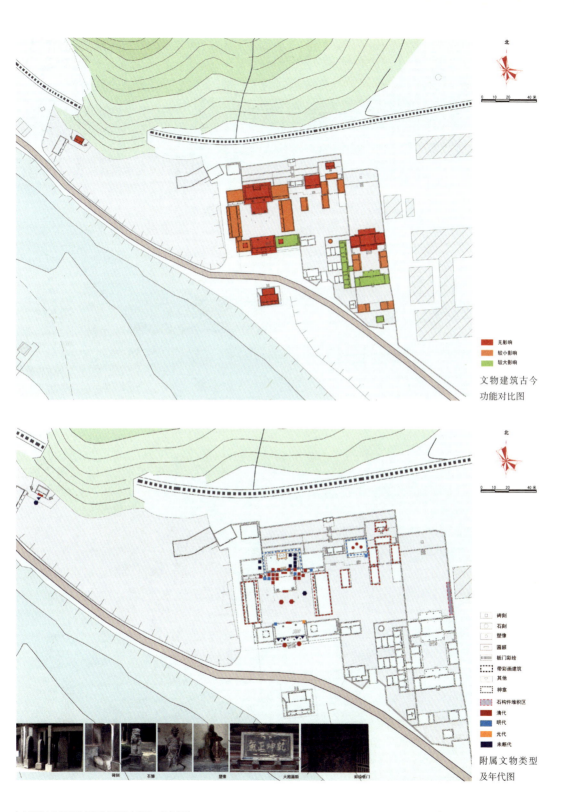

文物建筑古今功能对比图

附属文物类型及年代图

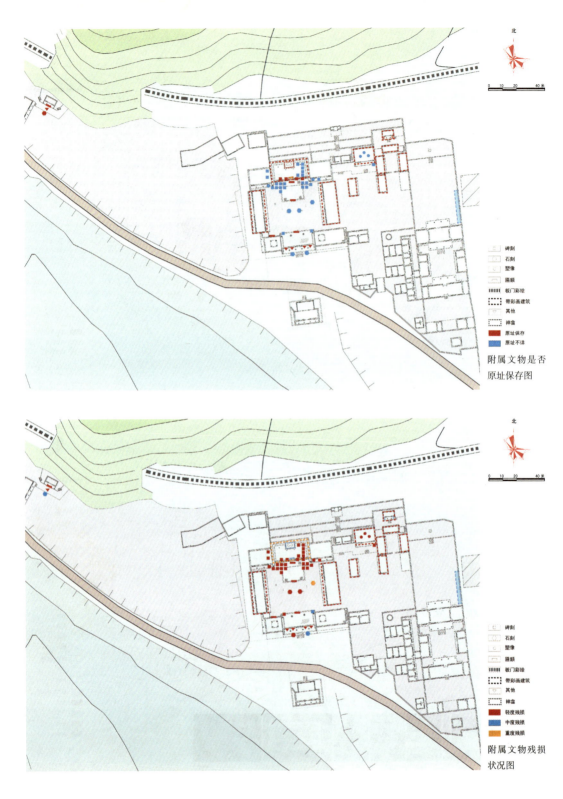

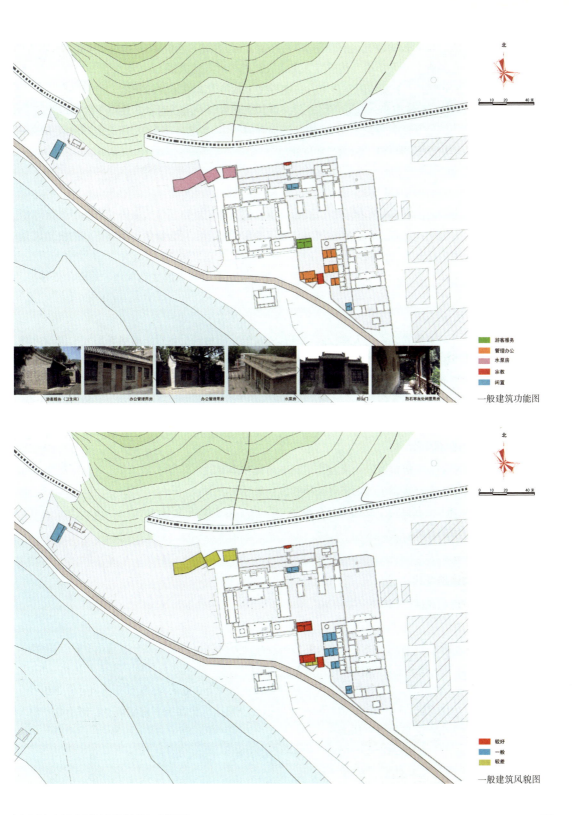

大夫祠山门外入口空间较为凌乱,有道路从戏台和山门间穿过,未能形成寺庙入口空间氛围;西侧有水泵站,东侧有中北大学宿舍楼破坏了窦大夫祠的外部环境氛围。

(3)环境安全隐患:未安装防雷设施,一定程度上威胁着文物本体的安全。

(4)噪音噪声:距城市机动交通道路较近,且其北侧紧邻专用铁路线,故噪声污染较大。

(5)环境污染:窦大夫祠在烈石山下,南邻汾河和崛围山,自然环境优美,周边大环境氛围较好。但北侧山体下堆积有生活垃圾,影响了环境质量。

2. 周边环境

(1)周边人文环境与历史环境

——窦大夫祠南侧有运输车辆穿行,其后半山腰部有专用铁路运输线横卧,影响了景区环境。

——窦大夫祠北接烈石山,南靠汾河,与汾河西岸的崛围山互为犄角,形成良好的自然风景。

——窦大夫祠西面为古阳曲八景之一的烈石寒泉遗址,现泉池干竭。

——窦大夫祠周边有净因寺、多福寺、悬泉寺等众多全国知名的文物古迹,形成价值极高的文物古迹区域。

(2)景观环境

——窦大夫祠东侧紧邻中北大学校园建筑,建筑的立面材料、色彩、形制与窦大夫祠不协调。

——南侧为汾河,北侧为烈石山,环境较好。

——西侧为烈石寒泉遗迹,现泉池干竭,岸边留有混凝土构造的简易水泵房,与窦大夫祠不协调。

(3)环境质量:当地大气、水质、土壤等环境要素均未受到严重污染,环境质量好。

第21条 主要破坏因素

1. 自然因素:主要建筑及附属文物均受自然风化和潮湿的破坏。

2. 生物病害:生物病害表现为鸟兽破坏和虫蛀破坏两方面。

3. 不良人为干预和破坏:对附属文物偷盗的行为;对文物建筑不当新建;乱丢垃圾、乱拉电线等对文物环境的破坏行为。

第二节 文物保护现状

第22条 保护现状评估

1. 保护工作

(1)保护级别公布:2001年6月25日,窦大夫祠被国务院公布为第五批全国重点文物保护单位。

(2)保护区划:现有保护范围为东至华北工学院西围墙,西至烈石寒泉,南至汾河北,北至烈石山顶,约18.5公顷;现有建设控制地带为东南西至保护范围外300米,北至烈石山顶延伸200米处,约66.9公顷,如在周围开山炸石,则控制在2公里处。根据历史研究和现状调查,现有保护区划未能完整地包括历史信息和历史环境。

(3)保护标志:有国保标志说明牌,无保护范围界碑。

(4)保护档案:文物档案正在编制中。

院落绿化与铺地现状图

院落现状布局与功能图

（5）保护管理条例：未制定窦大夫祠专项管理条例。

2. 本体保护

（1）消防设施：

——窦大夫祠内建筑均为木结构建筑，易发生火灾。

——窦大夫祠现有消防系统未具备满足消防要求的消防水池、水泵和消防环路系统。

——窦大夫祠与尖草坪区消防队距离约9公里，火灾发生后消防队不能及时到达，延误救灾时间。

——窦大夫祠有专设的消防安全领导组织机构，有日常消防管理制度，具有针对性的消防紧急预案。

（2）安防设施：院落内有相应的安防设施。目前的安防手段只能应对正常情况的秩序维持，尚无力应对突发事件或有预谋的破坏。

（3）防鸟及其他生物设施：寺内文物设施现均未安装防鸟设施。

（4）信息保存：还未全面开展塑像、壁画、彩画信息采集和建立信息数据库等工作。

（5）应急预案：未制订突发事件的应对措施与防范计划。

（6）病害检测：未开展碑刻、壁画、彩画病害监测工作，无监测设备。

3. 环境保护现状

（1）历史环境：无寺院建造时期历史环境、植被品种与景观特征的历史环境研究资料。

（2）现状环境：未开展生态环境保护、景观风貌整治等环境保护工作。

第23条　利用现状评估

1. 开放条件

（1）现有保存完好的文物建筑窦大夫祠元代南殿、献亭和后殿，明代的保宁寺大殿，以及清代戏台、观音殿，民国的赵戴文公馆等，同时有大量保存完好的碑刻，具有很高的观赏价值。

（2）窦大夫祠对外交通便利，位于滨河东路的尽端。

（3）窦大夫祠所在的崛围山风景区内有众多的历史文物古迹，适合进行区域旅游。

2. 开放状况及展示、服务设施

（1）旅游开放：窦大夫祠目前对外开放，但游客稀少，其中以太原市的游人为主，文物未能得到有效的利用，文物价值没有得以利用。

（2）旅游收入：旅游收入较低；文物保护未能对当地居民的生活起到促进作用，群众对文物保护的重要性认识不够。

（3）现有展陈：场地内设施落后，缺少对文物本体的展示；缺少文物陈列馆，相关可移动文物没有科学、合理的保存及展示场所。

（4）游客服务设施：无完善的游客服务设施，缺少完整系统的标识牌、指路牌及文物介绍性说明牌。

（5）交通服务设施：进入窦大夫祠景区的道路状况较好，但窦大夫祠外围无停车场等交通服务设施。

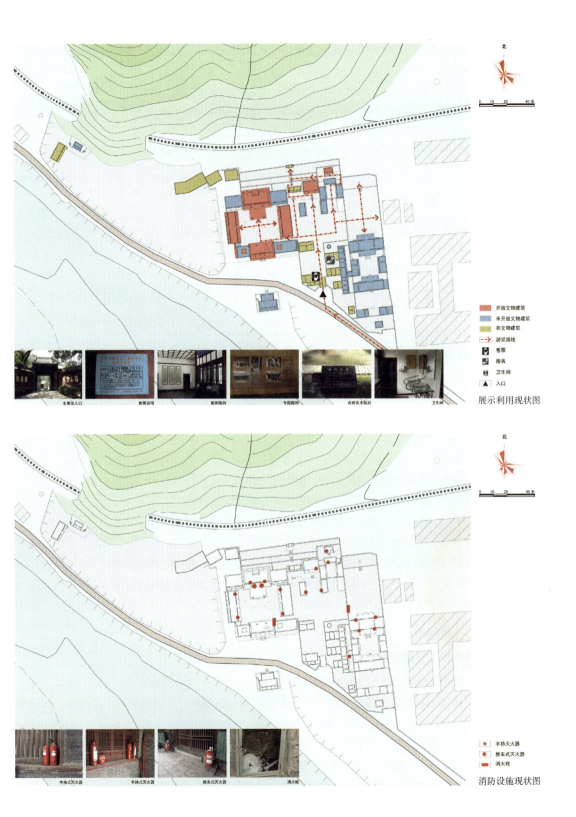

展示利用现状图

消防设施现状图

（6）游线组织：未能将窦大夫祠文物建筑群及附属文物与周边自然、人文景观相结合。

3. 宣传教育

（1）宣传工作：尚未开展文物宣传工作，窦大夫祠的知名度不高。

（2）教育工作：文物保护教育工作方式简单，力度不足。

第24条　交通现状评估

1. 对外交通：窦大夫祠毗邻城市干道，对外交通便捷。

2. 内部交通：窦大夫祠景区入口空间混乱，有道路从山门前广场穿过。目前车辆只能停放在山门前广场上，影响入口景观。

第25条　管理现状评估

1. 运行管理

（1）管理机构：崛围山文物管理所负责窦大夫祠的管理工作。

（2）规章制度：崛围山文物管理所根据自身特点，制定了有关保卫、安全防火等方面的管理制度，对窦大夫祠进行规范管理。

（3）安全保卫：有职工2人，专职负责窦大夫祠的日常安全工作。

（4）管理经费：主要来自三个方面：一为政府拨款，二为门票收入，三为社会捐赠。

2. 综合设施

（1）管理用房：评估等级为B级，现有专门的管理用房，但设施较简陋。

（2）基础设施：保护单位临近村庄和学校，周边给排水、电力、电讯设施齐备。

第26条　研究现状评估

1. 研究成果

（1）研究成果：有一定数量研究成果，但广度、深度不足。

（2）尚未全面开展建筑、碑刻、塑像和壁画的保护研究工作。

（3）尚未开展祭祀活动、庙会等相关非物质遗产的挖掘和研究工作。

2. 研究队伍与研究资料

（1）窦大夫祠管理机构专职研究人员较少，不能满足研究、整理工作的需要。

（2）现已积累了一些有关文物建筑测绘，碑刻、塑像、壁画的影像等基础资料。

第三节　现存主要问题

第27条　文物保护工作尚需完善

1. 保护工作尚需完善，未竖立保护范围边界界桩，"四有"档案仍需完善。

2. 目前安防能力较好，现已安装系统监控报警设施，但应进一步加强管理人员巡视，配备必要的保卫装备。

3. 防鸟及其他生物设施有待完善，现无防鸟及其他生物的防护设施。

4. 保护措施：碑刻、塑像、壁画保护措施力度不足，不能有效抵御自然破坏因素的危害。

5. 监测设施：缺少室内温度、湿度对木构架、壁画、塑像影响的监测设备。

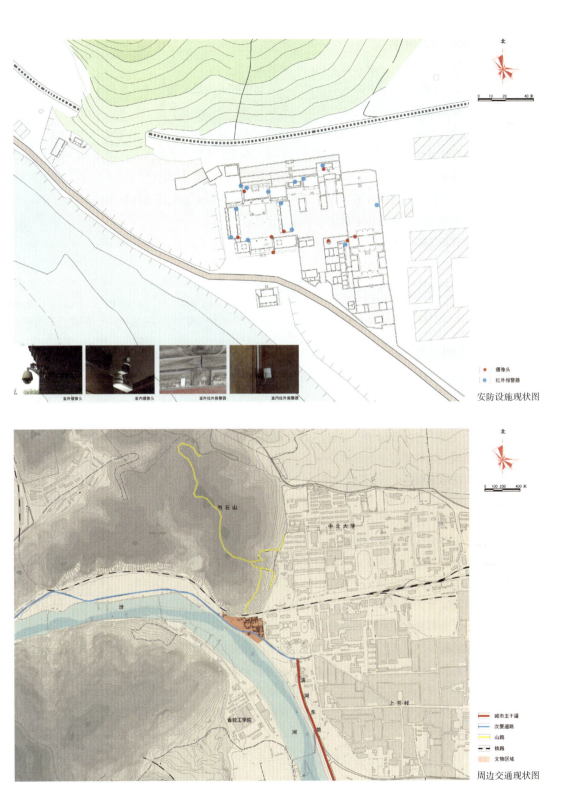

安防设施现状图

周边交通现状图

第28条　文物展示利用不够
1. 现行展陈体系薄弱，未能发挥文物的社会价值。
2. 现展示设施简陋，无完善游客服务设施，未能良好地满足文物对外开放需求。

第29条　历史环境破坏
1. 窦大夫祠南侧崛围山和烈石山西侧采石情况严重，破坏了文物的历史环境。
2. 周围历史环境有待整理，烈石寒泉泉水干涸不能良好体现历史景观。

第30条　管理体系有待完善
1. 现有的建设控制地带划分不尽合理，对保护文物安全和完整的可操作性不强。
2. 文物专项管理经费不足，未制定专项保护管理条例。

第31条　研究宣传力度不够
1. 研究成果较少。
2. 科技保护研究人力资源不足，不能满足文物保护的需要。

第五章　规划框架

第32条　规划原则
1. 法制的原则
依法保护文物，在法律体系下，保护文物本体的真实性、完整性和延续性以及相关历史环境的完整性，是规划设计要遵循的基本原则。
2. 可操作性的原则
对窦大夫祠的各方面进行深入研究和评估，结合周边业已形成的建筑和用地布局，强调可操作性，对保护范围和建设控制地带作出调整建议。
3. 前瞻性与现实性相结合的原则
本规划的制定着眼于长期有效的保护，同时重点解决窦大夫祠现存的主要问题。
4. 联系与协调发展的原则
本规划强调窦大夫祠与周边文化景点的联系，同时将旅游资源进行整合，使窦大夫祠在得到保护的基础上，发挥更大的社会效益和经济效益。

第33条　规划目标
本规划目标是使窦大夫祠这一全国重点文物保护单位获得有效保护和合理利用，使窦大夫祠的文物价值和社会价值得到充分实现；明确保护方向和措施，为今后窦大夫祠的文物保护工作提供控制管理的法律依据和工作框架，为窦大夫祠的发展提供切实可行的建设指导。

第34条　基本对策
1. 保护：调整保护区划，完善保护工作；完善安防、消防设施建设，制定保护措施。
2. 管理：制定相关管理规章制度，完善基础设施建设。

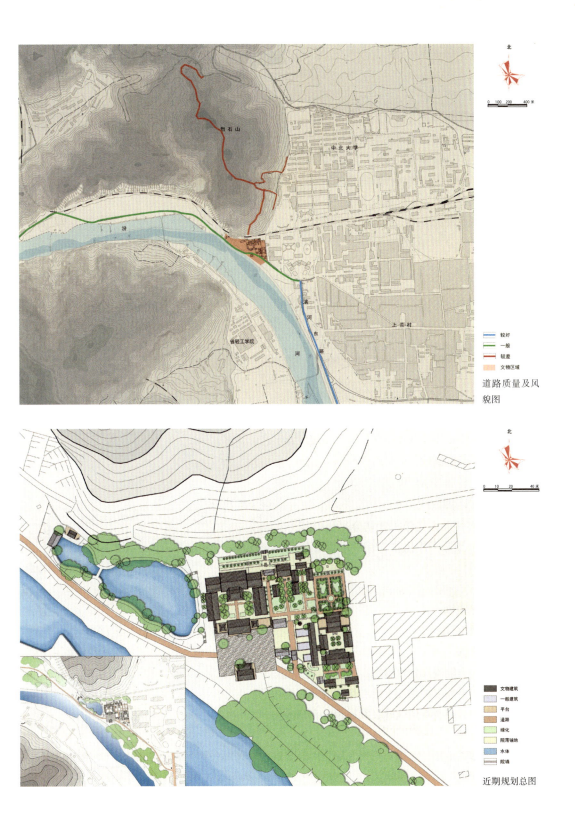

道路质量及风貌图

近期规划总图

3. 展示：策划展陈方案，开展展示工程建设，完善展示设施。
4. 研究：深入窦大夫祠历史沿革、规模以及碑刻、塑像、壁画保护措施等基础研究工作。

第35条　主要内容

1. 分析和评估窦大夫祠的现状和价值。
2. 编制窦大夫祠保护原则和策略。
3. 确定保护目标和重点。
4. 确定保护范围和建设控制地带，划定视线通廊，制定管理要求。
5. 制定保护措施，划分措施等级。
6. 编制窦大夫祠展示、管理等专项规划。
7. 编制规划分期与估算，制定实施计划。

第六章　保护区划

第一节　区划策略

第36条　保护区划调整

根据现状评估和调查研究，现有保护区划不能满足文物的保护需求，因此依据下列因素对保护区划重新界划：

1. 满足文物本体及其环境保护的完整性、安全性的要求。
2. 文物实际管理操作的可行性要求。
3. 窦大夫祠现行保护区划的范围。

第37条　保护区划分区

本规划将窦大夫祠保护区划分为保护范围、建设控制地带两个层次，保护区划总面积为143公顷。

保护区划分区表

保护区划	规模（公顷）
保护范围	18.8
建设控制地带	124.4
合计	143.2

第二节　区划类别

第38条　保护范围

1. 调整依据

——窦大夫祠现存建筑状况。

——窦大夫祠保护的安全性和保存的完整性。

——窦大夫祠所在地区建设发展现状和趋势。

2. 四至边界

北侧至烈石山顶，南侧至汾河北侧，西侧至烈石寒泉，东侧至戴公馆东墙外10米。

3. 占地面积

约18.8公顷。

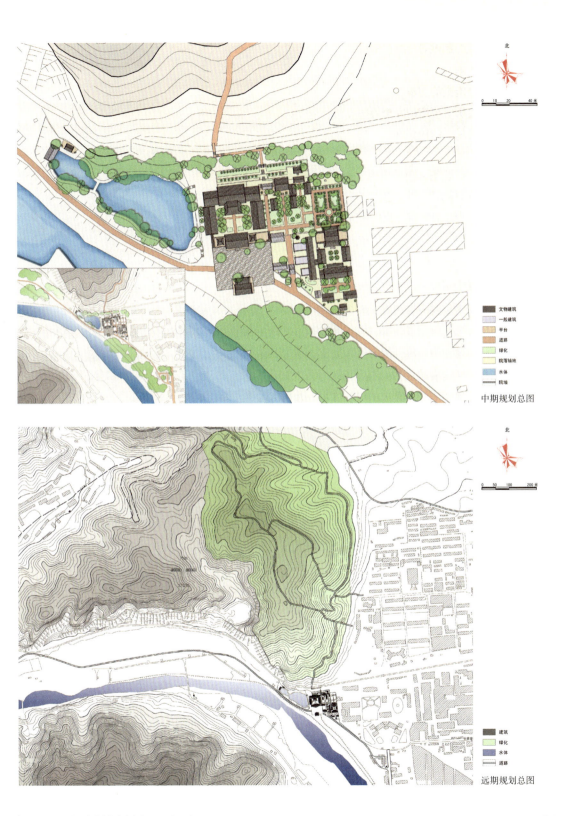

中期规划总图

远期规划总图

第39条　建设控制地带

1. 调整依据

——视域范围的完整性。

——相关历史环境的完整性。

——环境风貌的协调性。

2. 四至边界

北至烈石山北侧，南至山西省轻工学院北侧，西至居汾河西岸 300 米的崛围山山体，东至中北大学校园内西侧道路。

3. 占地面积

约 124.4 公顷。

第三节　管理规定

第40条　保护区划统一管理规定

1. 本规划经批准后，按照《城市规划编制办法》的要求，将保护区划边界、管理规定和主要保护措施的内容作为强制性内容纳入太原市城市总体规划。

2. 在保护范围和建设控制地带内的考古发掘、保护工程、建设工程等项目必须遵守《中华人民共和国文物保护法》等有关法规的规定，并按法定程序办理报批审定手续。

3. 在保护范围和建设控制地带内，不得建设可能污染窦大夫祠及其环境的设施，对已有的污染设施，应当限期整治或拆除；不得进行可能影响窦大夫祠及其环境安全性、完整性的活动，对现有安全隐患，应当限期整改。

第41条　保护范围内的管理规定

1. 保护范围内的土地性质确定为"文物古迹用地"。

2. 本区域为非建设区，不得进行除保护工程以外的其他建设工程或者爆破、钻探、挖掘等作业。

3. 逐步实施环境整治措施，迁埋电线电缆；凡位于保护范围内，对文物本体或环境造成破坏或不利影响的建筑物或设施应根据实际情况和经济条件，予以拆除或迁建。

4. 实施有效的安防与保护措施，安装监控设备和防火设备，配置专人守护。

5. 加强对文物建筑的日常保养和维护，及时修缮受损建筑和附属文物，消除安全隐患，确保文物建筑安全。

6. 加强绿化，保持水土，保护地形，修补雨水冲刷破坏的地貌。

第42条　建设控制地带内的管理规定

1. 建设控制地带东侧以控制窦大夫祠周边建筑的高度、体量和风貌为主要手段；北侧、西侧和南侧以保护山地及汾河景观风貌为主要手段。

2. 建设控制地带内规划路东侧、南侧的建筑物和构筑物高度应限制在 9 米以内，且不高于建筑物距窦大夫祠保护范围最近水平距离的 1/10。

3. 建设控制地带内的建筑屋顶形式、立面风格应与本地区的传统民居建筑风格相统一。

保护区划调整图

规划保护区划图

4. 建设控制地带内规划路南侧用地应保持现有用地性质，保持山地及河道景观风貌，禁止实施与文物保护无关的建设工程。

5. 建设控制地带内的建筑物和构筑物色调应与窦大夫祠建筑相协调，以青灰色调为宜，避免刺目突出。

6. 建设控制地带内规划路两侧的绿地率不小于75%，建设用地的容积率不得高于0.5。

7. 建设控制地带内的其他土地只能作为农业耕作或公共绿地，不作为工业或其他建设用地。建筑高度应控制在9米以下，且不高于建筑物距窦大夫祠一类建设控制地带最近水平距离的1/10。单体建筑占地面积不大于300平方米。

第七章　保护规划

第一节　保护工作

第43条　公布保护区划，设置保护标志

1. 本规划重新界划的保护区划在通过行政审批程序后，由山西省人民政府重新公布。重新公布的保护范围边界应落实界标。

2. 标志牌制作应符合《中华人民共和国文物保护法实施条例》和《全国重点文物保护单位保护范围、标志说明、记录档案和保管机构工作规范（试行）》要求。

第44条　编制保护管理条例

1. 按照相关法律、法规要求，编制《窦大夫祠保护管理条例》，并依据相关程序报山西省人民代表大会会议通过、公布实施。

2. 建立监督机制，监测《窦大夫祠保护管理条例》实施情况。

第45条　文物信息保存

开展文物信息采集工作，建立文物信息数据库，实现全面的、永久的信息保存。工作内容包括：

1. 按照《全国重点文物保护单位记录档案工作规范（试行）》（2003.11）要求，补充完善保护档案。

2. 收集、整理文物相关历史信息及历年保护工程资料。

3. 开展窦大夫祠塑像、石刻、壁画影像、碑刻拓片数字化采集以及古建筑测绘工作，建立文物信息数据库。

第二节　本体保护措施

第46条　原则

1. 在制定具体保护措施时，必须采取审慎的态度，在保护措施和技术不够成熟的情况下，应首先考虑具有可逆性的措施。

2. 保护工程必须委托具备相应文物保护工程资质的单位进行设计、施工、监理，设计方案必须符合文物保护要求，依程序审批后方可实施。施工前应制定严格的质量责任制度和保修制度。

3. 上述所有保护措施的运用必须建立在对各文物点具体问题的实地调研和科学分析的基础

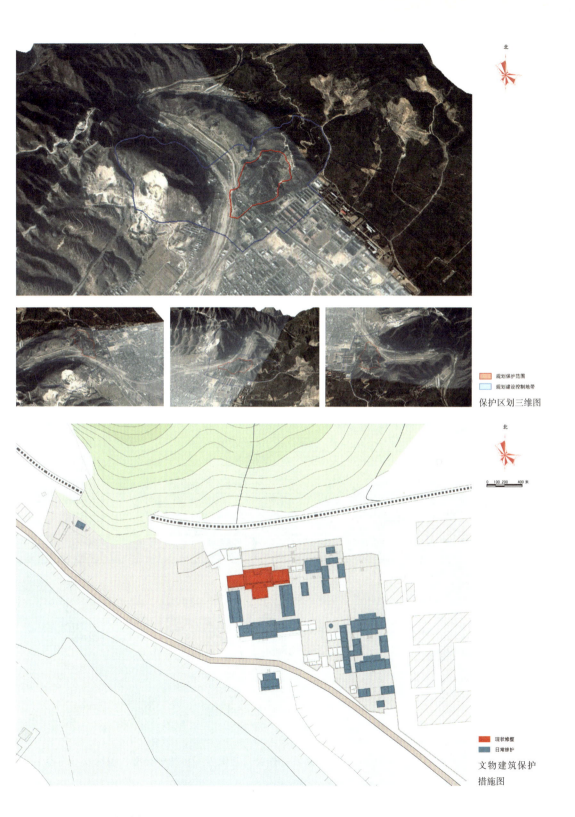

保护区划三维图

文物建筑保护措施图

上，技术方案须经主管部门组织专家论证批准后，方可实施。

第47条　建筑保护措施

窦大夫祠建筑本体的保护措施分为：日常保养工程、现状修整工程、非文物建筑风貌整治工程三类。

1. 日常保养工程

（1）必须制定相应的保养制度，主要工作是对有隐患的部分实施连续监测，记录存档，并按照有关的规范实施保养工程。在监测、维护过程中，一旦发现比较明显的残损问题，经相关部门审批后按照有关的规范实施修整工程。

（2）窦大夫祠文物建筑的日常保养措施包括：清洁除尘、测绘、文字及摄影记录、沉降观测、病害监测、除草、定期打瓦节等。

2. 现状修整工程

（1）指在不扰动现有结构、不增添新构件、基本保持现状的前提下进行一般性工程措施，将有险情的结构和构件恢复到原来稳定安全的状态。

（2）窦大夫祠文物建筑保存状况较好，除献殿、正殿和耳房外暂不需实施现状修整工程，其他文物建筑在监测、维护过程中，一旦发现比较明显的残损问题，经相关部门审批后按照有关的规范实施修整工程。

现状修整和风貌整治工程需制订相应设计方案，严格按照程序论证审批后方可实施。

根据对各文物建筑残损现状的评估，现对各建筑单体分别采取如下保护工程：

建筑单体保护措施表

序号	文物名称	保护措施	措施级别
J1	窦大夫祠戏台	清洁除尘、文字及摄影记录、沉降观测、病害监测	日常保养
J2	窦大夫祠钟鼓楼	清洁除尘、文字及摄影记录、病害监测	日常保养
J3	窦大夫祠山门	清洁除尘、文字及摄影记录、沉降观测、病害监测	日常保养
J4	窦大夫祠献殿	木构件拨正归位、清洁除尘、文字及摄影记录、沉降观测、病害监测	现状修整
J5	窦大夫祠正殿	墙体防潮、清洁除尘、文字及摄影记录、沉降观测、病害监测	现状修整
J6	窦大夫祠厢房	拆除西厢房添建墙体、清洁除尘、文字及摄影记录、病害监测	日常保养
J7	窦大夫祠耳房	墙体防潮、清洁除尘、文字及摄影记录、沉降观测、病害监测	现状修整
J8	保宁寺正殿	清洁除尘、测绘、文字及摄影记录、病害监测	日常保养
J9	保宁寺厢房	清洁除尘、测绘、文字及摄影记录、病害监测	日常保养
J10	观音阁正殿	清洁除尘、测绘、文字及摄影记录、病害监测	日常保养
J11	观音殿	清洁除尘、测绘、文字及摄影记录、病害监测	日常保养
J12	观音阁厢房	清洁除尘、测绘、文字及摄影记录、病害监测	日常保养
J12	赵公馆值班室	清洁除尘、测绘、文字及摄影记录、病害监测	日常保养
J13	赵公馆车库	清洁除尘、测绘、文字及摄影记录、病害监测	日常保养
J14	赵公馆过厅	清洁除尘、测绘、文字及摄影记录、病害监测	日常保养
J15	赵公馆念佛堂	清洁除尘、测绘、文字及摄影记录、病害监测	日常保养
J16	赵公馆厢房	清洁除尘、测绘、文字及摄影记录、病害监测	日常保养
J17	赵公馆厨房	清洁除尘、测绘、文字及摄影记录、病害监测	日常保养
J18	赵公馆耳房	清洁除尘、测绘、文字及摄影记录、病害监测	日常保养
J19	赵公馆水塔	清洁除尘、测绘、文字及摄影记录、病害监测	日常保养

第48条　建筑院落保护措施

窦大夫祠建筑院落保护措施分为现状修整工程及日常保养工程两种类型，包括以下内容：

1. 加固现有围墙。

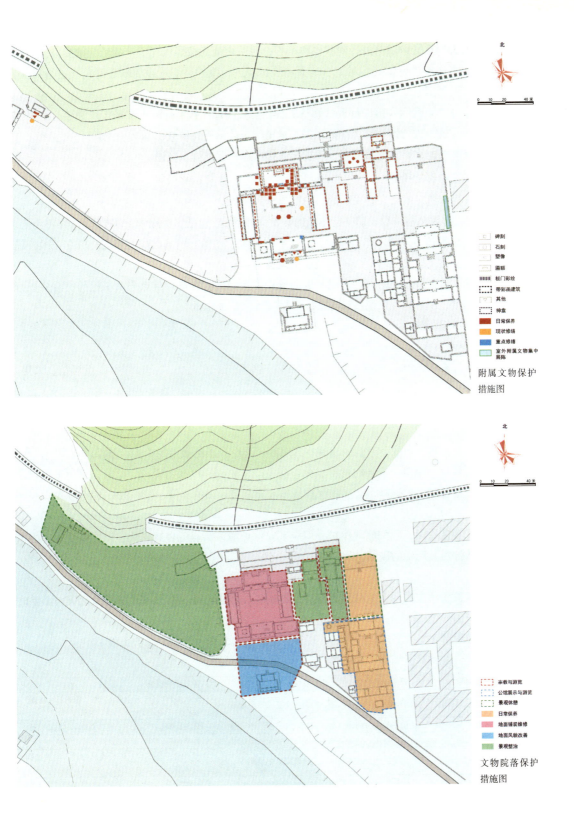

附属文物保护措施图

文物院落保护措施图

2. 对窦大夫祠正殿前院落进行现状修整工程，对院内地面按照保存下来的传统铺装方式采用当地的方砖、青砖等进行铺装，对原有地面铺装材料进行维护。对正殿前新建的花坛进行拆除，恢复院落的历史氛围。

3. 对保宁寺、观音阁院落进行现状修整工程，对院内地面按照保存下来的传统铺装方式采用当地的方砖、青砖等进行铺装，选择低矮的本地植物对院落进行绿化。

4. 清理院落场地，修整地面坡度，清理疏通排水口，保证排水畅通。

第49条　附属文物保护措施

对窦大夫祠内所有附属文物采取的保护措施分为两部分：

（1）对所有附属文物采取长期坚持不断的日常保养措施，包括清洁除尘、病害监测，完善测绘、文字、摄影记录等档案记录工作。其中，针对殿内碑刻、塑像、壁画的病害监测，应在正殿、献殿和耳房内设温湿度监测设备等微观环境监控设备。

（2）针对附属文物不同的病害情况采取的重点修缮措施，在进行重点修缮工程前，需要进行严密的勘查测量，制订重点修缮设计方案，严格按程序论证审批。

1. 彩画、塑像及壁画

（1）信息采集：

——对所有彩画、塑像、壁画通过测绘、摄影、三维激光扫描等方式，开展彩画、壁画信息采集、记录建档工作。

——对彩画、泥塑、壁画病害进行调查分析评估，将病害信息记录建档，作为制定保护措施的依据。

（2）保护措施：

——控制有彩画、塑像、壁画的建筑室内温度、湿度，限制微生物的生存条件。

——研究彩画、塑像、壁画的材料成分，病害产生原因，根据病害产生原因，采用工程技术与管理措施相结合的保护措施，在实施保护措施前应制定详细的塑像、壁画保护方案。

2. 碑刻

为保持真实性原则，碑刻原地保护，但应采取保护措施，避免自然风化、温湿度变化、雨水侵蚀等自然条件对其产生的破坏。

3. 古树

为有效保护窦大夫祠内十七株古树，应设置围栏，加强管理，有效防止虫害及火灾，必要时设置防雷击设施。

根据对各附属文物残损现状的评估，现对各附属文物分别采取如下保护工程：

附属文物保护措施表

序号	文物名称	日常保养措施	重点修缮措施
W1	元代板门彩绘	清洁除尘、病害监测、临摹、文字及摄影记录	分析颜料成分、起甲彩绘回贴、粉化彩绘加固、表面封护
W2	塑像（关公像）	清洁除尘、病害监测、测绘、文字及摄影记录	日常保养
W3	团龙琉璃	清洁除尘、病害监测、测绘、文字及摄影记录	日常保养
W4	碑刻（二十通）	清洁除尘、病害监测、文字及摄影记录	对石材进行试验，进行表面封护，增加加固防护措施
W5	古树（十七株）	摄影记录、病害监测	日常保养
W6	匾额	清洁除尘、病害监测、文字及摄影记录	日常保养

第50条　本体保护措施要求

1. 所有本体保护措施必须严格执行"不改变文物原状"的原则和"最小干预"原则。

2. 实施古建筑修缮工程前，应对古建筑群现状进行认真的勘查。勘查应遵照《古建筑木结构维护与加固技术规范》相关规定进行。

3. 对古建筑的承重结构及其相关工程损坏、残缺程度与原因进行勘查。残损情况勘查后，应编写勘查报告、提交古建筑的残损情况和尺寸的全套测绘图纸、照片及文字说明。

4. 工程要求

（1）所有干预文物本体的保护工程必须在完成相关的文物信息采集工作后方可实施。

（2）根据建筑物法式勘查报告进行现场校对，明确维修中应保持的法式特征。

（3）根据残损情况勘查报告，编制维修方案，实施相关的审批手续。

（4）凡能修补加固的，应尽最大限度地保留原件。凡须更换的木构件，应在隐蔽处注明更换具体时间。维修中换下的原物、原件不得擅自处理，应统一由文物主管部门处置。

（5）在古建筑维修过程中，若发现隐蔽结构的构造有严重缺陷，或所处的环境条件存在着有害因素，可能导致重新出现同样问题，应采取紧急措施消除隐患。

（6）做好施工记录，详细测绘隐蔽结构的构造情况。维修加固的全套技术档案，应存档备查。

（7）必须严格遵守施工程序和检查验收制度。

第三节　本体防护措施

第51条　消防系统工程

1. 完善现有消防给水系统。

2. 文物建筑内设置感烟探测器，完善火灾自动报警系统。

3. 电力、通讯设施，采用埋地穿管的方式敷设线路（埋地线路的管沟距离文物建筑的基础水平距离应大于1.5米），消除火灾隐患。

4. 完善消防安全制度，编制防火应急预案，进一步加强管理人员的消防知识及技能的培训。

第52条　安防系统工程

1. 安全检查：完善管理员安全检查规章制度，指定专职安全巡查员，规定日常巡查内容，记录巡查情况。

2. 安防工程：根据中华人民共和国安全行业标准《文物系统博物馆风险等级和安全保护级别的规定》，窦大夫祠属于一级风险等级，应按一级防护级别进行设防。

3. 应急预案：根据相关法规文件，制定安全防范管理措施，编制《窦大夫祠突发事件应急工作管理办法》。应对地震、暴雨、火灾、偷盗等由自然或人为因素引起的突发性危及文物安全的事件。

4. 与尖草坪区武警、公安部门建立联动预警机制，一旦发生盗窃及其他安全事件应立即上报，共同打击犯罪分子，维护窦大夫祠文物安全。

第53条　防雷系统工程

1. 依据《古建筑木结构维护与加固技术规范》，窦大夫祠为第一类防雷古建筑。

2. 古建筑安装防雷装置，应经文物主管部门允许及专家充分论证后，进行专项设计。防雷装置的选择与构造要求，应专门研究。

3. 古建筑防雷装置应按《建筑物防雷设计规范》的规定进行设计，应符合以下要求：

（1）古建筑上部的吻兽、斗栱等部件均应与防雷装置靠地连接。

（2）接闪器和引下线沿古建筑轮廓弯曲，应保证其弯曲段开口部分的直线距离，不小于其弯曲段全长的1/10，并不得弯折成直角或锐角。

（3）不得在古建筑屋顶安装各种天线。

（4）对古建筑的防雷装置应做好日常的检查和维护工作。

第54条　防止生物侵害系统工程

山门、献殿和正殿安装防鸟网，并定期检查，发现破损及时修补、更换。

第55条　日常保养、监测

保护监测：通过对文物本体及保存环境动态监控，观测文物本体变化，积极采取应对措施和方案，有效预防古建筑和彩画、壁画、塑像的破坏。

对温度和湿度对彩画、壁画、塑像的影响进行监测，根据监测结果确定是否采取以及如何采取保护措施；保护措施实施后应继续进行监测，检验措施是否有效。

制定监测工作的制度以及定期检查监督、定期提交监测报告的相关规定。

第四节　基础设施改造工程

第56条　道路系统

1. 将中北大学前景区入口道路南移50米，并在西南空地上设置小型的生态停车场，规模为大型客车5辆，小型轿车12辆，作为窦大夫祠近期旅游停车场。

2. 以现有道路为基础，改善路面质量。

3. 中、远期根据游客容量，将城市干道进入景区入口处建筑拆迁，设置停车场。

第57条　电力、电信系统

1. 窦大夫祠用电主要为满足文物建筑展示、消防控制线路、安防设施运转、管理人员生活、照明等用电需求，及消防水泵用电量。

2. 对现状输电设施中的不安全因素进行改造，所有电力线路一律采用套管埋地敷设方式统一布线（埋地线路的管沟距离文物建筑的基础水平距离应大于1.5米），禁止随意乱接电线。

第58条　给、排水系统

1. 窦大夫祠用水以管理人员日常生活及消防用水为主，以绿化、旅游展示、旅游服务为辅。

2. 窦大夫祠用水由当地供水网提供，应定期对相关线路进行检修，保证供水正常。

3. 按接待服务、观光游览、职工生活等服务设施的用水量计算日常用水量，以保证水管管径能满足使用要求。

4. 供水系统管道实行隐蔽工程，采用地下暗管或栽植树木遮挡，避免影响景观环境。

5. 窦大夫祠排水设计采用院落地面找坡排水，结合西、北高南低的地形修整院落地坪坡度，

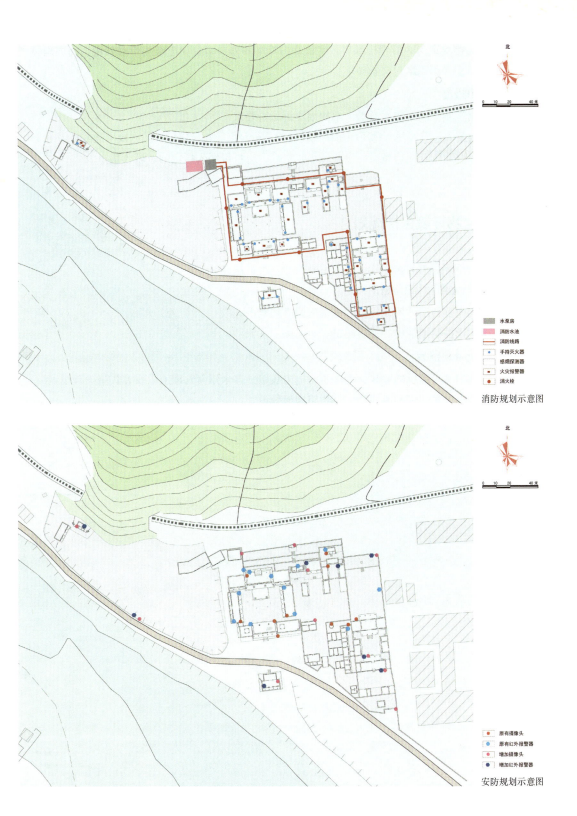

消防规划示意图

安防规划示意图

疏导寺内地面排水走向，清理排水口，保证寺内排水畅通。结合周边雨水排水处理，疏通南侧现有排水沟，防止暴雨积水对文物破坏。

第59条　环卫设施

1. 现有厕所能够满足使用需求，本规划不再另行要求。
2. 在院内及周边设置与文物风貌协调的垃圾箱进行垃圾收集，以保证院内及周边的环境卫生。
3. 清理道路两侧及周边垃圾，设置垃圾收集点，将垃圾倒入指定的垃圾收集点。

第八章　文物环境保护规划

第一节　文物环境整治

第60条　不协调建筑拆除与整治

1. 将窦大夫祠西墙外后期建设的水泵房调整到地下。
2. 整治建设控制地带内的多层建筑。

第61条　环境景观整治

1. 整治寺内乱接乱拉的电线，寺内所有电力线路一律采用套管埋地敷设方式统一布线。
2. 取消窦大夫祠北侧的电线杆，将线路埋地敷设。

防雷规划示意图

3. 清除赵戴文公馆东侧走道内的垃圾及杂物。

第62条　排除积水隐患

结合院内西、北高南低的地形，采用地面找坡排水的方式排除地面积水隐患。

第63条　景观整治

1. 整治窦大夫祠院墙外保护范围内及南侧空地的景观，使其与窦大夫祠整体风貌相协调。
2. 在祠院北侧设置20米宽的景观绿化带，减轻北侧铁路线运行造成的噪音和景观影响，同时景观设计应与烈石山的山地景观风貌相协调。
3. 停车场范围区的外围设置10米宽的绿化带，防止停车场对景观的影响。
4. 在保护范围内及周边进行绿化、道路、小品等景观设计必须符合文物的风貌和文化内涵的要求，不得对景观环境产生干扰。

第64条　景观整治要求

1. 景观整治应有效改善整治区域内脏乱无序的景观现状，突出窦大夫祠的主体地位。
2. 任何景观整治措施应满足文物的历史性、场所性、地方性要求。

第二节　环境质量保护

第65条　环境管理规定

1. 根据《中华人民共和国环境保护法》第十八条，窦大夫祠保护范围和建设控制地带范围属于"其他需要特别保护地区域"，规划要求此保护区划范围内禁止倾倒、堆积任何类型的固体、液体废弃物，不得建设污染环境的工业生产设施。
2. 保护区划内的一切新建工程项目必须提交《环境影响评估报告》，防止污染环境质量。

第66条　环境卫生要求

1. 保护范围内的生活垃圾管理和无害化系统参照旅游风景城市的标准执行。规划要求：
（1）在保护范围和建设控制地带内不得设置垃圾填埋场。
（2）规定大气、水、噪声、放射性防护标准按照风景名胜区标准执行，游客粪便处理按照《城市公共厕所卫生标准》和《城市公共厕所规划和设计标准》的有关规定执行。
2. 开展环境质量监测和记录工作，包括气象、风沙、水质等。监测档案与文物保护单位档案共同管理。

第九章　利用规划

第一节　利用策略与要求

第67条　利用原则

1. 以窦大夫祠文物保护为前提，坚持科学、适度、持续、合理利用。
2. 提高展示手段，充分揭示窦大夫祠的历史文化内涵，加强可观赏性。

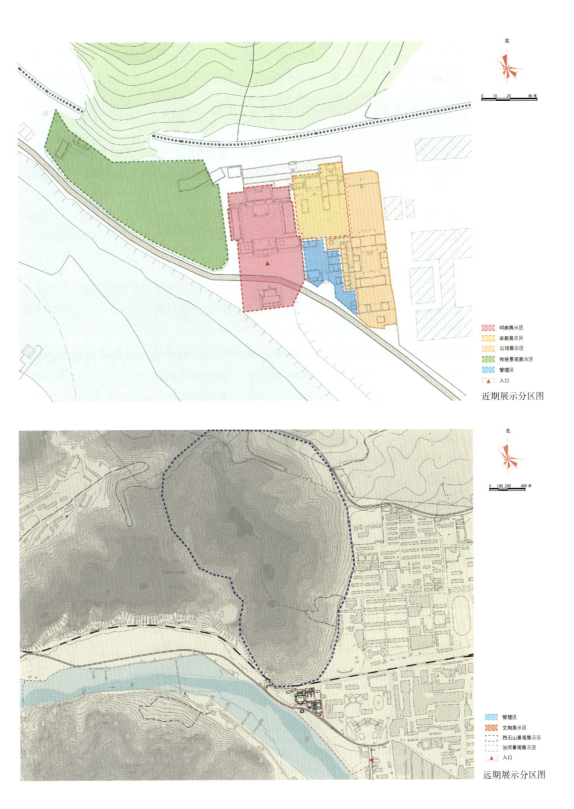

近期展示分区图

远期展示分区图

3. 注重环境优化，为游客接待和优质服务提供便利。

4. 提倡公众参与，注重普及教育。

第68条　利用策略

1. 依托窦大夫祠周边整体文化资源（包括净因寺、多福寺和悬泉寺等），结合窦大夫祠自身特点，统筹策划旅游展示体系，发挥资源综合效益。

2. 在满足文物保护的前提下，可在周边区域内逐步开展游客服务项目，使文物受惠于民。

3. 加大宣传力度，完善文物保护教育手段，严格控制游客容量，实现文化资源的可持续发展利用。

第二节　展陈体系

第69条　整体展示结构建议

1. 根据窦大夫祠周围资源分布情况，规划在区域内进行整体展陈策划。该地区展示结构以窦大夫祠文物展示为核心，以祠院佛教寺院景观区、崛围山和汾河景观区为平台，结合散布在周边的众多的历史文物遗存点，形成区域整体展示结构。

2. 目前窦大夫祠、净因寺、多福寺和悬泉寺开放条件相对成熟，应在满足文物保护的前提下首先展开这几个遗存点的旅游开发，随后陆续完成其他景点的旅游开放，使当地居民受益。

第70条　展示内容与方式

1. 窦大夫祠展示内容

（1）窦大夫祠作为元代山西地区祠院文化展示区域，针对文物本体（包括文物建筑和附属义物）进行主题展陈。

（2）在厢房内配套关于祠院历史文化的陈列展示，努力形成完整的展示体系。

2. 窦大夫祠内其他历史遗迹展示内容

（1）保宁寺：山西地方民间信仰文化的展示。

（2）观音阁：佛教文化的展示。

（3）赵戴文公馆：民国山西名人故居展示。

（4）烈石寒泉：传统人文景观的展示。

3. 崛围山及汾河景观展示内容

崛围山及汾河景观展示分为崛围山景观展示区和汾河景观展示区两部分：

（1）崛围山景观展示区：展示烈石山、崛围山整体风貌。

（2）汾河景观展示区：展示汾河风光。

4. 展示方式

（1）文物建筑、附属文物展示方式为原状、标示展示，并配合文字说明及解说。

（2）文物历史文化的介绍说明方式为图片结合文字说明和多媒体展陈设备。

第71条　展示利用分区

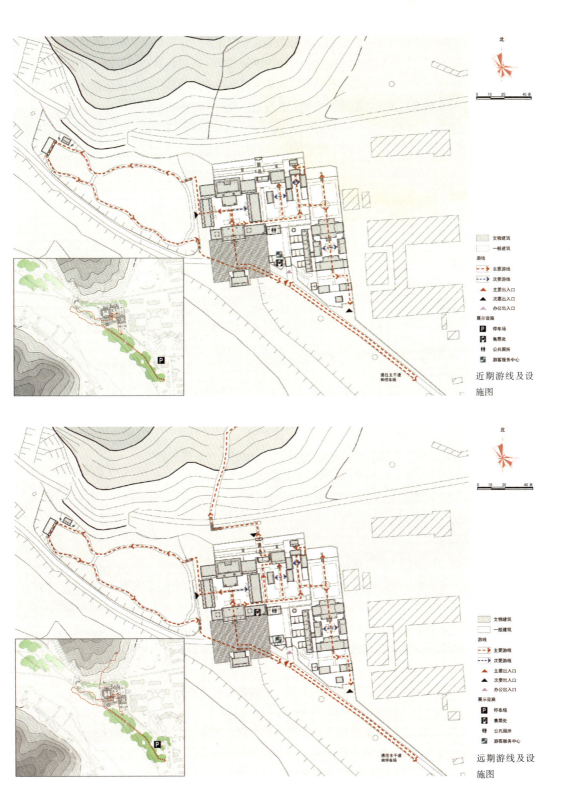

近期游线及设施图

远期游线及设施图

根据展示利用及管理要求，将规划范围分为：文物展示区、旅游服务区和山水景观展示区。

1. 文物展示区：包括窦大夫祠古建筑群和院内附属文物，区域内其他历史遗存及遗迹展示。

2. 旅游服务区：主要包括停车场、旅游区周边及道路两侧绿化、广场及南侧绿化景观部分。

3. 山水景观展示区：游客可沿汾河河坝，登烈石山接触体验山水风光。

第72条　展示线路

1. 近期展示游线：

汾河—戏台—广场—窦大夫祠—保宁寺—观音阁—赵戴文公馆。

2. 中期展示游线：

汾河—戏台—广场—窦大夫祠—保宁寺—观音阁—赵戴文公馆—烈石寒泉。

3. 远期展示游线：

汾河—戏台—广场—窦大夫祠—保宁寺—观音阁—赵戴文公馆—烈石寒泉—烈石山。

第三节　利用设施

第73条　展示设施

1. 展示设施包括：展示系统，安全设施，必要的环境服务设施。

2. 展示设施基本要求：

（1）保证文物安全，应完全避免设施安装过程中及使用中对文物造成的损坏。

（2）在确保对文物保护有利的基础上，展示空间应满足参观需求，有适宜的光线照度、温湿度环境等。

（3）确保游客安全，应避免展示设施在使用过程中对游客造成的伤害。

（4）展示相关设施选用的形式应与环境相协调。

3. 需要在现有研究基础上进行深入的展示系统设计，通过实物、模型展示、图文说明、标示指引相结合的方式对窦大夫祠的文物价值作出详尽的解释说明。

第74条　服务设施

1. 服务设施应包括服务点、休憩设施、公共厕所、配套交通设施等。

2. 出入口、售票处、主要参观点等场所设置宣传文物本体的导游图、参观须知、景点介绍牌等。

3. 由窦大夫祠管理人员负责对展示内容进行说明，出版销售与窦大夫祠相关的出版物或音像制品帮助游客了解各种信息，并配备专业解说人员引导游人。

4. 改造原有公共卫生间，使建筑风格与窦大夫祠整体风貌协调，内部卫生设施应采用环保型卫生设施。

5. 近期于东南侧设置旅游参观临时停车场，中远期根据游客容量，考虑将停车场置于南侧城市主干道进入规划路的入口处。

6. 管理部门需制定与游客有关的安全制度，并制订游客安全、公共卫生、社会安全等突发事件的应急预案，并且在日常管理中进行演习。

第75条　展示分期

1. 近期窦大夫祠可联合周边区域内的众多历史遗存（净因寺、多福寺、悬泉寺等）进行区域旅游资源的整合展示，主要工作包括：

完成窦大夫祠文物本体、环境的修缮与整治后，开展寺院展示区展示设施的建设，根据本体保护工程实施情况，完善展示区内容。

2. 中远期改善区域内建筑风貌，完善窦大夫祠及区域整体的展陈服务设施，进一步加强区域内历史资源的开发利用。

第四节　利用强度

第76条　游客容量控制原则

1. 游客参观活动对文物造成的干预或危害应尽可能控制在最低限。
2. 游客数量必须严格依据寺内游客承载量的测定数据与监测反馈信息实施管理控制与调整。
3. 文物展示开放容量为定值，不得随旅游开发期限增加。

第77条　容量控制测算

1. 本容量控制测算主要为窦大夫祠的旅游开发测算。
2. 文物保护单位的开放容量必须以不损害文物原状、有利于文物管理为前提，容量的测算数据必须经过实践检验进一步修正。
3. 本规划初步测算的文物保护单位的开放容量为定值，不得随旅游规划发展期限任意增加。
4. 根据测算，窦大夫祠景区的最大日开放容量估算值为2900人次，其中文物建筑最大日容量为1200人次。规划建议用卡口法对文物建筑的游客量进行控制。
5. 节假日可根据此容量控制标准进行调整，建议延长开放时间并根据实际情况控制游客游览时间，不能突破文物建筑的极限容量。

第78条　游客管理

1. 由文物管理机构编制游客《参观指南》，讲解游客行为管理要求，规范游客参观行为，降低对文物的干扰程度。
2. 建立定期监测制度，监测游客行为，监督游客管理与服务情况，为加强管理、改善服务提供依据。

第79条　宣传要求

1. 广泛利用各种传媒，加强宣传力度，介绍文物古迹价值，扩大其知名度。
2. 重点强调文物古迹的脆弱性、不可再生性，增强居民与公众保护的意识。
3. 使用有效展示形式，吸引不同年龄、文化层次的游客。
4. 印制各类与窦大夫祠相关的宣传册，销售具有当地特色的纪念品。
5. 提高导游和讲解人员的专业素质。

第十章　　管理规划

第一节　　运行管理

第80条　管理策略

1. 加强管理，制止人为破坏是有效保护文物的基本保障。

2. 日常保养是最基本和最重要的保护手段。要制定日常保养制度，定期巡视监测，并及时排除不安全因素和各种损伤。

3. 根据"保护为主，抢救第一，加强管理，合理利用"的文物工作方针和管理评估结论，规划采取以下策略：

（1）提出现有管理机构调整建议。

（2）制定管理规章要求，改进、完善现有规章制度。

（3）编制日常管理内容。

第81条　管理机构

1. 由太原市政府批准，由太原市文物局设置专门的管理机构，加强窦大夫祠的保护、管理、研究工作。

2. 加强职工职业教育和业务培训，提高职工的专业水平和综合素质。

第82条　管理规章

1. 根据《中华人民共和国文物保护法》（2002）、《中华人民共和国文物保护法实施条例》等法律、法规文件，建立、健全窦大夫祠文物保护与管理的全套规章制度，保证管理制度的科学性和系统性，保障文物的安全性和延续性。管理规章制度包括：

——保护范围与建设控制地带的界划，应包括四至边界，具体管理和环境治理要求。

——建立、健全对文物建筑的定期普查、保养和隐患报告制度。

——建立、健全对附属文物定期监测的制度。

2. 根据规划内容制定保护管理内容及要求，包括防火应急预案、盗抢事件应急预案、大型活动组织应急预案等。

3. 管理体制与经费，包括各级地方政府、行政部门和管理机构的相关职责。

4. 奖励与处罚，包括保护范围和建设控制地带内对违章行为的处罚和对支持管理、加强保护行为的奖励。

5. 对于旅游利用及文物其他利用方式的管理规定。

第83条　日常管理

1. 文物保护单位的日常管理主要由太原市文物局设立的管理机构负责。

2. 建立自然灾害、文物本体、环境以及游客容量等日常记录制度，积累资料，为实施保护措施提供科学依据。

3. 做好经常性保养维护工作，及时化解文物所受到的外力侵害，对可能造成的损害采取提前预防措施。

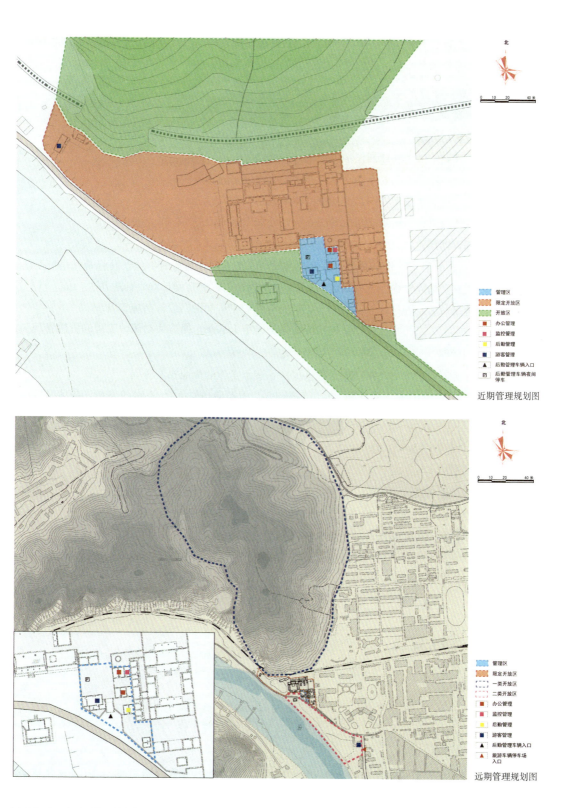

近期管理规划图

远期管理规划图

4. 开展日常宣传教育工作，提高当地居民的文物保护意识，动员当地居民共同参与文物保护。

5. 配合政府相关部门对可能恢复的民俗活动进行监督和引导。

第二节　专项管理

第84条　工程管理要求

凡在保护区划范围内新建的保护、展示、管理等工程项目应满足下列要求：

1. 必须满足文物保护的安全性，尽可能满足文物环境的和谐性。

2. 必须严格控制新建工程的建设规模，体量宜小不宜大。

3. 建筑造型应避免不恰当的建筑表现手法，外观力求简洁得体。

第85条　工程管理规定

1. 按照 2003 中华人民共和国文化部令第 26 号《文物保护工程管理办法》，履行管理报批手续。

2. 按照国家文物局文物办发〔2003〕43 号《文物保护工程勘察设计资质管理办法（试行）》《文物保护工程施工资质管理办法（试行）》，实施所有保护工程的勘察设计与施工管理。

3. 按照《中华人民共和国文物保护法实施条例》第十五条，执行文物保护工程的资质管理。

第86条　规划管理

1. 全面落实规划报批与公布程序，推进保护、展示工作的全面协调开展。

2. 建立规划实施的评估衡量标准，监督实施进展，及时向相关负责部门提交详细实施情况报告。

第三节　综合设施

第87条　管理用房

对现有管理用房进行整治改造，满足办公和管理需求。

第88条　管理设施

1. 在管理办公用房和旅游产品销售用房内各设一部电话。

2. 在文物建筑内设置必要的环境监测设施，观察环境变化和建筑、附属文物残损发展趋势。

3. 根据安防要求，增设监控设施。

第十一章　研究规划

第89条　研究计划

1. 加强有关窦大夫祠历史文献收集和整理工作，深入挖掘寺院文化价值。

2. 开展窦大夫祠历史年代、选址、文物价值等方面的研究工作。

第90条　学术出版计划

有计划地编辑和出版窦大夫祠专题研究系列丛书，系统地传播和介绍窦大夫祠相关文化知识。

第十二章　规划分期

第一节　规划分期

第91条　分期依据

本规划分期主要依据"保护为主、抢救第一、合理利用、加强管理"的文物工作方针，国家文化遗产事业"十一五"规划，国家经济计划管理期划和地方相关的经济与社会发展规划等，主要包括：

1. 文物保护工作的方针与原则。
2. 文物保护工作的程序规划。
3. 现状问题的严重性与紧迫性。
4. 地方发展计划及财政可能性。

规划远期工作时期较长，在实施中，应结合实际需求和国家五年计划的经济部署进行统筹安排。

第92条　规划分期

本规划期限为20年，分三期实施：

1. 近期2011—2015年。
2. 中期2016—2020年。

近期规划实施内容

3. 远期 2021—2030 年。

4. 同时设置不定期规划，以应对突发灾害及居民调控等不确定事件。

第二节　分期实施重点

第93条　近期（2010—2015）实施要点及主要内容

1. 收集并完善基础资料，完成前期咨询工作。
2. 区划科学合理的保护范围和建设控制地带，制定管理规定。
3. 完成文物基本信息采集工作。
4. 完成窦大夫祠献殿、正殿、耳房的现状修整工程。
5. 开展窦大夫祠正殿内板门彩画的研究工作，在研究的基础上进行壁画的重点修缮工程。
6. 完成窦大夫祠西厢房的修整工程。
7. 完成窦大夫祠、保宁寺、观音阁、后山门院落环境整治工程。
8. 完成烈石寒泉的景观整治工程。
9. 完成管理用房的风貌整治工程。
10. 完成山门前广场的整治工程。
11. 完成入口道路的迁移工程。
12. 完成水泵房拆除工程。
13. 完成窦大夫祠周边环境的清理与整治工程。
14. 完成安防设施工程。
15. 完成消防设施整治工程。
16. 完成防雷设施工程。
17. 实施游客容量控制。
18. 制定并完善管理规章制度，加强日常管理，加强相关研究工作。
19. 该阶段的实施过程中，应优先实施与文物本体密切相关的保护加固工程。

第94条　中期（2016—2020）实施要点及主要内容

1. 完善文物日常监测、管理、保养工作。
1. 实施规划路两侧的旅游服务景观绿化带的建设。
2. 实施规划路入口处的停车场的建设。
3. 完成建设控制地带以内、道路两侧的建筑风貌改造工程。
4. 完成后山门北侧景观整治工程。
5. 实施窦大夫祠历史沿革研究工作。
6. 实施窦大夫祠彩画、壁画、雕塑、建筑等专项研究工作。

第95条　远期（2021—2030）实施要点及主要内容

1. 烈石山景观整治工程。
2. 汾河滨河景观带整治工程。

3. 窦大夫祠文化产业综合研究。
4. 研究成果出版。

第96条　不定期实施要点及主要内容

1. 文物建筑、附属文物的日常保养和监测。
2. 周边景观维护及环境监测。
3. 根据保护工作进展，不断更新文物保护单位记录档案，完善保护、管理等工作。
4. 合理调整窦大夫祠开发利用的强度，控制文物保护与旅游发展的协调关系。

第十三章　实施保障

第97条　实施保障

1. 根据《中华人民共和国文物保护法》第九条要求：各级人民政府应当重视文物保护，正确处理经济建设、社会发展与文物保护的关系，确保文物安全。基本建设、旅游发展必须遵守文物保护工作的方针，其活动不得对文物造成损害。公安机关、工商行政管理部门、海关、城乡建设规划部门和其他有关国家机关，应当依法认真履行所承担的保护文物的职责，维护文物管理秩序。

2. 根据《中华人民共和国文物保护法》第十条要求：国家发展文物保护事业。县级以上人民政府应当将文物保护事业纳入本级国民经济和社会发展规划，所需经费列入本级财政预算。国家用于文物保护的财政拨款随着财政收入增长而增加。

3. 根据《中华人民共和国文物保护法》第十一条要求：文物是不可再生的文化资源。国家加强文物保护的宣传教育，增强全民文物保护的意识，鼓励文物保护的科学研究，提高文物保护的科学技术水平。

4. 根据《中华人民共和国文物保护法》第十六条要求：各级人民政府制定城乡建设规划，应当根据文物保护的需要，事先由城乡建设规划部门会同文物行政部门商定对本行政区域内各级文物保护单位的保护措施，并纳入规划。

龙泉寺

第一章　总则

第1条　概况

1. 行政区划：山西省太原市晋源区。
2. 类型：古寺院建筑群及名山风景区。
3. 保护级别与公布时间：1983年，李存孝墓被公布为太原市重点文物保护单位；2004年，太山龙泉寺被公布为第四批山西省文物保护单位。

第2条　编制背景

为了能更有效地保护太山龙泉寺及其所属的太山范围内内容众多的文化遗产，科学、合理、适度地发挥其在地方文化、经济建设中的积极作用，统筹安排各项保护工程及建设发展内容，特为太山龙泉寺风景区编制本规划。

第3条　指导思想

贯彻"保护为主、抢救第一、合理利用、加强管理"的文物工作方针，对龙泉寺及其周边文物的保护与利用进行科学、合理的统筹策划，使其真实性、完整性获得有效的保护和延续，使文物的利用与景区的发展有效结合。

第4条　规划性质

本规划是以省级文物保护单位太山龙泉寺为中心的太山龙泉寺风景区的文物保护与区域发展专项规划。

第5条　编制依据

1. 国家法律、法规与文件

《中华人民共和国文物保护法》（2002）

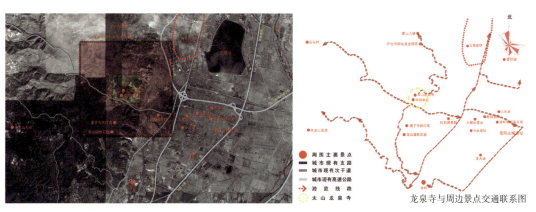

龙泉寺与周边景点交通联系图

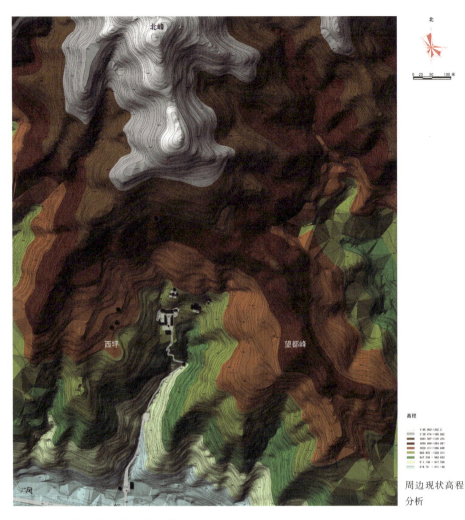

周边现状高程分析

《中华人民共和国文物保护法实施条例》（2003）
《全国重点文物保护单位保护规划编制要求》（2004）
《中国文物古迹保护准则》（2000）
《全国重点文物保护单位保护范围、标志说明、记录档案和保管机构工作规范（试行）》（1991）
《中华人民共和国环境保护法》（2002）
《中华人民共和国城乡规划法》（2008）
《国务院办公厅关于加强和改进城乡规划工作的通知》（国办发〔2000〕25号）
《国务院关于加强文化遗产保护的通知》（国发〔2005〕42号）
《中华人民共和国森林法》（1998）

2. 地方法规与文件

《山西省实施〈中华人民共和国文物保护法〉办法》（2006）
《太原市文物保护和管理办法》（2003）

《太原市天然林保护条例》（2000）

3. 国内、国际宪章、公约与文件

《保护文物建筑及历史地段的国际宪章》（1964）
《保护世界文化和自然遗产公约》（1972）
《保护非物质文化遗产公约》(2003)
《实施〈世界遗产公约〉操作指南》(2005)
《西安宣言——关于古建筑、古遗址和历史区域周边环境的保护》（2005）
《北京文件——关于东亚地区文物建筑保护与修复》（2007）
《关于保护景观和遗址的风貌与特征的建议》（1962）

第6条 规划范围

1. 本规划工作范围主要包括太山龙泉寺古建筑及周边的太山山体环境及李存孝墓本体。规划总面积约为203.8公顷。

2. 规划边界：沿太山山体，以龙泉寺为中心，向南1315.7米至1069.6米高程处，向北761.6米至1197.2米高程处，向西565.9米至937.3米高程处，向东564.7米至967.0米高程处。

第7条 规划期限与分期

本规划期限为2010—2030年，共21年。近期6年（2010—2015），中期5年（2016—2020），远期10年（2021—2030）；在未制定新的保护规划取代本规划前，本规划继续有效。

第8条 规划主要内容

1. 分析文物构成，评估文物价值和保存现状，归纳文物当前面临的主要问题。
2. 确定规划原则与规划目标，制定基本对策。
3. 界划保护区划，制定保护区划管理要求。
4. 制定文物本体及环境的保护措施与要求，提炼保护项目。
5. 编制文物利用、管理、研究等分项规划。
6. 编制规划分期，制订实施计划，核算项目经费。

第二章 项目概况

第一节 文物概况

第9条 文物简述

1. 太山龙泉寺位于山西省太原市西南23公里的风峪沟内北侧，海拔987米，地理坐标为：东经112°26′8.8″，北纬37°45′5.9″。

2. 太山龙泉寺院落坐北朝南，南北长129米、东西宽49米，建筑占地面积948平方米。全寺因山就势而建，分上、下两院。现存建筑自南向北为新乐台、中门、三大士殿、观音堂及东北侧的龙神祠等，多为明、清代所造。现观音堂内存有大量明代塑像。

3. 2008年,于龙泉寺东侧发掘出一座不晚于武周时期的佛塔地宫,其北侧有清代昊天上帝庙的遗址叠压。

4. 1983年,李存孝墓被公布为太原市重点文物保护单位;2004年,太山龙泉寺被公布为山西省第四批重点文物保护单位。

5. 太山风景区以龙泉寺为主,尚有入口处的牌楼、李存孝墓、西坪的墓塔林、后山的老虎洞、古碉堡等文物遗存。

第10条 历史沿革

太山龙泉寺历史沿革表

年代	时代	事件	事件类型	史料	历史信息来源
唐	景云元年(710)	初建太山寺	新建	"泰山在县西八里风峪山之阳,唐景云元年始建"	新建太山观音堂记(明万历八年)
明	洪武六年(1373)	重建太山寺	复建	"洪武六年营寺东下规制。再建后,虽上中二寺,以次渐筆,而兹下寺者其造端也"	重修太山寺碑记(明万历七年)
	洪武二十四年(1391)	并观音、童子等寺	扩建	"太山寺在县西十里风谷山之半,唐景云元年建,国朝洪武二十四年并观音、童子五寺入焉"	太原县志(天一阁藏明代方志选刊)
	正德十六年(1521)	修缮	重修	"正德十六年,有僧悟德重修,仅能葺其敝而已"	重修太山寺碑记(明万历七年)
	嘉靖十七年(1538)	建观音堂	增建	"创建团殿一座,翼室四楹,前设钟楼、寝室则植桧柏围环。四方来游观者罔谓其制度辉煌,而足以起人之观瞻矣。夷考其时,则经始于嘉靖十七年二月初三,落成于明年四月十八"	新建太山观音堂记(明万历八年)
清	顺治十五年(1658)至康熙二年(1663)	建翼洞	增建	"戊戌岁,寺僧始募修钟鼓楼,而又虑游客之信宿于斯者,或多至不能容。因就正殿旁基为两翼洞,护以轩楹,与殿之深广相配,岁癸卯三月兴工,连闰越十有八月而告竣"	太山龙泉寺增修正殿旁两翼洞记(清乾隆五十年)
	康熙十二年(1673)	建乐楼	增建	"经始于癸丑三月廿八,落成于甲寅七月二十。计高一丈二尺,广三丈六尺。土木绘画之工一千九百二十,縻金钱六百五十两有奇"	原邑太山寺新建乐楼碑记(清乾隆五十九年)
	乾隆元年(1736)	建山门,重修攒殿,建文殊、普贤二刹以及龙王庙	重修、增建	"爰是消言经营,鸠工庀材,废者修之,圮者葺之,湮者创之,新建正洞三楹,塑玉皇圣像一尊,洞之上杰阁巍然绘古佛于其中,阁之下配洞各三,列东西于其旁,而且远瞩壮丽,则山门树立也。""周围垣墉则寺墙□垩也,庙宇几成众心犹怏怏未惬,复以余赀重修攒殿一所,旁列文殊普贤二刹与龙王庙,与寺齐辉。""经始于乾隆元年四月,落成于乾隆八年九月"	重修太山寺碑记(清乾隆八年)
	乾隆四十年(1775)	建钟鼓楼	增建	"循其所留之旧基,各抒悃愿,修筑二楼,一以补前人未满之愿,一以供神堂乐备之休。为之歌曰:太山岩岩,古柏苍苍。凌虚杰阁,响韵龙泉。两坪环抱,汾水溦芳。二楼告竣,集成壮观"	新建钟鼓楼记(清乾隆四十年)

第11条 遗存年代

依据文物保护单位"四有"档案记录,龙泉寺三大士殿院落及龙神祠院落文物建筑遗存年代为清代,观音堂院落文物建筑遗存年代为明代。观音堂泥塑的遗存年代为明代。

第二节 环境概况

第12条 自然环境

1. 地理位置

太山位于太原市晋源区阎家坟（今属罗城街办）村西，南至风峪沟，北至瓠子沟，西北连蒙山，主峰海拔1178米。太山龙泉寺位于太原市西南风峪沟北侧的太山山坡，距太原市区23公里。其南接龙山风景区，距晋祠—天龙山风景名胜区5公里，北接蒙山大佛3公里，东距晋阳古城遗址3公里，是晋阳古城宗教祭祀区的一个重要组成部分。

2. 地形地貌

龙泉寺地处太原西北，属太原盆地的北端，吕梁山余脉，位于北高南低簸箕状地形之西南。

3. 气候特征

太山龙泉寺所处地区属温带大陆性季风气候，主要气候特征是日照充足，四季分明。年平均气温9℃，无霜期170天，年均降雨量550毫米以上。其南部所临风峪沙河全长17公里，河床宽40～150米，洪水期水深1.5米。

4. 自然灾害

太山地区主要自然灾害有雷击、火灾、洪涝、暴风等。

第13条　社会环境

1. 行政归属

太山龙泉寺位于太原市晋源区晋源街办辖店头村行政区域，居风峪沟口。店头村居民已搬至旧晋祠公路西侧新村，现有人口约450人，以种植业为主，以采矿及运输业为辅。

2. 道路交通

太山龙泉寺南侧沿风峪沟为太古公路，连接太原与古交，距太原市区23公里，对外交通较为便利。

3. 文化资源

龙泉寺所属太原西山地区人文古迹众多，历史价值丰厚，现存各类文物古迹百余处，其中西山南部地区的晋祠、龙山石窟、晋阳古城遗址、天龙山石窟和明秀寺等5处国家级重点保护文物都享誉海内外。

第三节　保护对象构成

第14条　太山龙泉寺景区文物本体

1. 文物建筑

龙泉寺文物建筑主要包括新乐台、中门、钟鼓楼、左右配殿、三大士殿、佛祖阁、土地神庙、观音堂、文殊殿、普贤殿、莲花宝洞、皇姑洞、唐塔地宫及遗址、龙神祠和李存孝墓等。

（1）新乐台（山门）：建于清乾隆五十八年（1793），石砌三开间券洞，上部为戏台，2009年在原有底层台基上依原样修复。

（2）中门：建于清乾隆元年（1736），面阔一间，进深四架椽，有崔熠书"山林古刹"门额。

（3）钟、鼓楼：建于清乾隆四十年（1775），一开间，单檐悬山顶。

（4）三大士殿：建于明洪武年间（1368—1398），三开间石券窑洞，外侧木质前檐，内供奉观音、文殊、普贤。

（5）佛祖阁：建于明洪武年间（1368—1398），木构，面阔三间，进深四架椽，前部檐廊，建于三大士殿顶。

（6）配殿：建筑年代不详，砖砌窑洞，三开间平顶。

（7）耳房：建筑年代不详，一开间平顶。

（8）皇姑洞：建筑年代不详，位于佛祖阁顶山崖的一小洞。

（9）土地神庙：建筑年代不详，硬山小殿一间，坐南朝北，正对观音堂。

（10）观音堂：建于明嘉靖十七年（1538），八角形团殿，又称八角亭。

（11）普贤殿、文殊殿：建于明嘉靖十七年（1538），面阔一开间，进深四架椽，前部檐廊。

（12）莲花宝洞：建于明隆庆二年（1568），观音堂后一石筑小洞。洞额题有："隆庆二年（1568）五月吉日造莲花宝洞"。

现状总图

（13）唐代佛塔塔基遗址、清代大殿建筑基址：唐代佛塔为方形塔基，内部建有六角形地宫，属唐代佛舍利瘗埋形制。其上又发现清代昊天上帝庙大殿遗址叠压。

（14）龙神祠：建筑年代不详，砖砌窑洞，前有龙泉，天旱时断流。

（15）老虎洞：建筑年代不详，观音堂后山上一石洞，洞内有雕刻、彩饰遗存，周边有唐代砖瓦遗存。

（16）塔林：数量不详，分别位于寺北、寺西塔林。包括：元元统三年（1335）满公菴主灵塔，元至正元年（1341）本院当堂首座广公寿塔，明洪武五年（1372）会滑岩禅师灵塔，明永乐十九年（1421）彻庵义深禅师灵塔，明正德九年（1514）第十四代义宝寿塔、征庵深禅师塔、十五代尔公宝山寿塔，民国三十六年（1947）超凡大师塔等。其中五座未塌。

(17）李存孝（唐末名将）墓：位于太山龙泉寺入口牌楼西侧，墓前原立有"大唐李将军存孝墓"石碑，碑文中有将军"侠骨流芳"的字样，现已不存。

2. 泥塑

（1）观音堂明代塑像（西方三圣、十八罗汉、四大金刚、文殊菩萨、普贤菩萨）及四壁上下悬塑。

（2）普贤殿、文殊殿所存文殊、普贤明代塑像。

3. 附属文物

（1）清代铁钟1件。

（2）古树有唐槐4株，迎客松、象柏、龙柏、飞龙松各1株。

（3）以唐碑和唐代华严经幢为代表的各年代石刻碑记16通，存于寺内，露天摆放。

4. 可移动文物

佛塔地宫所出土的金、银、铜、木、石五层棺椁，及其他出土文物，现存放于晋祠。

第15条　太山龙泉寺景区文物环境

1. 历史环境

与太山龙泉寺景区相关的历史环境要素：后山北峰古碉堡，西侧1公里的店头古堡。

2. 生态环境

与太山龙泉寺景区相关的生态环境要素：太山、龙山及风峪沟自然山体，南部的风峪河。

第16条　与太山龙泉寺景区相关的非物质文化遗产

民间传说和民俗、信仰等：李存孝事迹、皇姑洞传说、望都峰传说，龙神祠民间祭祀活动。

第三章　价值评估

第17条　历史价值

1. 太原西山地区，寺庙众多，是晋阳古城的宗教祭祀区。太山是西山的重要组成部分，太山龙泉寺对于研究古代太原西山一带的祭祀活动有着极高的历史价值。

2. 太山龙泉寺位于风峪沟口，地处晋阳古城的西出口，为唐北都西北之驿路，是西通陕甘、古交、娄烦的要径古道，对当时社会、军事、交通的研究具有重大意义。

3. 太山龙泉寺的地上与地下遗存，体现了寺庙兴衰更迭、历经修缮的历史，展现了文物古迹自身的发展变化，反映了多层次社会变迁的历史背景，以及某些特殊历史时期人与文物建筑的关系，对于研究太原西山一带的技术与艺术发展史、宗教发展史，考证太山地区特定历史时期内的人物活动和历史事件具有重要的作用。

第18条　艺术价值

1. 太山龙泉寺的选址与布局，对研究当时社会风尚、思想观念及工程技术有重要的意义。

2. 太山龙泉寺保留的明清木构建筑，是研究山西地区明清寺院建筑艺术较好的案例。

3. 太山龙泉寺附属文物如碑刻、经幢、塑像，反应了不同历史时期的佛教艺术发展水平，具有很高的艺术价值。

第19条　科学价值

1. 太山龙泉寺的选址经过精心规划，是太原西山一带山林寺观的代表之一，在寺庙选址研究领域具有代表意义。

2. 太山龙泉寺内各时期建筑的建筑形式、内部装修等是我们研究相关朝代的建筑形制和小木作制度的重要佐证。

3. 唐代佛塔地宫的形制成为地宫形制研究史上的重要例证，同时其地宫出土的文物为佛教史的研究提供了大量佐证。

第20条　社会价值

1. 太山龙泉寺为具有强烈特征的省级保护单位，保护好太山龙泉寺，将对山西省文物保护工作产生积极推动作用。

2. 太原西山是晋阳古城宗教祭祀区，太山龙泉寺的研究和保护势必会推动对晋阳古城遗址的保护与研究工作的发展。

3. 太山龙泉寺是太原市历史文化资源与旅游资源的重要组成部分，对地方的生态保护和旅游发展产生积极的促进作用。

文物建筑保存现状图

第四章　现状评估

第一节　文物保存现状

第21条　评估标准

根据《中国文物古迹保护准则》第一章第2条要求："保护的目的是真实、全面地保存并延续其历史信息及全部价值。"本规划据此对保护对象本体及相关环境的保存现状，按照真实性、完整性和延续性进行专项评估。

第22条　文物本体保存现状

1. 真实性

对文物建筑的干预措施主要有修缮加固，工程符合最小干预原则，所添加物可识别性较好，基本满足遗产保护的真实性要求，真实性较好。对附属文物与可移动文物所实施的工程干预较小，基本保持原貌，真实性好。

2. 完整性

文物建筑、附属文物均有不同程度破坏，现存院落规模较建寺初期的完整性受到一定影响，尤其是但对于具有重要价值的文物建筑、附属文物，如唐塔及观音堂泥塑等年久失修，毁坏严重，不能很好地反映龙泉寺的核心价值，文物建筑整体价值完整性一般。

3. 文物残损现状

（1）文物建筑残损评估结论：太山龙泉寺的文物建筑总体保存现状较好，延续性较好。其中，土地神庙、观音堂、文殊殿、普贤殿、皇姑洞、老虎洞、元明住持墓塔保存现状一般，不影响建筑物的安全和使用，延续性一般；唐塔地宫和清代大殿遗址地面建筑无存，基址受损严重，保存现状较差，有必要采取加固或修缮措施，延续性较差。

（2）附属文物残损评估结论：泥塑、碑刻均有不同程度的破坏并缺少必要的保护、维护措施，其延续性面临着威胁。

4. 文物残损主要原因

（1）自然风化：病害类型包括文物建筑局部木制构件出现变形、糟朽、粉碎、开裂等，石质构件出现剥落、开裂、变形等，瓦制构件缺失、破损等，石质附属文物出现开裂、酥碱、缺失等。

（2）不良人为干预：不良人为干预包括各建筑内存在的不良行为（如烧香、燃烛等活动）、人为刻画涂写，对附属文物进行刻划、偷盗，对文物建筑的不当修缮、改装。

第23条　文物环境保存现状

1. 非文物建筑现状

主要对寺内非文物建筑的建筑形式、外观颜色进行分析，从建筑风貌和质量进行评估。

（1）太山牌楼：太山景区入口的标志性建筑，手法杂乱，对入口处的风貌有影响。

（2）太山入口处建筑群：建筑质量较好，建筑样式为仿清式建筑，卷棚硬山，与文物环境比较协调。

（3）太山入口售票厅：卷棚硬山，建筑比例不协调，建筑风貌与环境不协调。

（4）翠微亭：卷棚顶方亭，保存现状良好，与文物环境相协调。

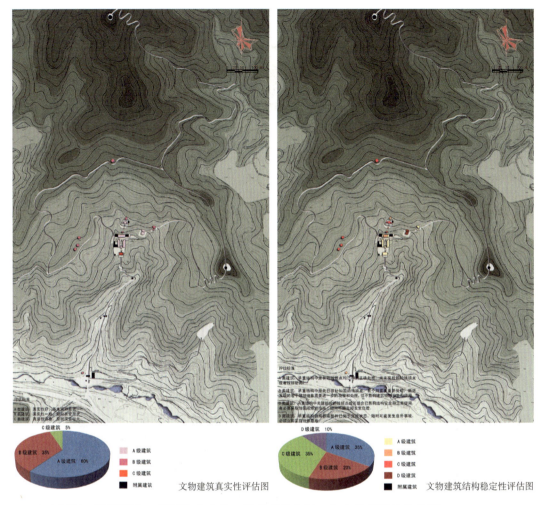

文物建筑真实性评估图　　文物建筑结构稳定性评估图

（5）厕所：卷棚硬山三开间仿古建筑，保存现状良好，与文物环境比较协调。

（6）寺院西侧管理用房：南侧建筑结构为砖木结构，北侧为砖砌窑洞式建筑，样式、颜色与文物环境比较协调。

（7）寺院东侧正房：面阔三间、进深四架椽，外廊式，卷棚硬山，保留了当地民居样式，保存现状良好，与文物环境相协调。

（8）鸽舍：位于斋堂顶部，面阔三间，两架椽，屋顶无瓦，只铺望板，建筑风貌与环境不协调。

（9）观音堂配房：位于文殊殿北侧，卷棚式屋顶，保存现状一般，与文物环境比较协调。

2. 环境现状评估

根据保护工作现状和实地调查情况，本规划对太山龙泉寺周边及内部环境的景观环境氛围、历史环境体现、环境安全隐患、噪音噪声和环境污染做出下列评估。A级最高，表示环境较好，有利于文物的保护和利用；B级中档，表示对文物的保护存在一定影响，不利于文物利用和管理；C级最低，表示严重威胁文物本体安全，应予以及时整治。

附属文物现状图

环境现状评估表

评估项目	评估内容	评估等级
景观环境氛围	太山龙泉寺入口建筑群及停车空间布置杂乱，龙山南侧山体破坏严重，景观环境一般	B
历史环境体现	太山龙泉寺周边现存的建筑、遗址、村落等各类历史环境要素尚未受到足够重视，不能很好地体现太山历史发展脉络	B
环境安全隐患	太山龙泉寺周围遍植松柏等可燃性强的针叶林，但缺乏消防栓、消防水池等有效的消防设施，一旦失火则难以有效控制火势，有较大的火灾隐患	C
噪音噪声	太山龙泉寺位于风峪沟北侧的山谷中，周围的大片林木有效阻断了公路噪音	A
环境污染	太山龙泉寺周边无污染企业，大气、土壤等环境要素均未受到严重污染，但水体污染严重，亟须治理，环境质量一般	B

3. 环境主要破坏因素
（1）自然破坏因素：主要有地震、温差变化、风化、风沙剥蚀、降水冲沟、植物病害等。
（2）人为破坏因素：主要为缺乏足够的管理和日常维护。

第二节　文物保护现状

第24条　保护现状评估

1. 保护工作
（1）保护级别：太山龙泉寺于 2004 年公布为山西省第四批文物保护单位；李存孝墓于 1983 年公布为太原市文物保护单位。
（2）保护标志：太山龙泉寺的保护标志于 2006 年由山西省人民政府立。标志碑为青石质地，长 120 厘米、高 85 厘米、厚 16 厘米。李存孝墓的保护标志于 1984 年由太原市人民政府立。标志碑为青石质地，长 80 厘米、高 55 厘米、厚 15 厘米。
（3）保护区划：依据山西省文物局、山西省建设厅晋文物发〔2006〕101 号文件《关于公布太原市山城峁遗址等二十处省级文物保护单位保护范围及建设控制地带的通知》，太山龙泉寺保护范围包括李存孝墓，寺院南 500 米，东、西、北各 700 米，建设控制地带为保护范围外延伸 2 公里。
（4）保护档案：已按照《全国重点文物保护单位记录档案工作规范（试行）》(2003.11)的要求，建立文物档案。
（5）保护管理条例：尚未制定太山龙泉寺专项管理条例。

2. 本体保护
（1）安防设施：设置了简易围墙和简易安全防护措施，尚未布置安全报警设施，主要为人工看护。
（2）消防设施：已设置消防水池，规模为 200 米^3，各殿均布置灭火器，尚未设置消防栓。
（3）保护措施：自 1983 年将太山龙泉寺公布为太原市重点文物保护单位以来，屡有修缮。
（4）信息保存：还未全面开展泥塑信息采集和建立信息数据库等工作。
（5）应急预案：未制订突发事件的应对措施与防范计划。
（6）病害监测：未开展泥塑病害监测工作，无检测设备。

3. 环境保护
（1）历史环境：无寺院建造与发展期间的历史环境、植被品种与景观特征的历史研究资料。
（2）现状环境：未开展生态环境保护、景观风貌整治等环境保护工作。

第25条　利用现状评估

1. 开放条件
（1）太山龙泉寺与龙山道教石窟毗邻，与天龙山石窟、晋祠等距离较近，具有一定的区位优势。
（2）太山龙泉寺作为省级文物保护单位，历史悠久，景色优美，有较高的文物价值和较强的可观赏性，但缺乏在保护基础上制定的展示利用规划和旅游规划。

自然环境及环境现状评估图

（3）外部道路交通设施完善，可达性较好，但旅游产业刚刚起步，服务配套设施欠缺。

2. 开放状况及展示设施

（1）缺乏合理的旅游流线组织。

（2）展示条件匮乏，对文物本体的保护和展示不足。

（3）服务配套设施缺乏管理，部分配置不当。

3. 宣传教育

对太山龙泉寺的宣传活动缺乏，出版物少，游人对其知之甚少。

第26条　交通组织

1. 对外交通

对外交通较好，但缺乏专门的旅游专线，可达性一般。

2. 内部交通

内部交通组织不够流畅，北部景点流线冗长；游览道路简易，路面质量欠佳，安全性较差。

第27条　管理现状评估

1. 运行管理

（1）管理机构与人员配置：太原市太山文物保管所是太原太山龙泉寺的管理机构，它成立于1997年6月，隶属于太原市文物局。太山文管所在编人员7名，领导2名，专业技术人员3名，一般工作人员2名，分工负责安全保卫、文物保护、古建维修、古树保护、日常管理等工作，并开展有关的考古研究工作。

（2）管理规章：已经制定了文物工作人员守则、各部门岗位责任制等条例和制度。但还没有制定针对太山龙泉寺文物建筑、泥塑等的具体管理办法和管理细则，未指定消防、安全保卫等方面的管理制度。

（3）安全保卫：寺院寺内有专职职工负责太山龙泉寺安全及日常展陈工作。

2. 综合设施

（1）办公用房：太山龙泉寺管理用房位于龙泉寺主体寺院西南角，建筑面积约为115平方米。

（2）基础设施：太山龙泉寺位于太山山谷中，周边群山环抱，远离城市，给、排水设施相对不足，电力、电讯、垃圾处理等设施有待完善。

第28条　研究现状评估

1. 研究队伍与研究资料

（1）太山文物保管所现无专职考古研究人员。

（2）已开展考古研究工作，并取得一定研究成果，现已积累了一些关于龙泉寺文物建筑测绘、泥塑影像等的研究资料。

2. 研究成果

（1）历史建筑遗址、遗迹的建档与研究工作欠缺，造成大量遗址荒弃或有遗址却未见文献记载者未被重视。

（2）尚未制订针对太山龙泉寺的专门考古研究计划。

（3）已出版的针对太山及其宗教研究的论著、文献为数尚少。

第五章　主要问题总结

第29条　价值认识现存主要问题

对文物建筑本体的历史价值、艺术价值和科学价值的发掘和研究不够深入。

第30条　本体保护现存主要问题

1. 保护工作尚需完善，未树立保护范围边界界桩，"四有"档案仍需完善。
2. 泥塑、碑刻等附属文物保护力度不足，不能有效抵御目前的自然破坏因素的危害。
3. 缺少监测设施记录室内温度、湿度对泥塑的影响。
4. 缺乏对突发事件的应对措施和防范计划，消防和安防系统均有待完善。

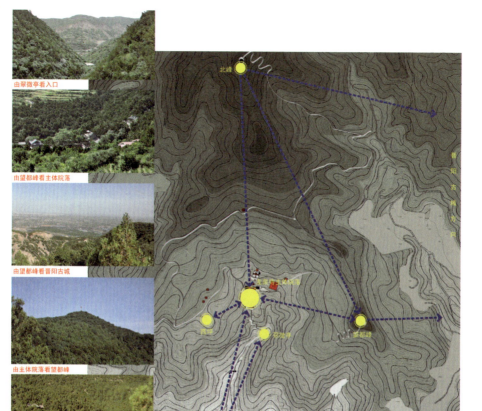

景观视廊分析图

第31条 展示利用现存主要问题

1. 现行展陈体系薄弱：缺乏系统性和全局性的利用安排，尚未形成完整的展陈体系。展示方式单一，文物利用率不高，展陈效果不好，未能充分展示遗产文化内涵。

2. 展示利用设施匮乏：展示设施简陋，游客服务设施缺乏，展陈空间不足，不能满足对外开放要求。

第32条 管理体系现存主要问题

1. 缺乏专项管理经费，未制定专项保护管理条例。

2. 管理机构配置不完善，管理机构职能配置亟须完善、健全，应加强文物保护和管理的专业人才引入。

3. 管理空间相对不足，设施用房分布杂乱。

第33条　交通组织现存主要问题

1. 太山龙泉寺内部交通组织不够流畅，对外可达性一般。
2. 内部道路简易，游线缺乏组织，北部景点流线冗长。
3. 内部道路路面质量欠佳，路况较差，安全性差。

第34条　宣传研究现存主要问题

1. 研究成果缺乏，对文物建筑及寺院格局变迁、规模演变的研究成果较少，缺乏对泥塑等附属文物的研究。
2. 保护研究人力资源不足，不能满足文物保护的需要。
3. 宣传力度较差，出版物及研究文献很少，以至太山龙泉寺的知名度较差，不能带动地区经济发展。

第六章　规划框架

第35条　规划目标

1. 科学、完整、真实地保存太山龙泉寺及其所处的太山山域，确保文物价值及社会价值的传承、延续与发扬，明确保护的方向和措施。
2. 为今后太山龙泉寺的文物保护提供控制管理的法律依据、工作框架及具体措施。
3. 充分利用文物资源，在社会经济发展的新阶段，提供可持续发展的新兴功能与内容。

第36条　规划原则

1. 法制的原则

依法保护文物，将龙泉寺的保护工作和计划纳入规范的法律框架。

2. 可操作性的原则

深入研究评估龙泉寺内外遗址文物的价值，结合原有山体的格局与肌理，对保护范围和建设控制地带内的文物全力保护，强调可操作性。

3. 前瞻性与现实性相结合的原则

本规划的制定着眼于长期有效的保护，同时解决龙泉寺所面临的抢救性保护问题。

4. 联系与协调发展的原则

本规划重点突出对太山历史资源的挖掘与提升，注重周围的景观资源与太山历史文化脉络的整合，使太山龙泉寺以及太山地区在得到保护的基础上发挥出更大的社会效益和经济效益。

5. 整体保护的原则

不仅保护各有形的建筑和遗址，也保护其群体格局，以及形成这一格局的整体环境，乃至沉淀其中的非物质文化遗产。

第37条　基本对策

1. 保护：调整保护区划，完善保护工作；提升文物保护的力度，完善安防、消防设施建设；

制定有效的保护措施，尽可能减少对文物本体的干预，确保文物的真实性、完整性、延续性，提高保护措施的科学性。

2. 管理：加强法制程序下的保护管理工作，明确地方政府的具体保护职责，制定相关管理规章制度，完善基础设施建设。

3. 展示：改善现有展示利用条件，策划展陈方案，开展展示工程建设，完善展示设施。

4. 研究：深入研究龙泉寺的历史沿革与规模变迁，开展地宫遗址保护措施、泥塑保护措施等基础研究工作。

5. 宣传：开展宣传教育计划，扩大社会知名度，普及文物保护观念，提高本地居民与社会公众的文物保护意识，保障各项保护工作顺利进行。

第38条　规划内容

1. 太山龙泉寺风景区文化特色评价

（1）不晚于盛唐的悠久历史；

（2）出土舍利的佛教圣地；

（3）曲径通幽的"山寺深藏"式格局；

（4）历史传说众多的自然生态环境。

2. 太山龙泉寺风景区核心价值

以龙泉寺建筑院落主体为中心、以唐代佛塔地宫为悠久历史见证的佛教祭祀主题文化。

3. 规划主题

"并州古刹，三晋名山"。

4. 规划重点

（1）第一层次：突出本体保护

通过多学科共同参与，加强对太山龙泉寺风景区内文物建筑及遗址的维修加固和管理，加强对太山周边环境的治理。

通过对相关山形水系的保护与环境治理，保护太山龙泉寺风景区范围内环境的真实性和完整性。

（2）第二层次：加强展示利用

结合考古勘探与发掘，揭示太山龙泉寺各时期的遗址层，从多个侧面反映太山龙泉寺所处的太山区域悠久的历史文化积淀。

梳理重大历史事件发生地，结合文物保护，形成有主题、有系统的展示。

（3）第三层次：协调区域发展

结合太原市总体规划，对合理设置和设计旅游线路、开发方案提出建议。

充分保护、发掘和利用周边环境用地的价值和资源，加强资源整合，扩大开发利用。

5. 具体内容

（1）分析和评估太山龙泉寺及其附属文物的现状和价值。

（2）确定保护对象、保护目标和重点。

（3）确定文物保护原则和策略。

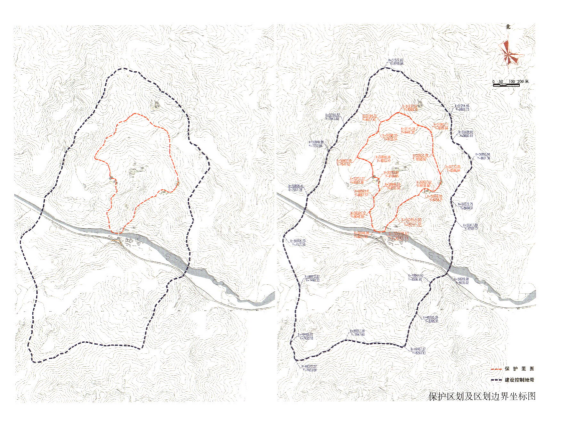

保护区划及区划边界坐标图

调整后保护范围
- 保护范围分布范围
  自太山龙泉寺中心点起四至边界：向南 458.5 米至风峪河北岸；向北 436.8 米至 1170.8 米高程处；向西 300 米至 1083.6 米高程处；向东 336.6 米至 1072.5 米高程处。
- 保护范围面积为 32.6 公顷

调整后建设控制地带
- 建控制地带分布范围
  位于保护范围外侧，自太山龙泉寺中心点四至边界：向南 1315.7 米至 1069.6 米高程处；向北 761.6 米至 1197.2 米高低处；向西 565.9 米至 937.3 米高程处；向东 564.7 米至 967.0 米高程处。
- 建设控制地带面街为：171.2 公顷

保护区划调整图

（4）提出完善管理机构建设工作的目标，制定保护区划内的管理要求。

（5）制定保护措施，划分措施等级。

（6）编制环境、道路交通、管理、利用等专项规划。

（7）编制遗存点建设项目的规划实施原则。

（8）编制规划分期与估算，制订各期实施计划。

第七章　保护区划

第39条　调整依据

根据专项评估结论，现行保护区划的划定未针对实际地理环境，区划边界过于笼统，实际可操作性差，因此依据下列因素对保护区划重新界划：

（1）文物本体及其环境保护的完整性、安全性的要求。

（2）文物实际管理操作的可行性要求。

（3）龙泉寺现行保护区划的范围。

第40条　区划类别

根据《中华人民共和国文物保护法》和《中国文物古迹保护准则》，建议调整后的保护区划分为：保护范围32.6公顷和建设控制地带171.2公顷，保护区划总面积为203.8公顷。

第41条　调整后保护范围

1. 四至边界

自太山龙泉寺三大士殿院落中心点起四至边界：

向南458.5米至风峪河北岸；

向北436.8米至1170.8米高程处；

向西300米至1083.6米高程处；

向东336.6米至1072.5米高程处。

2. 占地面积

为32.6公顷。

第42条　调整后建设控制地带

1. 四至边界

位于保护范围外侧，自太山龙泉寺三大士殿院落中心点起四至边界：

向南1315.7米至1069.6米高程处；

向北761.6米至1197.2米高程处；

向西565.9米至937.3米高程处；

向东564.7米至967.0米高程处。

2. 占地面积

为171.2公顷。

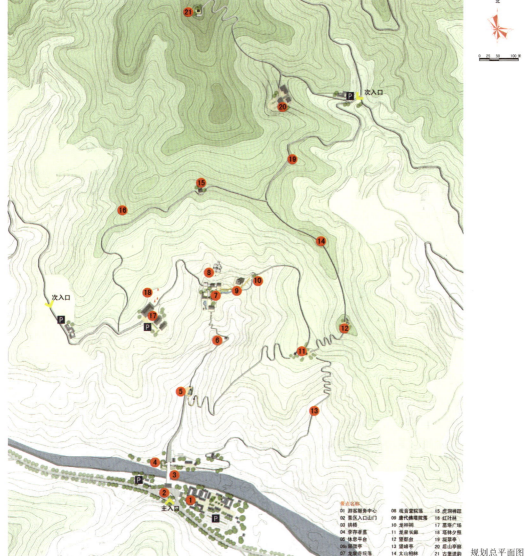

规划总平面图

第43条 管理规定

1. 保护区划统一管理规定

（1）在保护范围和建设控制地带内，不得建设可能污染龙泉寺及其环境的设施，不得进行可能影响龙泉寺及其环境安全性、完整性的活动。

（2）本规划经批准后，按照《城市规划编制办法》（2005）的要求，将保护区划边界、管理规定和主要保护措施的内容作为强制性内容纳入太原市城市总体规划中。

（3）在保护范围和建设控制地带内的考古发掘、保护工程、建设工程等项目必须遵守《中华人民共和国文物保护法》等有关法规的规定，并按法定程序办理报批审定手续。

2. 保护范围管理规定

（1）与文物本体安全性相关联的土地，全部由国家征购，土地使用性质确定为"文物古迹用地"。

（2）保护范围内不得进行本规划已明确保护工程以外的其他任何建设工程或者爆破、钻探、挖掘等作业。

（3）保护范围内的修缮或其他保护工程应以保护真实性和最少干预为原则，有关设计方案须按照法定程序另行报批。

（4）根据环境评估结论，凡位于保护范围内，对文物本体或环境造成破坏或不利影响的建筑物或设施限近期内进行整治及拆迁。

（5）对于保护范围内的建筑遗址可能分布位置，应结合环境整治工程的进展进行考古勘探，勘探工作申报程序应按照《中华人民共和国文物保护法》的要求执行：由太山文物保管所事先报请山西省文物局同意，组织有考古资质的单位在工程范围内进行考古探查。

（6）在保护范围内实施有效的安防与保护措施，安装监控设备和防火设备，配置专人守护，电线电缆或埋地或迁移。

3. 建设控制地带管理规定

（1）在建设控制地带内进行建设工程，不得破坏太山的历史风貌，不得影响太山龙泉寺视域范围内的景观风貌。工程设计方案应当经山西省文物行政主管部门同意后，报规划建设行政主管部门批准。

（2）在建设控制地带内不得建设污染文物保护单位环境的设施，对已有的污染文物保护单位及其环境的设施，应当限期治理。

（3）在建设控制地带不得进行爆破、钻探、挖掘等作业，对由于采矿等工业建设活动造成破坏的山体应当限期进行整治。

（4）保护建设控制地带内的林地、耕地、原生植被，不得将现有林地、耕地占用为建设用地。

（5）在建设控制地带内不得进行可能危及太山龙泉寺安全及破坏其环境的活动；对现有的安全隐患，应当限期整治。

（6）加强丧葬管理与宣传，防止新建现代坟墓。

第八章　保护措施

第一节　保护管理工作

第44条　公布保护区划、设置保护标志

1. 调整保护区划，实现对太山龙泉寺本体及环境的完整保护。重新界划的保护区划在通过行政审批程序后，由山西省人民政府重新公布。重新公布的保护范围边界由太原市文物局按照有关规范要求立桩标界。

2. 由太原市文物局按照有关规范要求增补保护范围边界的保护标志牌，标志牌制作应符合《中华人民共和国文物保护法实施条例》和《全国重点文物保护单位保护范围、标志说明、记录档案和保管机构工作规范（试行）》要求。

第45条 编制保护管理条例

1. 按照相关法律、法规要求，编制《太山龙泉寺风景区保护管理条例》，并依据相关程序报山西省人民代表大会会议通过、公布实施。

2. 建立监督机制，监测《太山龙泉寺风景区保护管理条例》实施情况。

第46条 规范、完善档案保存机制

1. 根据《全国重点文物保护单位记录档案工作规范（试行）》（2003）的要求，整理、完善保护档案的系统性与规范性。

2. 收集、整理与文物相关的历史信息及历年保护工程资料，实现修缮工程资料数据的及时采集存档。

3. 开展太山龙泉寺泥塑影像、碑刻拓片的数字化采集、古建筑测绘工作，保存方式采取数字化处理与存储，建立文物信息数据库。

第二节 本体保护工程

第47条 文物建筑与遗址保护工程

1. 措施分级

太山龙泉寺文物建筑本体的保护措施，根据《文物保护工程管理办法》《古建筑木结构维护与加固技术规范》《中国文物古迹保护准则》及《关于〈中国文物古迹保护准则〉若干重要问题的阐述》的有关条款，分为日常保养、现状修整、重点修缮三类。文物本体的具体修缮措施在本规划要求基础上，需另行编制太山龙泉寺保护修缮工程设计方案。

（1）日常保养工程：指及时化解外力侵害可能造成损伤的预防性措施，适用于任何保护对象，其目的是及时排除隐患，避免更多干预。必须制定相应的保养制度，主要工作是对有隐患的部分实行连续监测，记录存档，并按照有关的规范实施保养工程。

（2）现状修整工程：指在不扰动现有结构，不增添新构件，基本保持现状的前提下进行的一般性工程措施，将有险情的结构和构件恢复到原来稳定安全的状态。该类工程以不减不加，或多减少加为原则，即在不扰动整体结构的前提下，把歪闪、坍塌、错乱的构件恢复到原来的状态。在实施过程中，可以修补和少量添配残损缺失的构件，但不得更换旧构件和大量添加新构件。修整中清除和补配的部分应保留详细的记录。

（3）重点修缮工程：指保护工程中对原物干预较多的工程措施，主要工程内容有：恢复结构的稳定状态，增加必要的加固结构，修补损坏的构件，添配缺失的部分等。修缮工程应当尽可能多保存各个时期有价值的痕迹。在进行修缮前，需要进行严密的勘察测量，制订保护修缮设计方案，严格按照程序论证审批。

2. 保护工程

根据保存现状评估结论，太山龙泉寺内的大部分历史建筑都需要进行不同程度的维修，具体保护措施如下：

（1）日常保养工程：新乐台、中门、钟鼓楼、三大士殿、佛祖阁、东西配殿、东西耳房、莲花宝洞、皇姑洞、龙神祠。

（2）现状修整工程：土地神庙、观音堂、文殊殿、普贤殿、老虎洞、历代住持塔、李存孝墓。

（3）重点修缮工程：唐代佛塔塔基及地宫（遗址）、清代大殿（遗址）。

建筑保护工程清单

序号	名称	修缮措施	措施级别
1	新乐台	环境整治	日常保养
2	中门	环境整治，墙体维护，对彩画进行保护	日常保养
3	钟楼	环境整治，墙体维护	日常保养
4	鼓楼	环境整治，墙体维护	日常保养
5	三大士殿	环境整治，墙体维护	日常保养
6	佛祖阁	环境整治，墙体维护	日常保养
7	东西配殿	环境整治，墙体维护，使用功能适当调整，内部空间布置应符合寺院现有氛围	日常保养
8	东西耳房	环境整治，墙体维护，使用功能适当调整	日常保养
9	土地神庙	环境整治，墙体维护，对破损构件或结构进行修整	现状修整
10	观音堂	环境整治，墙体维护，结构加固	现状修整
11	文殊殿	环境整治，墙体维护	现状修整
12	普贤殿	环境整治，墙体维护	现状修整
13	莲花宝洞	环境整治，墙体维护，针对潮湿、泛碱等病害进行治理	日常保养
14	皇姑洞	环境整治，结构加固	日常保养
15	唐代佛塔塔基及地宫（遗址）	对唐塔地宫进行抢救性保护修缮工程，加固地基，对清代大殿遗址进行清理整治，加固危岩体，归整修葺残存构件，并树立保护标志牌。近期设置保护棚，远期则考虑结合展陈利用，在尊重遗址真实性的前提下，可以以适当形式重建	重点修缮
16	清代大殿（遗址）	—	重点修缮
17	龙神祠（包括龙泉、龙潭）	环境整治，墙体维护，竖立保护标志牌	日常保养
18	老虎洞	环境整治，墙体维护，竖立保护标志牌	现状修整
19	历代住持塔	清除杂草，设置游览流线，竖立保护标志牌	现状修整
21	李存孝墓	清除杂草，整治环境，竖立标志牌	现状修整

第48条 附属文物保护工程

1. 措施分级

对太山龙泉寺范围内的所有附属文物采取的保护措施分为两种：

（1）日常保养：针对所有附属文物采取的长期保养措施，包括清洁除尘、病害监测及测绘、文字、摄影记录等的档案记录工作。其中针对观音堂悬塑的病害监测，应在观音堂内设温湿度监测设备等微观环境监控设备。

（2）重点修缮：针对附属文物不同的病害情况采取的修缮工程，在修缮前，需要进行严密的勘察测量，制订重点修缮或保护修缮设计方案，严格地按照程序论证审批。

2. 泥塑保护

（1）信息采集：对所有泥塑通过测绘、摄影等方式，开展信息采集、记录建档工作。对泥塑病害进行调查分析评估，将泥塑病害信息记录建档，作为制定保护措施的依据。

（2）保护措施：控制有泥塑的室内温度、湿度，限制微生物的生存条件。研究泥塑褪色、脱落等病害的产生原因。根据研究结论，采用工程技术与管理措施相结合的保护措施。在实施保护措施前应制订详细的泥塑保护方案。

3. 碑刻保护

为保持真实性原则，唐碑和华严经幢应原地保护，但应采取措施，对其遮护，如覆玻璃罩保护等，避免自然风化、温湿度变化、雨水侵蚀等自然条件对其产生的破坏；玻璃罩设置应考虑通风要求。

4. 古树名木保护

有效保护龙泉寺内的十余株古树名木，设置围栏，加强管理，有效防止虫害及火灾，必要时可设置防雷击设施。

附属文物保护措施清单

序号	名称	保护措施	措施级别
1	唐碑	原地保护，外加玻璃罩，避免进一步风化	重点修缮
2	唐华严经幢	原地保护，外加玻璃罩，避免进一步风化	重点修缮
3	明清石碑	原地保护，清洁除尘	日常保养
4	明代泥塑	清洁除尘，测绘、文字及摄影记录，对损坏较严重的进行结构材料分析、裂缝修补、泥胎木骨加固，对泥塑面层进行修补和边缘加固，清除表面异物	重点修缮
5	古树名木	防治病虫害，加建围栏，避免在其周围进行扰动性施工	日常保养

第49条 可逆性措施

在制定具体保护措施时，必须采取审慎的态度。在保护措施和技术不够成熟的情况下，首先考虑具有可逆性的措施。

第50条 工程资质

列入规划的保护工程必须委托具备省级以上重点文物保护单位（或二级及以上）文物保护工程资质的单位进行设计、施工、监理，设计方案必须符合文物保护要求等各类工程的行业规范，依程序审批后才可实施。施工前应制定严格的质量责任制度和保修制度。

第三节 非物质文化遗产保护工程

1. 展开对周边地区历史遗迹及非物质文化遗产的收集整理工作。
2. 通过音像、图片等手段全面记录并展示相关历史事件的内容、人物、活动时间、地点、器具等。
3. 要注意保存非文物的历史文化物质载体。
4. 恢复或推广仍在延续的民间信仰与祭祀活动。

第四节 本体防护措施

第51条 安全防范

1. 安全检查

完善管理员安全检查规章制度，指定专职安全巡查员，规定日常巡查内容，记录巡查情况。

2. 安防工程

（1）设置视频监控设施，在文物管理用房内设安防系统控制室。

（2）安防工程设计方案应符合《安全防范工程技术规范》（2004）等相关法规、规范要求，履行审批程序后，方可实施。

3. 围墙加固

对寺院西院围墙有缺失的部位实施加建工程，保障龙泉寺安全。

4. 应急预案

根据相关法规文件，制定安全防范管理措施，编制《龙泉寺突发事件应急工作管理办法》。应对地震、暴雨、火灾、偷盗等由自然或人为因素引起的突发性危及文物安全的事件。

第52条　消防系统

1. 龙泉寺古建筑耐火等级按现行国家标准《建筑设计防火规范》的规定定为民用建筑四级。

2. 规划措施及要求

（1）在古建筑保护范围内设置的消防给水设施，其水量、管网布置等要求应按现行国家标准《建筑设计防火规范》的规定执行。

（2）探讨文物建筑内设置烟感探测器的方法，完善火灾自动报警系统。

第53条　防雷设施

1. 根据《古建筑木结构维护与加固技术规范》，龙泉寺古建筑群防雷类别为第二类，因文物价值较高且位于山林地区，多雷雨，应采取防雷措施。

2. 古建筑安装防雷装置，应按《建筑防雷设计规范》的规定进行设计，设计方案经文物管理部门允许及专家论证后，方可实施。

3. 对古建筑的防雷装置应做好日常的检查和维护工作。

第54条　日常保养、监测

建立健全系统的文物本体与环境监测体系，制定规范化的日常维护措施。包括：

1. 全面收集、整理和储存太山龙泉寺本体与环境保护的基本档案和科学数据。

2. 监测温度和湿度对泥塑的影响，根据监测结果确定是否采取以及如何采取保护措施；保护措施实施后应继续进行监测，检验措施是否有效。

3. 制定监测工作的制度、定期监督检查、定期提交监测报告的相关规定。

4. 建立日常维护制度，定期维护基础设施。

第九章　环境规划

第一节　环境质量保护

第55条　环境管理规定

1. 根据《中华人民共和国环境保护法》（2002）第十八条，太山龙泉寺保护范围和建设控制地带范围属于"其他需要特别保护的区域"，规划要求此保护区划范围内不得建设污染环境的工业生产设施。

2. 保护区划内的一切新建工程项目必须提交《环境影响评估报告》，防止染污环境质量。

第56条　环境卫生

太山保护区划范围内的生活垃圾管理和无害化系统参照旅游风景区的标准执行。规划要求：

（1）在保护区划范围内不得设置垃圾填埋场。

（2）根据游客承载量规划值，计算日垃圾产量，设置小型垃圾中转站1座，控制用地面积，与周围建筑间距大于20米。

（3）在道路沿线设置垃圾收集设施，按照每隔50～80米安放一个的密度进行布置。垃圾箱的形式要古朴简洁，与寺院风格相统一，避免使用现代感极强的材料。

（4）加强公厕等环境卫生基础设施建设，分别于入口广场、龙泉寺主体院落、墓塔区设置卫生间，内部工作人员和外来人员分别设置，粪便处理按照《城市公共厕所卫生标准》和《城市公共厕所规划和设计标准》的有关规定执行。

（5）开展自然环境质量监测和记录工作，包括气象、风沙、水质等。监测档案与文物保护单位档案共同管理。

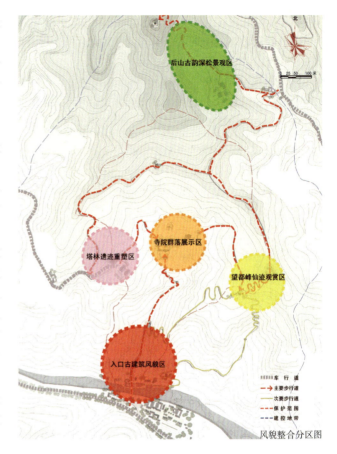

风貌整合分区图

第57条 生态环境保护

针对太山的山形地貌与地质水文进行保护，具体要求：

（1）保护太山地形地貌，在太山龙泉寺视域可及的范围内全面禁止开山炸石行为，建设控制地带内不得进行大型基建项目建设，旅游开发项目不得对地形地貌造成破坏。

（2）保护风峪沟一侧龙山的地形地貌，禁止开山炸石行为，不得进行大型基建项目。对已破坏的山体进行治理，植树造林，恢复山体绿化景观。

（3）遏制人为破坏，保护水资源和耕地资源、林地资源，控制大气污染。对风峪河进行河道改造和污水治理工程，并对其进行专项设计研究。

（4）对太山地区的物种资源进行调查，开展植被与物种保护研究。

第二节 环境整治规划

第58条 景观规划要求

（1）保护望都峰、北峰与晋阳古城遗址之间的视线通廊，修补周边裸露山体，控制视廊范围内的建筑体量、色彩和形式，保持景观协调性。

（2）对西坪、北峰、望都峰进行景观规划，强化太山现有空间格局。

（3）改建现有的入口空间，整治停车场地，加建服务设施。

（4）在唐塔塔基遗址发掘完成后，规划唐塔遗址院落，中远期在考古研究成熟的条件下，考虑重建唐塔，但应控制体量、形式、色彩等。

第59条　院落整治要求

1. 李存孝墓环境整治

（1）以明清时期山西地方做法为依据改建原有的入口牌楼，对其体量、尺度、色彩和材料进行控制，使其与寺院建筑风格相协调。

（2）整治现有李存孝墓自然环境，除去对墓冢安全性有影响的植被，在墓前设立墓道，用松柏围立，塑造一个安静、肃穆的小环境。

2. 龙泉寺院落环境整治

（1）梳理改善现有水系，突出龙神祠的重要地位。

（2）整治新乐台北侧院落，改变现有围墙样式，避免视觉上产生闭塞和压抑的感觉。

（3）近期可建临时性构筑物对塔基遗址进行保护，设置展示栈道，栈道的基础不得破坏现有遗址，且风格古朴，与遗址风貌协调。

第60条　主要遗存点规划要求

1. 唐塔

（1）选址策划：位于太山龙泉寺东侧，覆盖于唐代塔基遗址之上。

（2）功能设定：保护遗址本体，并对唐塔塔基与地宫遗址及其挖掘现场进行展示。结合唐塔地宫出土的文物，对太山龙泉寺进行展示介绍。在太山山谷内形成标志性建筑，改善太山山体起伏线，改善山势景观风貌，进一步提升太山知名度和太山历史地位。

（3）设计要求：强调使用功能的合理性，要把保护功能作为首要的任务要求，合理解决遗址保护和文物展示的功能问题。保护性建筑不得损伤塔基遗址、大殿遗址的原状，而且是可逆的。建筑造型应体现唐风，体量不宜过大，塔身主体高度不应高于40米。建筑外观要顺应地形，符合地域特征，与环境风貌相协调。参观流线结合整个园区的游览路线整体设计。

2. 望都台

（1）选址策划：位于太山龙泉寺东侧，望都峰顶部平台东隅。

（2）功能设定：为游客登高远望晋阳古城遗址提供观赏平台。改善太山山势景观风貌，在望都峰形成景观视线焦点。

（3）设计要求：解决游客登高望远的功能问题。构筑物选址在望都峰东侧，基地面积不大于100平方米，与峰顶距离不应小于20米，高度不超过12米。建筑外观要顺应地形，符合地域特征，与环境风貌相协调。参观流线结合整个园区的游览路线整体设计。

3. 老虎洞保护建筑

（1）功能设定：对老虎洞进行保护。整治老虎洞的历史环境，提升该处的展示价值。

（2）设计要求：保持老虎洞原有结构稳定性，加建建筑应起到保护和保持原有氛围的效果。保护性建筑不得损伤遗址的原状，而且是可逆的。建筑体量不宜过大，以满足保护要求为限，风格应体现唐代建筑特点。

服务设施规划图　　　　　　　　　　　　道路整治图

第61条　一般性遗存点规划导则

1. 入口广场规划要求

（1）设置游客服务中心和管理用房，满足停车、休息、咨询、售票、管理等功能。建筑群采用院落布局，总建筑面积不超过3500平方米，其中管理用房面积不小于300平方米，建筑高度不超过10米，单体平面尺度控制在8米×20米以内，以青、灰色调为宜，建筑风貌与太山整体风貌相协调，以传统风貌为宜。场地内的铺地及景观设施材料应采用本地的传统材料。

（2）根据游客容量布置停车场地，停车场规模不少于60辆，采用植草砖铺地，并利用种植景观树木等绿化措施进行遮挡，避免对太山整体风貌产生破坏。

（3）整治风峪河，制订专门的水源整治和管理条例，展开对风峪河的治理工程。考虑河流枯水期的景观效果，对入口处河道进行蓄水处理，为保证蓄水效果，蓄水河道应注意采取防渗措施。

（4）景观设计中应保持景观元素的连续统一性。

2. 半山平台广场规划要求

（1）修缮现有小牌坊，实施结构加固及环境整治工程。

（2）景观设计应保持元素的连续统一性，避免体量过大或者过于突兀的建筑形式。

（3）用亭、廊等体量较小的景观构筑物分隔空间，以增加空间的层次性，新增建筑面积不应大于20平方米。

（4）场地内的铺地及景观设施材料应采用本地的传统建筑材料。

3. 墓塔区广场规划要求

（1）设置服务性建筑，满足游客的休息食宿功能。建筑风格应与太山整体风貌相协调，与墓塔林的风格相统一。建筑群基底面积控制在1000平方米以内，高度不超过10米，以青、灰色调为宜。

（2）布置少量停车空间，停车场规模不大于10辆。设置停车绿化，但不得遮挡与太山龙泉寺主体院落之间的视线通廊。

（3）景观设计中应保持元素的连续统一性、可持续性，留有考古研究的空间。

（4）场地内的铺地采用青石铺地或采用具有一定强度的沙石级配路基与砾石面层的半硬化地面，保持寺院幽静氛围。

4. 后山休闲区规划要求

（1）对现有的碉堡遗址实施环境清理和结构修整工程。

（2）设置服务性建筑，满足游客休息观赏的功能。建筑风格应与太山整体风貌相协调，高度不超过10米，建筑群基底面积控制在500平方米以内，以青、灰色调为宜，场地内的铺地及景观设施材料应采用本地的传统材料。

（3）保证建筑群与晋阳湖、晋阳古城遗址之间的视廊通畅，对于建设在该范围建筑控制地带内的违章建筑予以拆除或整治。

（4）设计中应保持景观元素的连续统一性，建筑风格应体现明清时期特点。

（5）布置少量停车空间，停车场规模不大于10辆，铺地采用青石铺地或采用具有一定强度的沙石级配路基与砾石面层的半硬化地面。

第62条　非文物建筑处置方式规划

从太山龙泉寺的文物保护单位本体保护、整体风貌控制以及环境治理综合考虑，将太山龙泉寺风景区内非文物建筑的处置方式划分为三类。

1. 改善类

在不改变外观的情况下，进行结构修整及可行的功能置换，调整、完善内部布局及设施。根据环境评估结论，保护区划范围内部分建筑需进行改善：

改善类附属建筑一览表

编号	建筑名称	建筑面积（平方米）	细节描述
1	碉堡	20	上部坍塌严重，应对其进行形式恢复、结构修整
2	翠微亭	10	保存完好，对其进行日常性的维护
3	小牌坊	5	保存良好，但年久失修，应对其进行结构修整
4	观音堂配房	20	保存完好，对其进行日常性的维护

2. 整治类

对那些产生视觉冲击、影响环境风貌的建筑，进行改建或实行改造，如材质调整、结构加固、建筑色调调整等。根据环境评估结论，保护区划范围内部分建筑应整治：

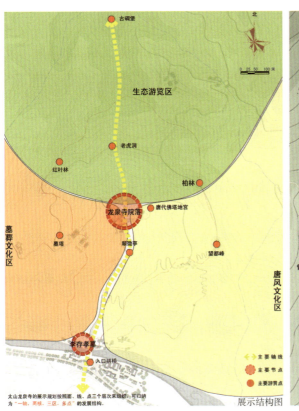

展示结构图

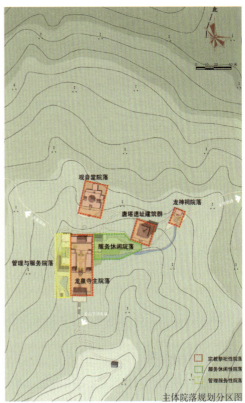

主体院落规划分区图

整治类附属建筑一览表

编号	建筑名称	建筑面积（平方米）	细节描述
1	厕所	11	2009年新建，整治建筑风格以使其与整体风貌相协调
2	斋堂	90	为现代加建，具体建造时间不详，整治建筑风格以使其与整体风貌相协调
3	管理用房	114	为现代加建，具体建造时间不详，整治建筑风格以使其与整体风貌相协调
4	东侧茶院正房	50	2009年新建，整治建筑风格以使其与整体风貌相协调
5	入口处办公建筑	90	2009年新建，保存完好，景观效果差，整治建筑风格以使其与整体风貌相协调

3.拆除类

对影响环境风貌而无法改造的建筑实行拆除。根据环境评估结论，保护区划范围内部分建筑应拆除：

拆除类附属建筑一览表

编号	建筑名称	建筑面积（平方米）	细节描述
1	入口牌坊	12	2008年新建，保存完好，但与李存孝墓距离过于接近，形象与太山现有风貌不符，景观效果差
2	入口处售票厅	4	2009年新建，保存完好，建筑造型比例不协调，景观效果差
3	休息平台处砖房	24	建造时间不详，与太山现有风貌不协调，景观效果差
4	鸽舍	10	2009年新建，保存完好，位于斋堂顶端，卫生环境较差

第十章　展示与利用规划

第一节　利用策略与要求

第63条　展示与利用原则

1. 以太山龙泉寺的文物保护为前提，科学、适度、持续、合理地利用。
2. 注重将太山龙泉寺本体的展示与周边人文景观、自然景观相结合，充分揭示龙泉寺的历史文化内涵，加强可观赏性。
3. 注重环境优化和设施更新，满足游览需求。
4. 注重公众参与，强调太山龙泉寺的教育功能。

第64条　利用策略

1. 依托风峪沟文化资源统筹策划展陈体系，联合店头古堡及周围自然资源，形成集文化遗产、自然环境展示为一体的区域性展陈方式，发挥资源综合效益。
2. 明确太山的文物价值，提升太山的历史地位，在保护的前提下，重塑太山地区的场所精神与核心价值。
3. 加大宣传力度，完善文物保护教育手段，严格控制游客容量，实现文化资源的可持续发展利用。

第65条　利用要求

1. 文物展示的游客容量必须以满足文物保护的要求为标准严格控制。
2. 展示工程必须满足文物保护要求，展示设施和景观配置应不影响文物整体景观风貌。

第二节　展陈体系

第66条　展示结构

太山龙泉寺的展示规划按照面、线、点三个层次来组织，可归纳为"一轴，两核，三区，多点"的发展结构。

1. 一轴

以太山龙泉寺入口山谷以及与其相对的北峰为主要轴线，串联起整个景观的空间系统。

2. 两核

以省级文物保护单位太山龙泉寺和市级文物保护单位李存孝墓所在区域为核心，整合太山区域各级旅游资源。

3. 三区

在规划范围内，将整个景区分为北部生态游览区、西部墓葬文化区、东部唐风文化区。

（1）北部生态游览区：位于太山龙泉寺寺院北侧，包括老虎洞、古碉堡、太山柏林和红叶林在内的以太山自然风光为主的分布区。

（2）西部墓葬文化区：由李存孝墓起始，以元明住持墓塔为主的墓葬文化分布区。

（3）东部唐风文化区：以唐塔地宫、望都峰为主的唐风历史文化分布区。

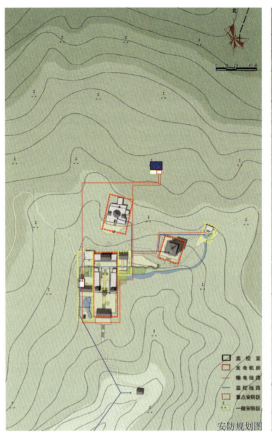

安防规划图

消防规划图

4.多点

（1）建筑展示节点：观音堂等文物建筑。

（2）遗址展示节点：唐塔塔基与地宫等遗址。

（3）文物展示节点：唐碑和龙槐等附属文物。

第67条　展示内容与方式

1.展示内容

（1）龙泉寺不可移动文物：文物建筑与遗址、泥塑及寺院院落整体展示。

（2）其他可移动文物陈列展示：依据文物保护单位现有资源，开展其他可移动文物展示内容，如碑刻、出土文物展示等。

2.展示方式

（1）文物建筑、泥塑的展示方式为原状、标识展示。

（2）其他可移动文物以室内展陈方式为主。

第68条　展示分区

依据景观风貌的不同类型对龙泉寺的展示系统进行分区，根据展示需要，加强各处整体联系，组织展示及游览路线。

1. 入口古建筑风貌区

位于龙泉寺现有主入口及半山平台处，是寺院的前导空间，包括入口建筑群、李存孝墓、半山平台广场等。

2. 寺院群落展示区

为龙泉寺院的主体区域，以主要的文物建筑以及附属文物为主要展示对象，又可细分成几组相对独立的建筑院落或遗址群体，包括：三大士殿院落、观音堂院落、唐塔地宫遗址群、龙神祠院落以及管理与服务院落、景观休闲院落。

3. 塔林遗迹重塑区

位于寺院主体区域的西侧，以展示龙泉寺历代住持的墓塔为主，是太山地区墓葬文化的代表。

4. 望都峰仙迹观赏区

位于东侧望都峰一带，是观览太山及龙泉寺全貌、眺望晋阳古城的主要观景点，也是感受历史事件、活化太山文化的重要游赏区。

5. 后山古韵深松景观区

位于龙泉寺北侧，以太山的自然风光游赏为主，同时辅以古碉堡、老虎洞等历史遗迹的展示，是太山自然风光的重要展示区，也是太山多元文化的重要体验区。

第69条　展示路线

1. 普通游客流线

太山主入口→李存孝墓→半山平台→翠微亭→龙泉寺新乐台→迎客松→唐碑→唐槐→唐华严经幢→飞龙松→三大士殿→佛祖阁→皇姑洞→观音堂→文殊殿→普贤殿→莲花宝洞→唐代佛塔塔基遗址（含地宫）→龙神祠·龙泉·龙柏→望都峰→太山柏林→古碉堡→老虎洞→红叶林→墓塔林→象柏→龙泉寺院→太山主入口。

2. 贵宾流线

西侧入口→墓塔林→龙泉寺新乐台→迎客松→唐碑→唐槐→唐华严经幢→飞龙松→三大士殿→佛祖阁→皇姑洞→观音堂→文殊殿→普贤殿→莲花宝洞→唐代佛塔塔基遗址（含地宫）→龙神祠·龙泉·龙柏→望都峰→太山柏林→古碉堡→老虎洞→红叶林→墓塔林→西侧入口。

3. 寺内展示路线均为步行，远期太山龙泉寺外围规划用旅游电瓶车联系。

第三节　利用设施

第70条　展陈设施

1. 展示设施应包括解说牌示系统、道路及绿化等。

2. 解说牌示：建立一套符合文物环境的解说牌示系统，解说牌外观应简洁，风格色调应与环境协调。

3. 展示道路：近期展示范围内展示道路可采用青砖或条石路面。

第71条　服务设施

1. 游客服务设施应包括公共厕所、休憩设施、服务点等。

2. 公共厕所：公厕位置便于寻找，外观应与文物环境相协调。
3. 休憩设施：在服务区内设置必要的休憩设施，要求位置恰当，数量合理，讲究美观实用并重。
4. 展示服务点：主要设置在入口古建筑风貌区和寺院群落展示区。服务内容包括：导游咨询服务、饮水、休息、纪念品小卖、摄影服务等。寺内服务点宜利用原有建筑整治、改造而成，规模宜小不宜大。

第四节 利用强度

第72条 容量控制原则

1. 太山龙泉寺的开放容量必须以不损害文物原状、有利于文物管理为前提，容量的测算要讲求科学性、合理性，测算数据必须经实践检核或仪器监测修正。
2. 本规划初步测算的太山龙泉寺的开放容量为定值，不得随旅游发展任意增加。
3. 根据测算，太山龙泉寺建筑本体的日游人容量控制为2004人次，年游人容量控制为54.3万人次。

第73条 游客管理

1. 由太山文物保管所编制游客《参观指南》，讲解游客行为管理要求，规范游客参观行为，降低对文物的干扰程度。
2. 建立定期监测制度，监测游客行为、监督游客管理与服务情况，为加强管理、改善服务提供依据。

第74条 宣传教育

1. 通过展陈、出版、电子传播等多种宣传方式，促进社会公众对文物价值的认知。
2. 通过引导和规范参观行为，提升旅游者对于文化资源、生态资源的保护意识。

第五节 交通组织

第75条 公交路线

目前没有从太原市直达太山龙泉寺风景区的公交游览路线，应开通从太原市区到太山龙泉寺的专门游览线路。

第76条 景区内部交通

景区内部交通以步行为主，景区外围与店头古堡、龙山石窟等景点可设置小型游览车相互联系。

第77条 停车场

1. 非特殊情况外部车辆不得直接开到龙泉寺内，游客进入景区以步行为主。
2. 在南侧入口处设主要停车场，并留有远期扩展用地，满足停车要求。
3. 在东、西两侧入口处设次要停车场，满足内部及特殊情况停车要求。

第十一章　旅游规划导引

第78条　规划原则

以文物保护为前提，合理开展旅游活动。

第79条　旅游资源状况

太山龙泉寺规划范围内及周边有丰富的旅游资源，包括晋祠、龙山石窟、天龙山石窟、蒙山大佛、晋阳古城遗址等自然与人文景观，旅游前景良好。

第80条　旅游与保护的关系

处理好旅游活动与文化遗产保护的关系是保证旅游事业纳入可持续发展轨道的关键，旅游活动不得过度开发，不得喧宾夺主。在有效保护太山龙泉寺的历史真实性和其历史、科学与艺术价值前提下，适度开展旅游应该得到鼓励与支持。

第81条　旅游规划内容引导

太山龙泉寺旅游规划的内容应包括：

（1）协调与整合旅游与文物保护各部门的相关职能，有效管理，合理共享利益，将旅游管理经营纳入法治的轨道。

（2）整合太山龙泉寺内外的旅游资源，综合考虑策划旅游线路，将周边的景点纳入至统一的旅游体系中来。

（3）组织旅游交通，与太原市、山西省的旅游网络整合，扩大与稳定客源。

（4）培训导游与旅游管理服务人才，提高现有人员素质。

（5）组织好太山龙泉寺内外的旅游食宿布点，提高服务设施品质。

（6）结合太山周边有关的民俗民风和宗教活动，开展庙会活动，开发工艺品、食品等旅游产品。

（7）结合近期工作重点，组织近期游览线路和配套工作。

第十二章　管理规划

第一节　运行管理

第82条　管理策略

1. 加强管理，制止人为破坏是有效保护的基本保障。

2. 根据"保护为主，抢救第一，加强管理，合理利用"的文物工作方针和管理评估结论，规划采取以下主要策略：

（1）对龙泉寺内各文物点统一管理。

（2）提出现有管理机构调整建议。

（3）制定管理规章要求，改进、完善现有规章制度。

（4）编制日常管理工作内容。

3. 太山龙泉寺有关文物保护的管理机构设在太山文物保管所。

第83条　文物单位的公布

文物保护管理工作严格按照公布的文物本体及保护区划执行，明确将李存孝墓增补入省级文物保护单位太山龙泉寺范围。

第84条　管理机构

根据《全国重点文物保护单位保护范围、标志说明、记录档案和保管机构工作规范（试行）》的要求，结合文物管理分片措施和现阶段管理机构体制，规划建议对管理机构进行下列调整：

强化太原市太山文物保管所的政府职能，将其纳入到地方行政管理机构中。明确太山文物保管所为省级文物保护单位太山龙泉寺的主管机构，管理范围为太山龙泉寺保护范围和建设控制地带，负责对太山龙泉寺所包括的文物本体及赋存环境的日常管理、保护工作及太山景区的日常管理工作。资金来源主要依靠政府财政及景区旅游经营收入。

第85条　管理人员

太山文物保管所具体负责龙泉寺文物保护、日常监测与维护、科学研究与宣传陈列、讲解导游等工作，随着管理工作的深入发展，应酌情考虑扩大工作队伍。有关管理人员的相关要求如下：

（1）建立健全从业资格认定程序，严格筛选文物保护从业者。

（2）完善专业培训机制，切实提高管理人员专业水平和综合素质。

（3）建立健全职工岗位责任制以及领导负责制，完善奖罚机制，确保制度完备，责任到人。

（4）主要机构、主要人员应保持相对稳定，业务相对独立，确保管理保护机制不因人员机构变动而变动。

第86条　管理规章

按照国家有关法律法规要求，本规划经审定之后，各级政府应落实下列工作事项：

（1）太原市政府应根据规划要求编制各项管理规章制度，报山西省人民代表大会会议通过、公布实施。

（2）规章制度主要包括文物保护条例、日常管理规章、安防条例、应急预案、游客管理和危险隐患报告制度等。

第87条　日常管理

日常管理工作的主要任务有：

（1）做好经常性保养维护工作，及时化解文物所受到的外力侵害，对可能造成的损害采取提前预防措施。

（2）收集有关龙泉寺历史资料，记录保护事务，整理档案，从中提出有关保护的课题进行研究。

（3）建立自然灾害、遗址本体、环境以及开放容量等监测制度，积累数据，为保护措施提供科学依据。

（4）有序地组织开展后续考古工作与文物日常保养维护。

第二节　专项管理

第88条　工程管理要求

保护范围内不可建设本规划之外的其他工程项目，凡在建设控制地带范围内新建的保护、展示、管理等工程项目应满足下列要求：

（1）必须满足文物保护的安全性，尽可能满足文物环境的和谐性。

（2）必须严格控制新建工程的建设规模，体量宜小不宜大。

（3）建筑造型应避免不恰当的建筑表现手法，外观力求简洁得体。

第89条　工程管理规定

1. 按照2003年中华人民共和国文化部令第26号《文物保护工程管理办法》，履行管理报批手续。

2. 按照国家文物局《文物保护工程勘察设计资质管理办法》（2005）、《文物保护工程施工资质管理办法》（2005），实施所有保护工程的勘察设计与施工管理。

3. 按照《中华人民共和国文物保护法实施条例》（2003）第十五条，执行文物保护工程的资质管理。

第90条　规划管理

1. 全面落实规划报批与公布程序，推进保护、展示工作的全面协调开展。

2. 建立规划实施的评估衡量标准，监督实施进展，及时向相关负责部门提交详细实施情况报告。

第十三章　基础设施调整规划

第91条　交通系统调整规划

1. 规划要求

（1）以现有道路为基础，改善路面质量。

（2）在保证文物安全性及不影响景观的前提下，局部修建新路段，沟通各展示点的便捷路线。

（3）有利于与城市的道路交通系统的衔接。

2. 道路规划

针对现有道路交通情况，对存在的问题进行分类整治，具体措施包括：

（1）拓建：在龙泉寺现有入口的东侧和西侧各开辟一条车行路，分别通往后山区和西坪，道路宽度为4米。开辟半山平台至望都峰的上山小路，道路宽度为1.5米，采用条石铺设的台阶式登山道路。连通李存孝墓广场与望都峰之间的上山小路，道路宽度为1.5米，采用条石铺设的台阶式登山道路。

（2）路面修整：入口主要登山步行道路采用条石铺设的坡道式登山道路，道路宽度为2米，道路两侧应种植较高大的植物。将现有的通往老虎洞、古碉堡的步行道路宽度拓宽为1.5米，采用砾石铺设的非硬化地面，道路两侧做软化防护构件。集散广场采用具有一定强度的沙石级配պ

基与砾石面层的半硬化地面，或配合植草砖使用。

3. 停车场规划

（1）改建太山龙泉寺入口处停车场，入口广场东侧为对外停车，面积约2200平方米。注重改善卫生和景观环境，加强管理，在入口山门西侧结合行政办公区设置内部停车场，面积约400平方米。

（2）结合新规划的墓塔展区广场设置贵宾停车场，面积约为180平方米，不宜使用水泥或混凝土做硬化地面。

（3）结合东西两侧车行上山道路，于东西次入口处设置少量停车场地。

（4）半山平台广场设置临时停车位，身份特殊游客可驾车至平台处，再步行登山至寺庙。

第92条　公共卫生设施调整

1. 结合游览线路、景点分布，安排公厕、垃圾站等环卫设施。
2. 实行垃圾袋装化，垃圾收集点服务半径不超过80米。

第93条　给排水系统调整

1. 太山龙泉寺用水以管理人员日常生活及消防用水为主，以绿化、旅游展示和服务用水为辅。
2. 根据道路规划，合理布置输配水管网。
3. 在北侧林地区修建专门的消防蓄水池，设专门管线为消防蓄水池补水，保证日常蓄水量；按防火规范要求沿线布置消火栓。
4. 对太山龙泉寺院落内排水系统逐步改造为雨污分流制：生活污水通过管道或暗渠排放，集中处理，雨水的排放采用明沟、暗沟及地面漫流相结合，使雨水流入山体地表径流。
5. 结合山体坡度组织道路、院落的排水方向，以利于雨水的自然排放。

第94条　电力系统调整

1. 由农网二次变电站引出10千伏地下电缆，至龙泉寺内的箱式变电站，再由该箱变向各建筑供电。
2. 改造电力及线路的容量，满足管理人员及最大旅游人数的用电需求。

第95条　电信系统调整

1. 由晋源区现有的地下电信及有线线路网络接线至景区。
2. 电信线路应以不破坏文物本体及环境为前提，尽可能地采用电缆管道沿规划道路埋地敷设。

第十四章　研究与考古规划

第96条　规划要求

1. 继续考古发掘，明确龙泉寺地下遗存的留存情况（包括遗存内容、寺庙格局、存留程度等）。
2. 明确评估现有遗存情况，并提供勘探报告和完整的测绘图纸。

3. 加强考古研究，结合环境整治和市政设施建设，对新的考古发现进行保护与深入研究，改进遗址保护与展示设计。

第97条　考古工作站

规划不另设考古工作站，由太原市考古研究所负责搜集整理建设工程实施过程中的考古发现，开展新的考古研究工作。

第98条　研究出版计划

1. 设置专项预算资金，对太山龙泉寺的山体格局、军事历史、民俗文化进行课题研究。
2. 设置专项基金，对太山龙泉寺有关历史研究、考古报告、民俗文化的研究成果及时进行出版。
3. 上述经费列入太山龙泉寺风景区保护与发展规划专项资金的财政预算。

第十五章　规划实施分期

第一节　规划分期

第99条　分期依据

1. 文物工作十六字方针："保护为主，抢救第一，加强管理，合理利用"。
2. 文物的不可再生性。
3. 文物保护工作的程序。
4. 地区经济条件。
5. 国家经济计划管理期划。

第100条　规划分期

本规划期限为21年，分三期实施：近期6年（2010—2015），中期5年（2016—2020），远期10年（2021—2030）。

第二节　分期实施重点

第101条　近期〔2010—2015〕规划实施内容

1. 收集并完善基础资料，完成前期咨询规划工作。
2. 区划出科学合理的保护范围和建设控制地带，确定保护范围和建设控制地带的保护原则和规定。
3. 完成唐代佛塔塔基及地宫（遗址）、清代大殿（遗址）等急需抢救的建筑遗址的保护设施的建设工程。
4. 完成保护范围内建筑的拆迁工作。
5. 完成对文物建筑的加固和修缮工程。
6. 利用环境整治工程的时机，抓紧进行考古发掘工作。

7. 制定详细规划，完成龙泉寺主体区域的建筑与环境改善及整治工程。

8. 旅游规划完成旅游路线策划及相关配套硬件、软件的建设。

9. 完成入口停车场的改造工程。

第102条 中期（2016—2020）规划实施内容

1. 本着科学严谨的态度，对其唐塔进行复原设计研究和可行性研究，在此基础上完成复原设计方案。

2. 根据本规划的建筑处置方式分类，制定详细规划，完成龙泉寺内建筑的风貌改善和整治工作。

3. 根据本规划制定的内容，编制景观规划的各项详细规划方案、设计方案，并全面予以实施。

第103条 远期（2021—2030）规划实施内容

1. 严格按照用地性质调整规划，将龙泉寺寺院群落主体区域确定为文物古迹用地。

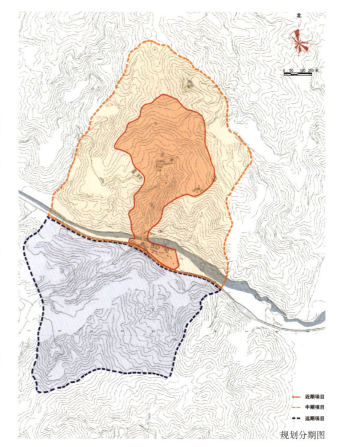

规划分期图

2. 完成龙泉寺周边建设控制地带内建筑的整治，按照用地性质规划调整各用地功能。

3. 在考古勘测及历史地理的研究基础上，研究太山山脉系统恢复的可能性，对山体径流进行水文治理。

4. 全面完成展示和利用规划，将龙泉寺周边历史和自然资源纳入历史文化旅游圈中。

5. 不断深化日常管理，加强档案建设和学术研究，强调日常维护的重要性。

第104条 不定期（2010—2030）规划实施内容

1. 文物建筑、附属文物的日常保养和监测。

2. 周边景观环境维护与环境监测。

3. 持续开展与太山以及太山龙泉寺相关的历史文化研究，出版学术成果。

4. 根据保护工作的开展，不断更新文物保护单位记录档案，完善保护、管理等工作。

5. 合理调整太山龙泉寺的开发利用强度，控制文物保护与旅游开发的协调关系。

明秀寺

第一章 总则

第1条 概况

1. 行政区划：山西省太原市。
2. 类型：古代寺庙建筑及其附属文物遗存的保护规划。
3. 保护级别与公布时间：2006年5月25日被国务院公布为全国重点文物保护单位。

第2条 编制背景

为有效保护明秀寺文化文物，科学、合理、适度地发挥其在地方文化、经济建设中的积极作用，依据《全国重点文物保护单位保护规划编制审批管理办法》，编制本规划。

第3条 指导思想

贯彻"保护为主，抢救第一，合理利用，加强管理"的文物工作方针，加强和改善明秀寺的文物保护工作，有效保护和延续文物本体及其环境的真实性、完整性；正确处理文物保护和合理利用的关系，促进文物保护事业的可持续发展。

第4条 规划性质

本规划是以全国重点文物保护单位明秀寺为核心的文物保护专项规划。

第5条 适用范围

1. 本规划依据国家有关文物保护的各项法律法规文件编制而成，依法审批后，作为全国重点文物保护单位山西省太原市明秀寺保护的法规性文件，纳入所在地的国民经济和社会发展规划以及新农村建设发展规划。
2. 本规划适用于规划区内各类别用地的土地使用、各类文物建筑及保护单位的保护控制、建筑物新建及改扩建的管理工作，是下一层次详细规划的编制、建筑和市政工程设计管理工作的依据。
3. 文件（规划图纸）涉及的控制指标和技术规定是根据现行的相关标准规范，结合规划区的实际情况而制定的，未涉及的指标应符合国家、山西省和太原市的有关政策、法规、标准等相关条款的规定。

第6条 编制依据

1. 国家法律、法规与文件

《中华人民共和国文物保护法》（2002）

《中华人民共和国文物保护法实施条例》（2003）

《全国重点文物保护单位保护规划编制审批办法》（2004）

《全国重点文物保护单位保护规划编制要求》（2004）

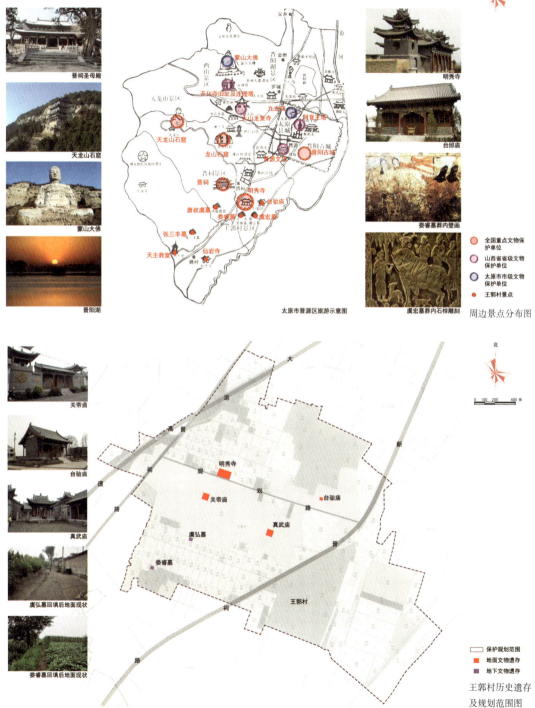

太原西山地区的历史营建与遗存 卷下:保护五则

《中华人民共和国城乡规划法》（2008）

《城市规划编制办法》（2006）

《中华人民共和国环境保护法》（1989）

《文物保护工程管理办法》（2003）

《全国重点文物保护单位保护范围、标志说明、记录档案和保管机构工作规范（试行）》（1991）

2. 地方法规与文件

《山西省实施〈中华人民共和国文物保护法〉办法》（2006）

《太原市文物保护和管理办法》（2003）

3. 相关指导性专业依据

《中国文物古迹保护准则》（2000）

《北京文件》（2007）

《太原历史文化名城保护规划》（2009）

第7条　规划范围

1. 规划范围：本规划以王郭村整个村域行政范围作为规划实施范围。

2. 规划面积：约460公顷。

第8条　规划期限

规划期限为21年（2010—2030），规划的期限分为三个阶段：第一阶段6年（2010—2015），第二阶段5年（2016—2020），第三阶段10年（2021—2030）。在未制定新的保护规划取代本规划前，本规划继续有效。

第二章　保护对象

第一节　文物概况

第9条　遗存简述

1. 地理位置：明秀寺位于山西省太原市晋源区晋祠镇王郭村西北隅，地理坐标为东经112°26′02.72″，北纬37°40′41.51″。

2. 明秀寺坐西朝东，寺域为长方形，东西长77米，南北长37米，占地面积为3540平方米，建筑面积1058.6平方米。

第10条　历史沿革

1. 明秀寺始建于汉代。

2. 明嘉靖二十一年（1542）寺庙毁于战火，嘉靖三十八年（1559）一庵和尚独自舍钱重修明秀寺，重建了山门、钟鼓楼、厢房和大殿，基本形成了明秀寺今日的规模。

3. 明崇祯十二年（1639）和清乾隆四十八年（1783）均曾对明秀寺有过较大规模的修缮。

4. 1960年代，当地村民在原基础之上重建了前院厢房和后院地藏殿，作为王郭村生产队的粮库使用，后改做幼儿园。

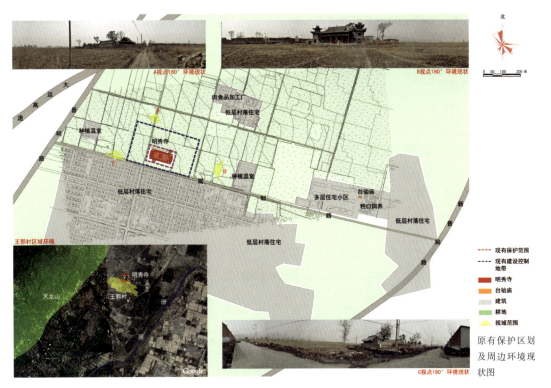

原有保护区划及周边环境现状图

5. 2003年，将幼儿园搬出，恢复寺庙功能。2005年当地村民在原有基础之上重建了山门和钟鼓楼。

第11条　遗存年代

根据全国重点文物保护单位"四有"档案记录：

（1）明秀寺大殿文物建筑及塑像、壁画遗存年代均为明代。

（2）过殿文物建筑、塑像遗存年代均为清代。

（3）观音殿文物建筑的遗存年代为清代。

第二节　环境概况

第12条　区域概况

明秀寺所在区域西临西山、东望汾河，为晋阳古城、明太原县城故地，今为太原市晋源区，全区总面积为287平方公里，总人口约18万。

第13条　自然环境

1. 地形地貌：晋源区地处山西中部，晋中盆地北端，地势由东北向西南倾斜，地质构造较为复杂。

2. 气候特征：属暖温带大陆性气候，四季分明，冬季寒冷干燥，夏季炎热多雨，秋季短暂凉爽。年均无霜期170天，年降水量459.5毫米。地下水资源丰富，水位较高。

3. 自然灾害：晋源区的主要自然灾害为旱灾、水灾、雹灾、虫灾、风灾、霜灾和地震。

4. 对遗存造成的破坏因素：温差较大、雨季潮湿，加速了古建筑的木质构件和砖石材料的风化和腐朽，对壁画和彩塑的保存也造成一定的困难。

第14条 社会环境

1. 明秀寺现行保护区划所涉及的王郭村行政区域，地处黄河中游经济区，村民以农业为主要经济来源。

2. 土地利用：现行保护范围面积为0.60公顷，保护范围内为文物古迹用地；现行建设控制地带3.77公顷，建设控制地带内均为耕种用地。保护区划以外东、西、北三侧均为耕种用地，南侧为王郭村村民居住用地。

3. 道路交通：王郭村西侧为城市主干道晋祠路，东侧为城市主干道新晋祠路，明秀寺南侧28米处有一条城市次干道规划路贯穿村落，连接新旧晋祠路，对外的交通便捷。

4. 文化资源：晋源区现有各类文物古迹百余处，其中全国重点文物保护单位5处。王郭村文物古迹众多，是晋源区内文物相对集中的重点保护区域。

第三节 文物构成

第15条 文物本体

明秀寺的文物本体包括建筑布局、文物建筑、附属文物。

1. 建筑布局：明秀寺寺域呈长方形，现状由两进院落组成，中轴线上依次为山门、过殿和大殿，山门两侧有钟鼓楼，第一进院落两侧各为11间厢房，第二进院落两侧分别为观音殿和地藏殿。

2. 文物建筑

（1）观音殿：为清代建筑。面阔五间，进深两间，单檐硬山顶。明间及两次间辟隔扇门，两稍间辟隔扇窗。现为寺内和尚的住所。

（2）过殿：为清代建筑。面阔五间，进深三间，建筑面积142.8平方米，单檐悬山顶。

（3）大殿：建于明嘉靖三十八年（1559年）。面阔五间，进深三间，建筑面积185.68平方米，单檐歇山顶。

3. 附属文物：大殿、过殿内的塑像及壁画，石碑、古树、匾额。

（1）金装三世佛：明代遗存。三尊塑像排成一排，位于80厘米高的佛坛上，结跏趺坐在高1.5米左右的佛坐上。

（2）胁侍菩萨：四尊胁侍菩萨位于佛坛的两侧和三尊佛像的间隔之中，站立于30厘米高的莲花座上，塑像高约2米，色彩以白色和红色为主。

（3）二力士像：二力士像站立于佛坛左右两侧的地面上，色彩以红、白为主。

（4）大殿内壁画：原有80余平方米，共计48幅，分布于大殿前后壁和两侧山墙。现大殿北侧山墙上的壁画被毁。

（5）弥勒佛和二童子像：清代遗存。三尊塑像置于80厘米高的青砖砌筑的佛坛上，弥勒佛居中，

大殿

观音殿

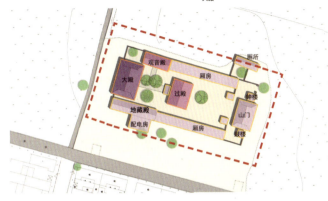

一进院厢房

山门、钟鼓楼

地藏殿

过殿

建筑单体现状图

结跏坐在一个 50 厘米高的佛座上,二童子立在两侧,塑像线条流畅,栩栩如生。三尊塑像保存均较为完好。

（6）碑刻：寺内现有碑刻四通，其中明代两通，清代两通。

（7）古树：寺内现有古树四株，其中侧柏三株，银杏一株，均为千年树龄。

（8）匾额：位于大殿正中额枋的上方。金色边框，蓝色底金色字。

第16条　非文物建筑

1. 山门：2005 年，当地村民在未经文物部门许可的情况下在原址修建。
2. 钟楼、鼓楼：2005 年，当地村民在未经文物部门许可的情况下在原址修建。
3. 前院厢房：1960 年代，当地村民原址重建，现废弃。
4. 地藏殿：1960 年代，当地村民原址重建，现废弃。
5. 围墙：1960 年代，当地村民重修，后多次修葺。

第17条　文物环境

1. 由明秀寺南侧王郭村的民居建筑群落，及东、西、北三侧的农田景观组成的村落景观。
2. 明秀寺周边由台骀庙、娄睿墓、虞宏墓等历史遗迹所形成的历史文物圈。

第三章 价值评估

第18条 文物价值

1. 历史价值

（1）明秀寺重建于明代，见证了山西明清佛教的发展情况，为研究山西明清时期的佛教发展状况提供了重要实物资料。

（2）明秀寺的整体建筑格局保存较为完整，是山西重要的明清佛寺建筑群实例，对研究我国明清寺庙建筑群体布局具有重要实证价值。

（3）明秀寺大殿、过殿是具有典型地域特征和时代特征的佛寺建筑实例，是研究山西明清时期木构建筑的宝贵实例。

（4）明秀寺内保存的大量明代、清代的塑像和壁画，是当时佛教艺术发展水平的真实记录，为研究相应时期佛教艺术提供了实物资料。

2. 艺术价值

（1）明秀寺大殿和过殿在空间构成、造型和装饰等方面体现了我国明清时期建筑的艺术水平，同时体现了相应历史时期山西木构建筑的地域风格。

（2）明秀寺内附属文物，包括塑像、壁画等，反映了明清时期佛教艺术的发展水平及审美情趣。

（3）明秀寺的建筑艺术与王郭村的人文、自然环境相互映衬，形成具有极高观赏价值的人文景观。

3. 科学价值

（1）明秀寺大殿是研究明代木构建筑技术科学直接、丰富的信息源，明秀寺过殿是研究山西清代木构建筑地域风格珍贵的实物资料。

（2）明秀寺内保存有完好的明代和清代的塑像和壁画，是研究相应时期山西地区佛教艺术作品传统工艺的优秀实例。

第19条 社会价值

1. 明秀寺是具代表性的古建筑群，是太原市西山地区重要的历史文化资源。

2. 明秀寺是当地人民传统信仰与民俗文化的精神场所，对于丰富地区文化，提升地区吸引力具有重要价值。

第四章 现状评估

第一节 文物保存现状

第20条 文物本体保存现状

文物的保存状况主要从真实性、完整性和残损状况三方面来评估。

1. 真实性

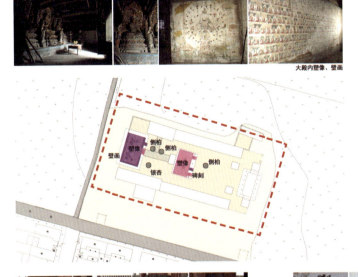

大殿内塑像、壁画

过殿内塑像

碑刻

古树

附属文物现状图

图例：
- ---- 现有保护范围
- 保护对象
  - 碑刻
  - 塑像
  - 匾额
  - 古树
  - 壁画
- 时间
  - 清代
  - 明代

附属文物保存状况综合评估结论

序号	附属文物名称	真实性	完整性	破坏速度	主要破坏因素	残损程度	评估结论
W1	明代金装三世佛（三尊）	A	A	慢	自然风化	轻度	A
W2	明代胁侍菩萨（四尊）	A	A	慢	自然风化	轻度	A
W3	明代二力士像（二尊）	A	A	慢	自然风化	轻度	A
W4	明代壁画（80余平米）	A	B	较快	自然风化、雨水污染	中度	B
W5	弥勒佛、二童子像和倒坐观音像	A	B	慢	自然风化、人为破坏	轻度	A
W6	《重修明秀记》（嘉靖三十八年）	A	A	慢	自然风化、人为破坏	轻度	A
W7	《重修明秀寺记》（崇祯十二年）	A	A	慢	自然风化	轻度	A
W8	《王郭村因改路碑记》碑	A	A	慢	自然风化	轻度	A
W9	《重修明秀寺记》（乾隆四十八年）	A	A	慢	自然风化	轻度	A
W10	古树					基本完好	
W11	"便是西天"匾额	A	A	慢	自然风化	基本完好	

附属文物

建筑单体：评估等级为A的建筑单体占全部建筑单体的28%；评估等级为B的占16%；评估等级为D的占56%。

附属文物：评估等级为A的附属文物占全部附属文物的90%；评估等级为B的占10%。

建筑本体

建筑保存状况综合评估结论

序号	建筑名称	真实性	完整性	破坏速度	主要破坏因素	结构可靠性	评估结论
J1	山门	D	D	快	人为破坏	III类建筑	D
J2	钟楼、鼓楼	D	D	快	人为破坏	III类建筑	D
J3	前院厢房	D	D	快	人为破坏	III类建筑	D
J4	观音殿	A	A	慢	自然风化	I类建筑	A
J5	地藏殿	A	A	慢	自然风化	I类建筑	A
J6	过殿	A	B	较快	自然风化	II类建筑	B
J7	大殿	A	A	慢	自然风化	I类建筑	A
J8	围墙	D	D	较快	人为破坏	III类建筑	D

图例：
- ---- 现有保护范围
- 建筑单体
  - A级
  - B级
  - C级
  - D级
- 附属文物
  - A级
  - B级

保存状况综合评估结论

（1）明秀寺部分建筑虽历经改建，但整体延续了明代寺院重建时的规模和布局，真实性较好。

（2）文物建筑：中轴线上的主要建筑物过殿、大殿分别为清代、明代原物，第二进院落的观音殿为清代原物，后期对建筑的干预措施主要为修缮加固，工程符合最小干预原则，所添加物可识别性较好，基本满足文物保护的真实性要求，故这三座文物建筑的真实性较好。

（3）附属文物：后期保护维修工程对附属文物的干预较小，真实性较好。

（4）非文物建筑：寺内山门、钟鼓楼、前院厢房、地藏殿均为1949年后原址新建，建筑形制与寺庙遗存建筑相差较大，单体建筑不具有真实性且破坏了寺庙整体的真实性。

2. 完整性

明秀寺历经改建，其山门、钟鼓楼、厢房、地藏殿都依托原有建筑基础，但建筑风格变化较大，寺庙总体完整性受到破坏。

文物建筑、附属文物有不同程度的残损。但是目前保留的文物建筑及院落、附属文物能反映明秀寺核心价值，单体价值的完整性保存较好。

3. 残损状况

（1）建筑院落：第一进院落素土地面凹凸不平，硬质铺地残损严重；第二进院落素土地面保存状况良好，硬质铺地局部残损。

（2）文物建筑：大殿、观音殿保存情况较好，但观音殿踏步部分残缺，现临时使用青石条石做踏步；过殿保存状况尚可，但台基、墙体、木结构、屋面均出现残损，如果继续发展将对结构造成影响，需进一步观察和进行相应处理。

（3）附属文物：明代塑像保存现状基本完整，由于自然和其他等因素导致有轻度风化现象和积尘污染；明代壁画保存现状基本完整，但墙体开裂、漏雨威胁文物安全；石碑受自然风化的破坏，碑体部分字迹已不可辨，台基亦受到损坏；古树、匾额保存较好。

第21条　文物环境现状

根据保护工作现状和实地调查情况，本规划对寺内及其周边环境作出下列评估。

1. 非文物建筑现状：明秀寺北侧的厕所和南侧的配电房系1980年代后新建的临时性建筑，均为红砖砌筑，建筑墙体、门窗多处残损，保存状况较差。

2. 本体及周边环境

（1）文物历史环境：明秀寺内主要历史信息保存基本完整，寺庙格局基本完好，但寺内1949年后重建的建筑风格破坏了寺庙整体的历史风貌。

（2）环境氛围：寺内主体建筑格局基本完好，塑造出了寺庙的环境氛围，但环境卫生较差，存在乱堆放建筑垃圾现象，电线电缆较乱；明秀寺山门外入口空间较为凌乱，未能形成寺庙入口空间氛围；寺南侧和西侧的道路上有大量电线杆，破坏了明秀寺外部环境氛围。

（3）环境安全隐患：地面排水不畅，一定程度上威胁着文物本体的安全。

（4）噪音噪声：明秀寺距城市机动交通道路较远，且其北侧为农田，南侧为村庄，故噪声污染较小。

（5）环境污染：明秀寺所在的王郭村为一处历史悠久、自然环境优美的村落，周边大环境氛围较好；

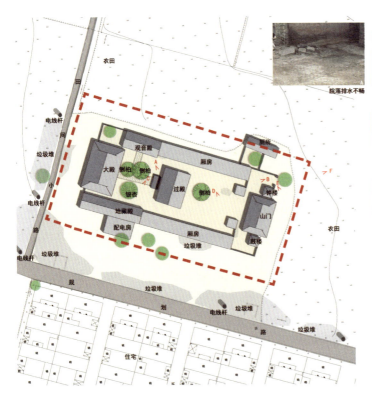

院落排水不畅

寺院整体历史风貌受到破坏

整体环境氛围较差

环境噪声污染小

- - - 现有保护范围

文物环境现状图

王郭村新村分布范围

新村内平顶建筑

新村内坡顶建筑

 王郭村新村范围

村落现状图—新村

新村内主要建筑类型及分布情况

	类型	年代	形式特点	在村中所占比例
1	平顶建筑	1980年代后	平顶，平板屋檐向外挑出0.6米左右，木构或钢构的方格式门窗，部分建筑使用红砖，多数建筑使用红色或白色瓷砖贴面	现老村中80%的传统建筑为此类
2	坡顶建筑	1980年代后	直坡顶，坡顶下平板屋檐向外挑出0.6米左右，木构或钢构的方格式门窗，屋顶多使用红色釉面波纹瓦，多数建筑使用红色或白色瓷砖贴面	现老村中20%的传统建筑为此类

太原西山地区的历史营建与遗存 卷下：保护五则

但是明秀寺南侧围墙外侧堆积了大量村民倾倒的生活垃圾，对明秀寺外部环境造成很大的影响。

3. 村落环境

（1）周边人文环境与历史环境

明秀寺南侧的村落仍然保存有明清时期的历史格局，有着重要的历史价值。

明秀寺远接天龙山，近靠村落农田，形成良好的自然风景。

明秀寺周边有张氏祖祠台骀庙、北齐娄睿墓、隋代虞弘墓等众多全国知名的文物古迹，形成价值极高的文物古迹区域。

（2）景观环境

寺南侧为王郭村新村民居建筑，建筑的立面材料、色彩、形制与明秀寺不协调。

北侧、东侧和西侧均为农田，环境较好。

但随着王郭村的发展，村民居住建筑已经侵入到寺庙东侧的农田内，且部分建筑层数高、体量大，阻碍了明秀寺与其东侧台骀庙之间的视线通廊。

（3）环境质量：当地大气、水质、土壤等环境要素均未受到严重污染，环境质量好。

第22条　主要破坏因素

1. 自然风化：明秀寺主要建筑及附属文物均受自然风化的破坏。
2. 排水不畅：建筑的排水不畅表现为屋面排水不畅和院落排水不畅两方面。
3. 不良人为干预和破坏：对附属文物偷盗的行为；对文物建筑不当新建；乱丢垃圾、乱拉电线等对文物环境的破坏行为。

第二节　文物保护现状

第23条　保护现状评估

1. 保护工作

（1）保护级别公布：2006年5月25日，明秀寺被国务院公布为第六批全国重点文物保护单位。

（2）保护区划：现有保护范围为明秀寺东、西、南、北各至围墙外10米，约0.89公顷；现有建设控制地带为东、西、北至保护范围外80米，南至规划路，约3.48公顷。根据历史研究和现状调查，现有保护区划不能完整地包括历史信息和历史环境。

（3）保护标志：有国保标志说明牌，无保护范围界碑。

（4）保护档案：文物档案管理通过市档案局验收，达到省二级标准。

（5）保护管理条例：未制定明秀寺专项管理条例。

2. 本体保护

（1）消防设施：

明秀寺内建筑均为木结构建筑，易发生火灾。

明秀寺现有消防系统具备满足消防要求的消防水池、水泵和消防环路系统。

明秀寺与晋祠镇消防队距离约3公里，火灾发生后消防队不能及时到达，延误救灾时间。

王郭村老村分布范围

老村内主要建筑类型及分布情况

类型		年代	形式特点	在村中所占比例
1	传统坡屋顶建筑	清代	太原地区传统民居的坡顶、木构门窗，传统建筑元素：屋脊、吻兽、照壁、墙头、砖雕；建筑组合元素：垂花门；建筑色彩：灰色的砖瓦、柔和的红色与白色	现老村中5%的传统建筑为此类
2	传统屯顶建筑	清—1960年代	太原地区传统民居的屯顶、木构门窗，传统建筑元素：照壁、墙头、砖雕；建筑组合元素：垂花门；建筑色彩：灰色的砖瓦、柔和的红色与白色	现老村中85%的传统建筑为此类
3	平顶建筑	1980年代后	平顶、平板屋檐向外挑出0.6米左右，木构或钢构的方框式门窗，部分建筑使用红砖	现老村中10%的建筑为此类

■ 王郭村老村范围

村落现状图—老村

明秀寺有专设的消防安全领导组织机构，有日常消防管理制度，无具有针对性的消防紧急预案。

（2）安防设施：大殿、过殿以及寺院院落内有相应的安防设施。目前的安防手段只能应对正常情况的秩序维持，尚无力应对突发事件或有预谋的破坏。

（3）防鸟及其他生物设施：寺内文物设施现均未安装防鸟设施。

（4）保护措施：1997年王郭村筹资2万元对明秀寺大殿、过殿进行了小型维修。2001年山西省文物局拨4万元专款，由山西省文物技术中心对大殿进行了测绘，制订了维修方案和工程预算。2005年对大殿进行了全面的维修。

（5）信息保存：还未全面开展塑像、壁画信息采集和建立信息数据库等工作。

（6）应急预案：未制订突发事件的应对措施与防范计划。

（7）病害检测：未开展壁画病害监测工作，无监测设备。

3. 环境保护现状

（1）历史环境：无寺院建造时期历史环境、植被品种与景观特征的历史环境研究资料。

（2）现状环境：未开展生态环境保护、景观风貌整治等环境保护工作。

第24条　利用现状评估

1. 开放条件

（1）明秀寺现有保存完好的文物建筑明代大殿和清代过殿，同时有大量保存完好的明、清佛教塑像、壁画等，具有很高的观赏价值。

（2）明秀寺周边紧邻大运高速、晋祠路、新晋祠路（307国道），对外交通便利。

（3）明秀寺所在的王郭村内有众多的历史文物古迹，适合进行小范围的区域旅游。

2. 开放状况及展示、服务设施

（1）旅游开放：明秀寺目前没有对外开放，文物未能得到有效的利用，文物价值没有得以利用。

（2）旅游收入：无旅游收入；文物保护未能对当地居民的生活起到促进作用，群众对文物保护的重要性认识不够。

（3）现有陈展：场地内设施落后，缺少对文物本体的展示；缺少文物陈列馆，相关可移动文物没有科学、合理的保存及展示场所；缺乏对明秀寺历史文化背景的展览介绍场所。

（4）游客服务设施：无游客服务设施，缺少相关的标识牌、指路牌及文物介绍性说明牌。

（5）交通服务设施：进入明秀寺景区的规划路状况较好，但明秀寺外围无停车场等交通服务设施。

（6）游线组织：未能将明秀寺文物建筑群及附属文物与周边自然、人文景观相结合。

3. 宣传教育

（1）宣传工作：尚未开展文物宣传工作，明秀寺的知名度较差。

（2）教育工作：文物保护教育工作方式简单，力度不足。

第25条　交通现状评估

1. 对外交通：王郭村毗邻城市干道，对外交通便捷。

2. 内部交通：明秀寺南侧的规划路，有利地组织了王郭村内部的交通联系。

第26条　管理现状评估

1. 运行管理

（1）管理机构：晋源区文物旅游局负责明秀寺的管理工作。

（2）规章制度：晋源区文物旅游局根据寺庙自身特点，制定了有关保卫、安全防火等方面的管理制度，对明秀寺进行规范管理。

（3）安全保卫：寺内有职工2人，专职负责明秀寺的日常安全工作。

（4）管理经费：主要来自三个方面：一为政府拨款，二为晋源区文物旅游局自筹，三为社会捐赠。

2. 综合设施

（1）管理用房：评估等级为C级，寺内现无专门的管理用房。

（2）基础设施：保护单位临近村庄，周边给排水、电力、电讯设施齐备。

第27条　研究现状评估

1. 研究成果

（1）研究成果数量较少，广度、深度不足。

（2）尚未开展寺内塑像和壁画的保护研究工作。

2. 研究队伍与研究资料

（1）明秀寺管理机构无专职研究人员。

（2）现已积累了一些有关文物建筑测绘、塑像、壁画的影像等基础资料。

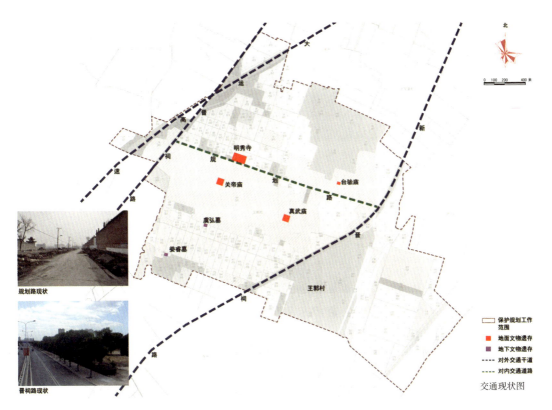

交通现状图

第三节 村落现状评估

第28条 村落建筑现状

1. 村落特色：王郭村由新村、老村两部分组成。
2. 村落肌理：老村部分延续了传统的村落肌理；新村部分保留了原有村落的尺度特征。
3. 老村内主要建筑类型及分布情况：

编号	类型	年代	在村中所占比例
1	传统坡屋顶建筑	清代	现老村中5%的传统建筑为此类
2	传统屯顶建筑	清—1960年	现老村中85%的传统建筑为此类
3	平顶建筑	1980年后	现老村中10%的建筑为此类

4. 新村内主要建筑形式及分布情况：

编号	类型	年代	在村中所占比例
1	平顶建筑	1980年后	现新村中80%的传统建筑为此类
2	坡顶建筑	1980年后	现新村中20%的传统建筑为此类

第29条 基础设施现状

1. 老村

（1）村内主要道路及硬质铺装残损严重，巷道均为土质路面，雨季泥泞。

（2）村内主要道路中央设明沟排水，带来污染。
（3）村内供电线路主要为电线杆架空方式，线路凌乱。
 2.新村
（1）村内主要十字大街为柏油路面，其余巷道多为土质路面，表面不平整且雨季泥泞。
（2）有统一的暗沟排水，但排水效果较差，土质巷道在雨季仍有积水。
（3）村内供电线路主要为电线杆架空方式，线路凌乱，存在安全隐患，影响村内景观。

第四节　现存主要问题

第30条　文物保护工作尚需完善
 1.保护工作尚需完善，未竖立保护范围边界界桩，"四有"档案仍需完善。
 2.安防能力有待加强，目前安防能力较弱，需尽快实施系统的安全防护方案。
 3.防鸟及其他生物设施有待完善，现无防鸟及其他生物的防护设施。
 4.保护措施，塑像、壁画保护措施力度不足，不能有效抵御目前的自然破坏因素的危害。
 5.监测设施，缺少对室内温度、湿度对壁画、塑像影响的监测设备。

第31条　文物展示利用不够
 1.现行展陈体系薄弱，未能发挥文物的社会价值。
 2.展示利用设施匮乏，现基本无展示设施，无游客服务设施，不能满足文物对外开放需求。

第32条　管理体系有待完善
 1.现有的建设控制地带划分不尽合理，对保护文物安全和完整的可操作性不强。
 2.文物专项管理经费不足，未制定专项保护管理条例。
 3.由晋源区文物旅游局管理，没有专门的文物管理机构。
 4.缺少文物管理用房。

第33条　基础设施有待完善
　寺内的电力通讯设施、给排水设施和卫生设施均较为简陋，不能满足明秀寺的保护和管理需要。

第34条　研究宣传力度不够
 1.研究成果较少。
 2.科技保护研究人力资源不足，不能满足文物保护的需要。

第35条　村落更新有待引导
 1.村落的无序发展逐步蚕食明秀寺周边空地。
 2.村中建筑样式繁杂多样，历史建筑逐步被改建，历史风貌逐渐消失。
 3.村落基础设施不够完善，人们生活水平有待提高。

保护规划总图

第五章 规划框架

第36条 规划原则

1. 法制的原则

依法保护文物，在法律体系下，保护文物本体的真实性、完整性和延续性以及相关历史环境的完整性，是规划设计要遵循的基本原则。

2. 可操作性的原则

对明秀寺的各方面进行深入研究和评估，结合周边业已形成的村落布局，强调可操作性，对保护范围和建设控制地带作出调整建议。

3. 前瞻性与现实性相结合的原则

本规划的制定着眼于长期有效的保护，同时重点解决明秀寺现存的主要问题。

4. 联系与协调发展的原则

本规划强调明秀寺与周边文化景点的联系，同时将旅游资源进行整合，使明秀寺在得到保护的基础上，发挥更大的社会效益和经济效益。

第37条 规划目标

本规划目标是使明秀寺这一全国重点文物保护单位获得有效保护和合理利用，使明秀寺的文物价值和社会价值得到充分实现；明确保护方向和措施，为今后明秀寺的文物保护工作提供控制管理的法律依据和工作框架，为明秀寺的发展提供切实可行的建设指导。

第38条　基本对策

1. 保护：调整保护区划，完善保护工作；完善安防、消防设施建设，制定保护措施。
2. 管理：制定相关管理规章制度，完善基础设施建设。
3. 展示：策划展陈方案，开展展示工程建设，完善展示设施。
4. 研究：深入明秀寺历史沿革、规模以及塑像、壁画保护措施等基础研究工作。

第39条　主要内容

1. 分析和评估明秀寺的现状和价值。
2. 编制明秀寺保护原则和策略。
3. 确定保护目标和重点。
4. 确定保护范围和建设控制地带，划定视线通廊，制定管理要求。
5. 制定保护措施，划分措施等级。
6. 编制明秀寺展示、管理等专项规划。
7. 编制规划分期与估算，制订实施计划。

第六章　保护区划

第一节　区划策略

第40条　保护区划调整

根据现状评估和调查研究，现有保护区划不能满足文物的保护需求，因此依据下列因素对保护区划重新界划：

1. 文物本体及其环境保护的完整性、安全性的要求。
2. 文物实际管理操作的可行性要求。
3. 明秀寺现行保护区划的范围。

第41条　保护区划分区

本规划将明秀寺保护区划分为保护范围 1.2 公顷、一类建设控制地带 16.67 公顷、二类建设控制地带 66.75 公顷和风貌协调区 375.38 公顷四个层次，保护区划总面积为 460 公顷。

第二节　区划类别

第42条　保护范围

1. 调整依据

明秀寺现存建筑状况。

明秀寺保护的安全性和保存的完整性。

明秀寺所在地区建设发展现状和趋势。

2. 四至边界

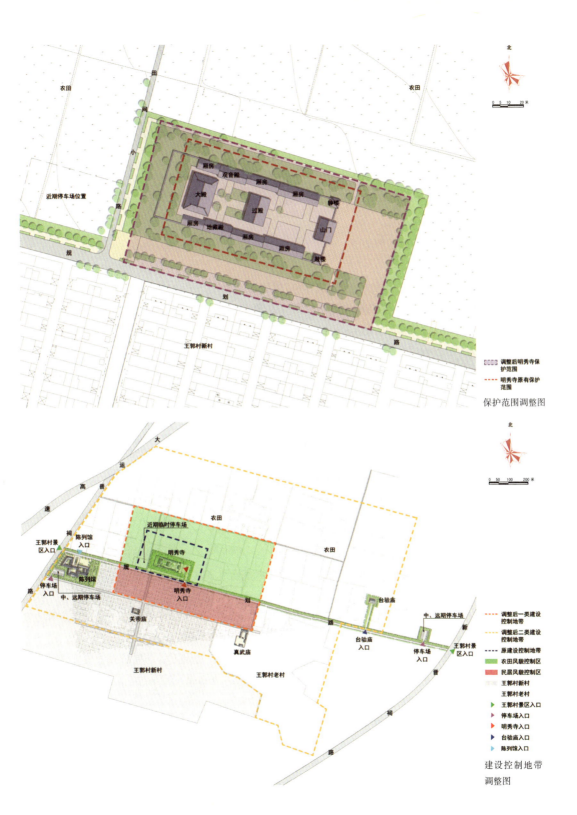

保护范围调整图

建设控制地带调整图

北侧至围墙外 15 米，南侧至围墙外 28 米（至规划路北边缘），西侧至围墙外 15 米，东侧至山门东墙外 35 米。

3. 占地面积

约 1.20 公顷。

第43条　一类建设控制地带

1. 调整依据：视域范围的完整性，环境风貌的协调性。

2. 四至边界：北至保护范围边界 140 米（向北至农田间第一条东西向的小路），南至保护范围边界 105 米（向南至村内第一条东西向的小路），西至保护范围边界 115 米，东至保护范围边界 280 米。

3. 占地面积：约 16.67 公顷。

第44条　二类建设控制地带

1. 调整依据：相关历史环境的完整性，环境风貌的协调性。

2. 四至边界：北至一类建设控制地带边界 280 米（向北至农田间第二条东西向的小路），南至一类建设控制地带边界 135 米（向南至村内第二条东西向的小路），西至晋祠路，东至新晋祠路。

3. 占地面积：约 66.75 公顷。

第45条　风貌协调区

1. 设置依据：村落发展与文物保护的统一协调。

2. 四至边界：王郭村的行政范围区域，其中除去本规划划定的保护范围和建设控制地带用地。

3. 占地面积：375.38 公顷。

第三节　管理规定

第46条　保护区划统一管理规定

1. 在保护范围和建设控制地带内，不得建设可能污染明秀寺及其环境的设施，对已有的污染设施，应当限期整治或拆除；不得进行可能影响明秀寺及其环境安全性、完整性的活动，对现有安全隐患，应当限期整改。

2. 本规划经批准后，按照《城市规划编制办法》的要求，将保护区划边界、管理规定和主要保护措施的内容作为强制性内容纳入太原市城市总体规划。

3. 在保护范围和建设控制地带内的考古发掘、保护工程、建设工程等项目必须遵守《中华人民共和国文物保护法》等有关法规的规定，并按法定程序办理报批审定手续。

第47条　保护范围内的管理规定

1. 保护范围内的土地性质确定为"文物古迹用地"。

2. 本区域为非建设区，不得进行除保护工程以外的其他建设工程或者爆破、钻探、挖掘等作业。

3. 逐步实施环境整治措施，迁埋电线电缆；凡位于保护范围内，对文物本体或环境造成破坏或不利影响的建筑物或设施应根据实际情况和经济条件，予以拆除或迁建。

设置风貌协调区

4. 实施有效的安防与保护措施,安装监控设备和防火设备,配置专人守护。

5. 加强对文物建筑的日常保养和维护,及时修缮受损建筑和附属文物,消除安全隐患,确保文物建筑安全。

第48条 一类建设控制地带内的管理规定

1. 一类建设控制地带以规划路为界,南侧以控制明秀寺周边建筑的高度、体量和风貌为主要手段;北侧以保护农田景观风貌为主要手段。

2. 控制地带内规划路南侧的建筑物和构筑物高度应限制在7米以内,且不高于建筑物距明秀寺保护范围最近水平距离的1/5。

3. 控制地带内的建筑屋顶形式、立面风格应与周边留存下来的明清民居建筑风格相统一。

4. 控制地带内规划路北侧用地应保持现有用地性质,保持农田景观风貌,禁止实施与文物保护无关的建设工程。

5. 控制地带内的建筑物和构筑物色调应与明秀寺建筑相协调,以青灰色调为宜,避免刺目突出。

第49条 二类建设控制地带内的管理规定

1. 二类建设控制地带内,老村部分以控制村落更新、保护传统村落的肌理格局和建筑风貌为主要手段；新村部分以控制建筑的高度、体量和风貌为主要手段。

2. 控制地带内老村的更新、改建应严格维持原有建筑平面，以清代坡顶或囤顶样式为准。

3. 控制地带内新村部分的建筑物和构筑物高度应限制在 9 米以内。

4. 建控地带内的其他土地只能作为农业耕作或乡村建设相关用地，不作为工业或其他建设用地。建筑高度应控制在 9 米以下，且不高于建筑物距明秀寺一类建设控制地带最近水平距离的 1/5。单体建筑占地面积不大于 300 平方米。

5. 控制地带内的建筑物和构筑物色调应与明秀寺建筑相协调，以青灰色调为宜，避免刺目突出。

第50条　风貌协调区内的管理建议

1. 风貌协调区内建议控制新建建筑的高度、体量和风貌。

2. 新建建筑建议以青、灰色调为主，建筑形式与明秀寺及周边民居的风貌相协调。

3. 风貌协调区内新建建筑的高度控制分为两类：

第一类：从建设控制地带向外 200 米的范围内，建筑高度宜控制在 12 米以内。

第二类：风貌协调区内除去第一类风貌协调区，建筑高度宜控制在 15 米以内。

4. 不宜建设大型的工业、商业建筑。

第七章　保护规划

第一节　保护工作

第51条　公布保护区划、设置保护标志

1. 本规划重新界划的保护区划在通过行政审批程序后，由山西省人民政府重新公布。重新公布的保护范围边界应落实界标。

2. 标志牌制作应符合《中华人民共和国文物保护法实施条例》和《全国重点文物保护单位保护范围、标志说明、记录档案和保管机构工作规范（试行）》要求。

第52条　编制保护管理条例

1. 按照相关法律、法规要求，编制《明秀寺保护管理条例》，并依据相关程序报山西省人民代表大会会议通过、公布实施。

2. 建立监督机制，监测《明秀寺保护管理条例》实施情况。

第53条　文物信息保存

开展文物信息采集工作,建立文物信息数据库,实现全面的、永久的信息保存。工作内容包括：

1. 按照《全国重点文物保护单位记录档案工作规范(试行)》(2003.11)要求，补充完善保护档案。

2. 收集、整理文物相关历史信息及历年保护工程资料。

3. 开展明秀寺塑像、壁画影像、碑刻拓片数字化采集、古建筑测绘工作，建立文物信息数据库。

建筑保护措施图

第二节 本体保护措施

第54条 原则

1. 在制定具体保护措施时，必须采取审慎的态度，在保护措施和技术不够成熟的情况下，应首先考虑具有可逆性的措施。

2. 保护工程必须委托具备相应文物保护工程资质的单位进行设计、施工、监理，设计方案必须符合文物保护要求，依程序审批后方可实施。施工前应制定严格的质量责任制度和保修制度。

3. 上述所有保护措施的运用必须建立在对各文物点具体问题的实地调研和科学分析的基础上，技术方案须经主管部门组织专家论证批准后，方可实施。

第55条 建筑保护措施

明秀寺建筑本体的保护措施分为日常保养工程、现状修整工程、非文物建筑风貌整治工程三类。

1. 日常保养工程

（1）必须制定相应的保养制度，主要工作是对有隐患的部分实施连续监测，记录存档，并按照有关的规范实施保养工程。在监测、维护过程中，一旦发现比较明显的残损问题，经相关部门审批后按照有关的规范实施修整工程。

（2）明秀寺文物建筑的日常保养措施包括：清洁除尘、测绘、文字及摄影记录、沉降观测、病害监测、定期打瓦节等。

2. 现状修整工程

（1）指在不扰动现有结构，不增添新构件，基本保持现状的前提下进行一般性工程措施，将有险情的结构和构件恢复到原来稳定安全的状态。

（2）明秀寺文物建筑的现状修整工程包括：过殿的大木修整、小木维修，瓦顶残损构件更换，墙体台基的维修。

3. 非文物建筑风貌整治工程

（1）拆除村民后期自发原址加建且建筑风格与明秀寺整体风貌不协调的前院厢房、后院地藏殿、山门和钟鼓楼的地面建筑。

（2）依据原有建筑基址，以当地村民口述资料和同地域、同时期、同规模的现存建筑实例为参考，复建前院厢房、后院地藏殿、山门和钟鼓楼，以保护明秀寺建筑群的完整性和建筑风貌的统一性。

（3）非文物建筑的风貌整治应以当地清代佛寺建筑风格为参考。

现状修整和风貌整治工程需制订相应设计方案，严格按照程序论证审批后方可实施。

根据对各文物建筑残损现状的评估，现对各建筑单体分别采取如下保护工程：

建筑单体保护措施

序号	文物名称	保护措施	措施级别
J1	山门	整治现有建筑风貌，尽量还原有格局形式	风貌整治
J2	钟鼓楼	整治现有建筑风貌，尽量还原有形制和风格	风貌整治
J3	前院厢房	整治现有建筑风貌，尽量还原有形制和风格	风貌整治
J4	观音殿	补配踏步，建筑维护，使用功能适当调整	日常保养
J5	地藏殿	整治现有建筑风貌，尽量还原有形制和风格	风貌整治
J6	过殿	大木修整、小木维修，瓦顶残损构件更换，墙体台基的维修	现状修整
J7	大殿	建筑日常维护	日常保养
J8	围墙	整治现有建筑风貌，尽量还原有格局形式	风貌整治

第 56 条　建筑院落保护措施

明秀寺建筑院落保护措施分为现状修整工程及日常保养工程两种类型，包括以下内容：

1. 加固现有围墙，西侧围墙从现围墙位置向西扩 15 米，以满足大殿保护要求。

2. 对正殿前院落进行现状修整工程，对院内地面按照保存下来的传统铺装方式采用当地的方砖、青砖、石材等进行铺装，对原有地面铺装材料进行维护。选择低矮的本地植物对院落进行绿化。

3. 对过殿前院落进行现状修整工程，对院内地面按照保存下来的传统铺装方式采用当地的方砖、青砖、石材等进行铺装，选择低矮的本地植物对院落进行绿化。

4. 清理所有院落场地，修整地面坡度，清理疏通排水口，保证排水畅通。

第57条　附属文物保护措施

对明秀寺内所有附属文物采取的保护措施分为两部分：

（1）对所有附属文物采取长期坚持不断的日常保养措施，包括清洁除尘、病害监测，完善测

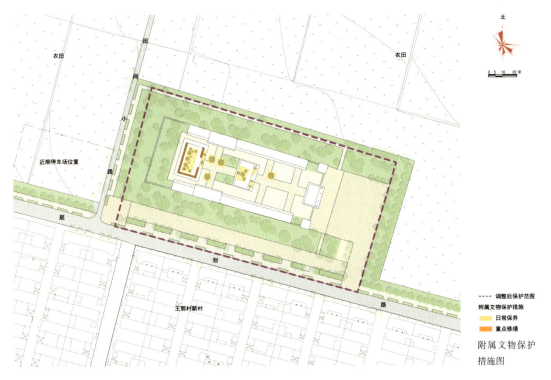

附属文物保护措施图

绘、文字、摄影记录等档案记录工作。其中，针对大殿和过殿内塑像、壁画的病害监测，应在大殿、过殿内设温湿度监测设备等微观环境监控设备。

（2）针对附属文物不同的病害情况采取的重点修缮措施，在进行重点修缮工程前，需要进行严密的勘查测量，制订重点修缮设计方案，严格按程序论证审批。

1. 塑像及壁画

（1）信息采集：

对所有塑像、壁画通过测绘、摄影、三维激光扫描等方式，开展壁画信息采集、记录建档工作。对泥塑、壁画病害进行调查分析评估，将病害信息记录建档，作为制定保护措施的依据。

（2）保护措施：

控制有塑像、壁画的建筑室内温度、湿度，限制微生物的生存条件。

研究塑像、壁画的材料成分，病害产生原因，根据病害产生原因，采用工程技术与管理措施相结合的保护措施，在实施保护措施前应制订详细的塑像、壁画保护方案。

2. 碑刻

为保持真实性原则，寺内碑刻原地保护，但应采取保护措施，避免自然风化、温湿度变化、雨水侵蚀等自然条件对其产生的破坏。

3. 古树

为有效保护明秀寺内四株古树，应设置围栏，加强管理，有效防止虫害及火灾，必要时设置防雷击设施。

根据对各附属文物残损现状的评估，现对各附属文物分别采取如下保护工程：

附属文物保护措施

序号	文物名称	日常保养措施	重点修缮措施
W1	明代塑像（金装三世佛、胁侍菩萨、二力士像）	清洁除尘、病害监测、测绘、文字及摄影记录	佛座修补
W2	明代壁画（80余平方米）	清洁除尘、病害监测、临摹、文字及摄影记录	分析颜料成分、起甲彩绘回贴、粉化彩绘加固、表面封护
W3	清代塑像（弥勒佛、二童子和倒坐观音像）	清洁除尘、病害监测、测绘、文字及摄影记录	—
W4	碑刻（四通）	清洁除尘、病害监测，文字及摄影记录	对石材进行试验，进行表面封护，增加隔离防护措施
W5	古树	摄影记录、病害监测	—
W6	"便是西天"	清洁除尘、病害监测，文字及摄影记录	—

第58条 本体保护措施要求

1. 所有本体保护措施必须严格执行"不改变文物原状"的原则和"最小干预"原则。

2. 实施古建筑修缮工程前，应对古建筑群现状进行认真的勘查。勘查应遵照《古建筑木结构维护与加固技术规范》相关规定进行。

3. 对古建筑的承重结构及其相关工程损坏、残缺程度与原因进行勘查。残损情况勘查后，应编写勘查报告，提交古建筑的残损情况和尺寸的全套测绘图纸、照片及文字说明。

4. 工程要求

（1）所有干预文物本体的保护工程必须在完成相关的文物信息采集工作后方可实施。

（2）根据建筑物法式勘查报告进行现场校对，明确维修中应保持的法式特征。

（3）根据残损情况勘查报告，编制维修方案，实施相关的审批手续。

（4）凡能修补加固的，应尽最大限度地保留原件。凡须更换的木构件，应在隐蔽处注明更换具体时间。维修中换下的原物、原件不得擅自处理，应统一由文物主管部门处置。

（5）在古建筑维修过程中，若发现隐蔽结构的构造有严重缺陷，或所处的环境条件存在着有害因素，可能导致重新出现同样问题，应采取紧急措施消除隐患。

（6）做好施工记录，详细测绘隐蔽结构的构造情况。维修加固的全套技术档案，应存档备查。

（7）必须严格遵守施工程序和检查验收制度。

第三节 本体防护措施

第59条 消防系统工程

1. 现有消防给水系统可以满足明秀寺消防需要，本规划不对其进行修改。

2. 文物建筑内设置感烟探测器，完善火灾自动报警系统。

3. 电力、通讯设施，采用埋地穿管的方式敷设线路（埋地线路的管沟距离文物建筑的基础水平距离应大于1.5米），消除火灾隐患。

4. 完善消防安全制度，编制防火应急预案，进一步加强管理人员的消防知识及技能的培训。

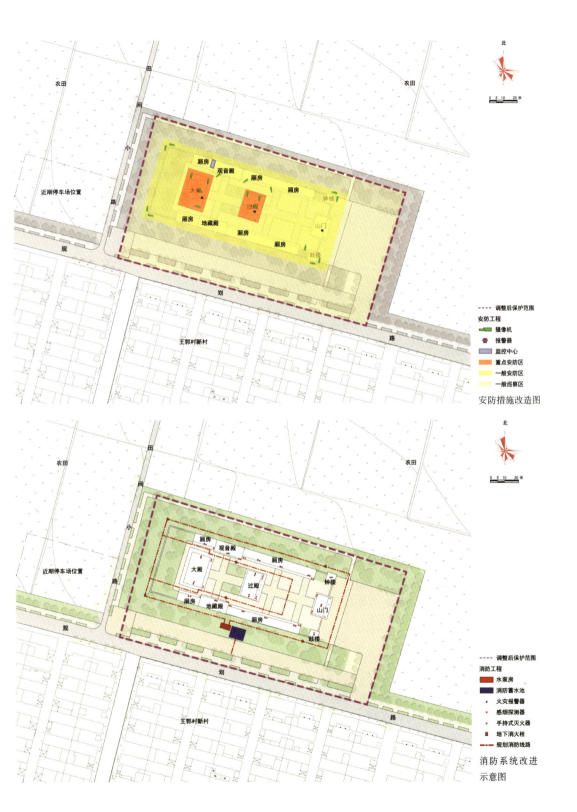

安防措施改造图

消防系统改进示意图

第60条　安防系统工程

1. 安全检查：完善管理员安全检查规章制度，指定专职安全巡查员，规定日常巡查内容，记录巡查情况。

2. 安防工程：根据中华人民共和国安全行业标准《文物系统博物馆风险等级和安全保护级别的规定》，明秀寺属于一级风险等级，应按一级防护级别进行设防。

3. 应急预案：根据相关法规文件，制定安全防范管理措施，编制《明秀寺突发事件应急工作管理办法》。应对地震、暴雨、火灾、偷盗等由自然或人为因素引起的突发性危及文物安全的事件。

4. 与晋祠镇武警、公安部门建立联动预警机制，一旦发生盗窃及其他安全事件应立即上报，共同打击犯罪分子，维护明秀寺文物安全。

第61条　防雷系统工程

1. 依据《古建筑木结构维护与加固技术规范》，明秀寺为第一类防雷古建筑。

2. 古建筑安装防雷装置，应经文物主管部门允许及专家充分论证后，进行专项设计。防雷装置的选择与构造要求，应专门研究。

3. 古建筑防雷装置应按《建筑物防雷设计规范》的规定进行设计，应符合以下要求：

（1）古建筑上部的吻兽、斗拱等部件均应与防雷装置靠地连接。

（2）接闪器和引下线沿古建筑轮廓弯曲，应保证其弯曲段开口部分的直线距离，不小于其弯曲段全长的1/10，并不得弯折成直角或锐角。

（3）不得在古建筑屋顶安装各种天线。

（4）对古建筑的防雷装置应做好日常的检查和维护工作。

第62条　防止生物侵害系统工程

大殿、过殿安装防鸟网，并定期检查，发现破损及时修补、更换。

第63条　日常保养、监测

1. 保护监测：通过对文物本体及保存环境动态监控，观测文物本体变化，积极采取应对措施和方案，有效预防古建筑和壁画、塑像的破坏。

2. 对温度和湿度对壁画、塑像的影响进行监测，根据监测结果确定是否采取以及如何采取保护措施；保护措施实施后应继续进行监测，检验措施是否有效。

3. 制定监测工作的制度、定期检查监督和定期提交监测报告的相关规定。

第四节　基础设施改造工程

第64条　道路系统

1. 以现有道路为基础，改善路面质量。

2. 将明秀寺西侧的乡村小路向西迁移20米。

3. 在明秀寺西侧保护范围外的空地上设置小型的生态停车场，规模为大型客车9辆，小型轿车12辆，作为明秀寺近期旅游停车场。

4. 中、远期根据游客容量，在城市干道进入规划路的入口处设置停车场（同时取消明秀寺西

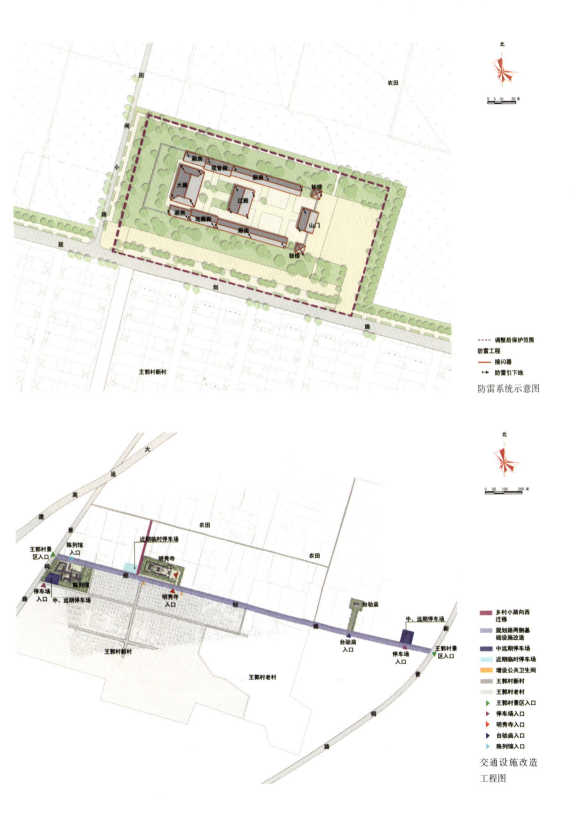

防雷系统示意图

交通设施改造工程图

侧的停车场），经过前期风貌改造的王郭村，也将成为可游览景观的一部分，游客在村内主要以步行为主。

5. 远期对规划路实施限制车流，在日间旅游区开放时间内，禁止机动车进入规划路；夜间开放规划路，以方便王郭村内交通。

第65条　电力、电信系统

1. 明秀寺用电主要为满足文物建筑展示、消防控制线路、安防设施运转、管理人员生活、照明等用电需求，及消防水泵用电量。

2. 对现状输电设施中的不安全因素如乱接乱拉线路等进行改造，寺内所有电力线路一律采用套管埋地敷设方式统一布线（埋地线路的管沟距离文物建筑的基础水平距离应大于1.5米），禁止随意乱接电线。

3. 应将明秀寺周围的电线杆取消，改为地下敷设的方式。

第66条　给、排水系统

1. 明秀寺用水以管理人员日常生活及消防用水为主，以绿化、旅游展示、旅游服务用水为辅。

2. 明秀寺用水由当地农村供水网提供，应定期对相关线路进行检修，保证供水正常。

3. 按接待服务、观光游览、职工生活等服务设施的用水量计算日常用水量，以保证水管管径能满足使用要求。

4. 供水系统管道实行隐蔽工程，采用地下暗管或栽植树木遮挡，避免影响景观环境。

5. 明秀寺排水设计采用院落地面找坡排水，结合寺内西高东低的地形修整院落地坪坡度，疏导寺内地面排水走向，清理排水口，保证寺内排水畅通。结合周边雨水排水处理，在寺庙东侧增设雨水池，防止暴雨积水对寺庙破坏。

第67条　环卫设施

1. 拆除现有厕所，在王郭村内增设公共卫生间，以满足使用需求。

2. 在明秀寺内及寺周边设置与文物风貌协调的垃圾箱进行垃圾收集，以保证寺内及寺周边的环境卫生。

3. 清理规划路两侧垃圾，在村内设置垃圾收集点，要求村民将垃圾倒入指定的垃圾收集点。

第八章　文物环境保护规划

第一节　文物环境整治

第68条　不协调建筑的拆除与整治

1. 迁建明秀寺地藏殿南墙外后期加建的配电房。

2. 拆除寺庙北侧围墙外的厕所。

3. 整治建设控制地带内的多层住宅建筑。

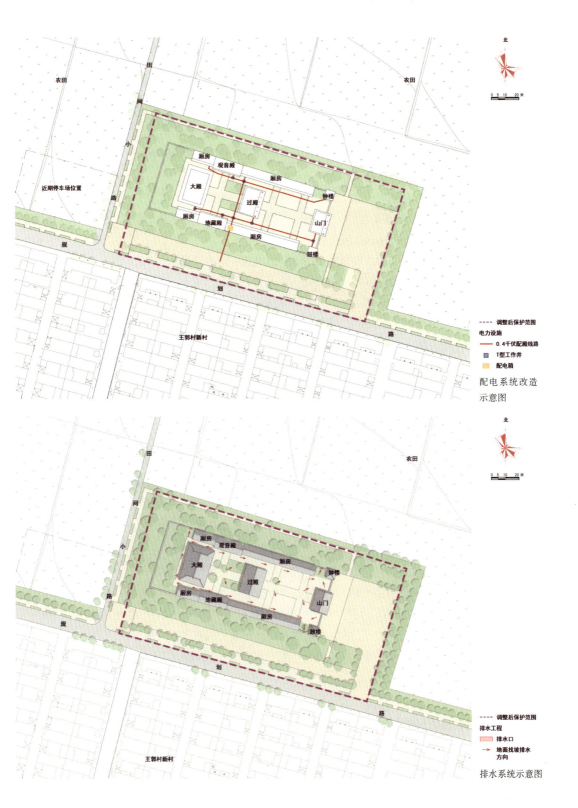

配电系统改造
示意图

排水系统示意图

第69条　环境景观整治

1. 清理寺内堆积的建筑垃圾。
2. 整治寺内乱接乱拉的电线，寺内所有电力线路一律采用套管理地敷设方式统一布线。
3. 取消规划路北侧的电线杆，将线路埋地敷设。

第70条　排除积水隐患

结合寺内西高东低的地形，采用地面找坡排水的方式排除地面积水隐患。

第71条　景观整治

1. 整治明秀寺院墙外保护范围内及南侧空地的景观，使其与明秀寺整体风貌相协调。
2. 在规划路北侧设置20米宽的景观绿化带，绿化带内设计连接南北停车场的步行景观系统，景观设计应与王郭村古朴的村落风貌相协调。
3. 停车场、陈列馆范围区的外围设置10米宽的绿化带，防止停车场所带来的污染对耕地的影响。
4. 在保护范围内及周边进行绿化、道路、小品等景观设计必须符合文物的风貌和文化内涵的要求，不得对景观环境产生干扰。

第72条　景观整治要求

1. 景观整治应有效改善整治区域内脏乱无序的景观现状，突出明秀寺的主体地位。
2. 任何景观整治措施应满足文物的历史性、场所性、地方性要求。

第二节　环境质量保护

第73条　环境管理规定

1. 根据《中华人民共和国环境保护法》第十八条，明秀寺保护范围和建设控制地带范围属于"其他需要特别保护地区域"，规划要求此保护区划范围内禁止倾倒、堆积任何类型的固体、液体废弃物，不得建设污染环境的工业生产设施。
2. 保护区划内的一切新建工程项目必须提交《环境影响评估报告》，防止污染环境质量。

第74条　环境卫生要求

1. 保护范围内的生活垃圾管理和无害化系统参照旅游风景城市的标准执行。规划要求：
（1）在保护范围和建设控制地带内不得设置垃圾填埋场。
（2）规定大气、水、噪声、放射性防护标准按照风景名胜区标准执行，游客粪便处理按照《城市公共厕所卫生标准》和《城市公共厕所规划和设计标准》的有关规定执行。
2. 开展环境质量监测和记录工作，包括气象、风沙、水质等。监测档案与文物保护单位档案共同管理。

第三节　王郭村历史风貌保护与发展引导

第75条　老村保护与更新

老村的保护更新，应符合建设控制地带的控制条件，并满足下列要求：

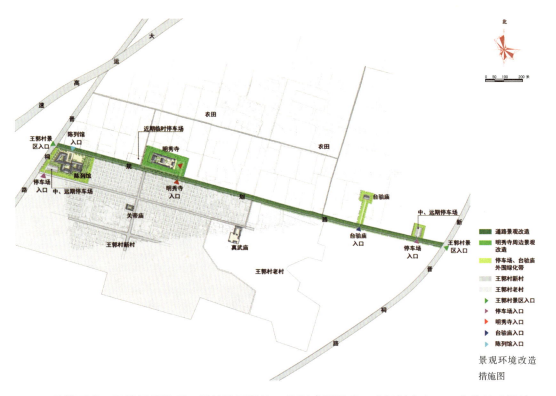

景观环境改造
措施图

1. 总体要求：保护村落肌理，延续路网结构，控制建筑形式，疏解村内人口，完善基础设施，延续并改善现有生活。

2. 总体格局保护要求：保护并延续村落现有格局，不得改变主要路网，不得破坏村落肌理。

3. 建筑更新总体要求：保护并修缮传统建筑，拆除近期加建建筑，改造新建建筑。建筑更新应严格依照原有建筑平面布局进行，建筑形式以当地清代坡顶或囤顶为参考。

4. 建筑更新控制要求

（1）体量控制：所有新建建筑均应为1层，所允许的最高屋檐高度为5米。

（2）对新建建筑或现有建筑维修，进行形式、材料与色彩方面的控制：

形式：使用当地清代传统的坡屋顶或屯顶；

门窗框以村内保留民居的门窗为参照；

现有建筑修缮时，保留并维修传统建筑墙面及细部做法，如门头、照壁、墙头、砖雕等；

外露柱子使用传统形式的木柱。

材料：灰色的泥土、砖瓦；

当地常用的自然石材、木材。

色彩：屋顶、墙体主要以灰色为主；

墙体抹灰颜色基于材料的自然色素，主要为红、黄、棕灰与绿色；

外露木构件的油漆颜色宜平实简朴，限于棕灰、红棕、木色。

5. 基础设施改造

基础设施改造应在不破坏村落风貌的前提下，满足村内居民的生活要求：

（1）道路交通：保持现有路面宽度和交通体系，改善路面质量。

（2）给水排水：增设排水系统，改善供水设施。

（3）电力电信：整治现有供电线路，采用套管埋地敷设。

（4）消防设施：增设消防设施，以满足村内消防需求。

（5）卫生设施：增设垃圾收集点，增建公厕。

第76条　新村发展与建设

新村的发展建设，应符合建设控制地带的控制条件，并满足下列要求：

1. 村落的总体发展方向以南向、西向为宜。

2. 建筑设计与建造导引

（1）体量控制：所有新建建筑高度宜控制在三层以内，屋檐高度不宜超过12米。

（2）对新建建筑或现有建筑维修，应进行形式、材料与色彩方面的控制：

形式：与老村的传统建筑相呼应；

采用部分传统建筑的元素或符号，如坡顶、门头、吻兽等；

材料：允许采用混凝土、钢材等现代材料和结构形式；

推荐使用灰色的泥土、砖瓦及当地常用的自然石材、木材。

色彩：屋顶、墙体主要以灰色为主；

墙体抹灰颜色宜平实简朴，基于材料的自然色素，主要为红、黄、棕灰与白色。

第九章　利用规划

第一节　利用策略与要求

第77条　利用原则

1. 以明秀寺文物保护为前提，坚持科学、适度、持续、合理利用。

2. 提高展示手段，充分揭示明秀寺的历史文化内涵，加强可观赏性。

3. 注重环境优化，为游客接待和优质服务提供便利。

4. 提倡公众参与，注重普及教育。

第78条　利用策略

1. 依托王郭村整体文化资源（包括王郭村保留的古村落格局和村内大量历史文物遗存），结合明秀寺自身特点，统筹策划旅游展示体系，发挥资源综合效益。

2. 在满足文物保护的前提下，可在王郭村内逐步开展游客服务项目，使文物受惠于民。

3. 加大宣传力度，完善文物保护教育手段，严格控制游客容量，实现文化资源的可持续发展利用。

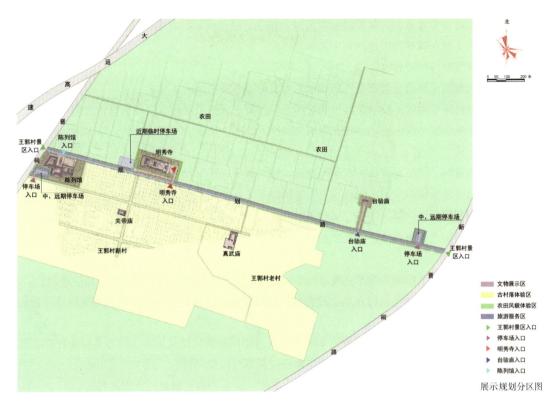

展示规划分区图

第二节 展陈体系

第79条 整体展示结构建议

1. 根据明秀寺周围资源分布情况，规划对王郭村进行整体展陈策划。该地区展示结构以明秀寺文物展示为核心，以王郭村古村落景观区和农田生态景观区为平台，结合散布在村内的众多的历史文物遗存点，形成区域整体展示结构。

2. 目前明秀寺、真武庙、关帝庙开放条件相对成熟，应在满足文物保护的前提下首先展开这几个遗存点的旅游开发，随后陆续完成其他景点的旅游开放，使当地居民受益。

第80条 展示内容与方式

1. 明秀寺展示内容

（1）明秀寺作为明代山西地区佛教文化展示区域，针对文物本体（包括文物建筑和附属文物）进行主题展陈。

（2）在厢房内配套关于寺庙历史文化的陈列展示，努力形成完整的展示体系。

2. 王郭村内其他历史遗迹展示内容

（1）台骀庙作为天下张氏祖祠，近期展陈现存附属文物，远期进行系统的中华"张"姓文化展示。

（2）关帝庙、真武庙进行文物建筑及附属文物的展示，结合当地庙会（正月十二关帝庙庙会，农历九月十三真武庙庙会，届时会有社火和晋剧演出）习俗，继承并发扬地区非物质文化遗产。

（3）虞宏墓、娄睿墓，近期在遗址位置进行标示展示；远期可在明秀寺南侧修建陈列馆，将出土的可移动文物在陈列馆中进行集中展示。

3. 王郭村历史村落展示内容

王郭村村落风光展示分为历史村落展示区和农田生态展示区两部分：

（1）历史村落展示区：展示王郭村老村部分所保留下来的明清村落格局和整体建筑风貌。

（2）农田生态展示区：展示乡村农田风光。

4. 展示方式

（1）文物建筑、附属文物展示方式为原状、标示展示，并配合文字说明及解说。

（2）文物历史文化的介绍说明方式为图片结合文字说明和多媒体展陈设备。

第81条　展示利用分区

根据展示利用及管理要求，将规划范围分为文物展示区、旅游服务区、古村落体验区和农田风貌展示区。

1. 文物展示区：包括明秀寺古建筑群和寺内附属文物，王郭村内其他历史遗存及遗迹展示。

2. 旅游服务区：主要包括停车场、旅游区周边及道路两侧绿化、寺前广场及寺南侧绿化景观部分。

3. 古村落体验区：王郭村所保留下来的明清村落格局和整体建筑风貌，游客可以徜徉在古老村落的巷道里，小坐在农家小院里，感受当地积淀深厚的民俗风情。

4. 农田风貌展示区：游客可由田埂小路进入农田区，近距离接触乡村农田风光。

第82条　展示线路

1. 明秀寺展示游线：

主入口—北厢房—过殿—观音殿—大殿—地藏殿—南厢房—出口。

2. 王郭村展示游线：

游客乘车至王郭村东侧或西侧的停车场，下车后步行或乘坐景区内的旅游用电瓶车，参观王郭村历史村落景观和农田风貌景观，之后至陈列馆、明秀寺、台骀庙、虞宏墓遗址、娄睿墓遗址、真武庙、关帝庙分别参观游览。

第三节　利用设施

第83条　新建陈列馆

1. 选址策划

（1）选址：位于晋祠路东、规划路南侧的民居片区中。

（2）规模：用地面积约16000平方米，总建筑面积约4000平方米。

2. 功能设定

对王郭村周边丰富的历史遗存及地下墓葬的历史资料及可移动文物进行展示介绍。

3. 设计要求

（1）建筑以两层为主，高度不超过9米。

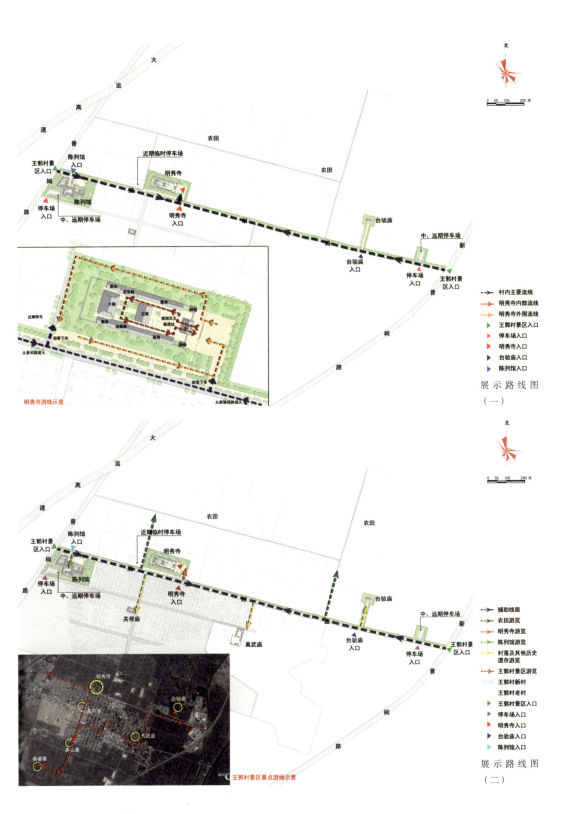

（2）建筑风格应该以青、灰色调为主，建筑形式与明秀寺及周边民居的风貌相协调。

（3）营造有特色的展示空间，并为文物的保护与研究提供必要的空间与设施。

（4）体量不宜过大，应顺应周边的地形，与自然环境充分结合。

第84条　展示设施

1. 展示设施包括展示系统，安全设施，必要的环境服务设施。

2. 展示设施基本要求：

（1）保证文物安全，应完全避免设施安装过程中及使用中对文物造成的损坏。

（2）在确保对文物保护有利的基础上，展示空间应满足参观需求，有适宜的光线照度、温湿度环境等。

（3）确保游客安全，应避免展示设施在使用过程中对游客造成的伤害。

（4）展示相关设施选用的形式应与环境相协调。

3. 需要在现有研究基础上进行深入的展示系统设计，通过实物、模型展示、图文说明、标示指引相结合的方式对明秀寺的文物价值作出详尽的解释说明。

4. 做好王郭村内其他历史文物遗存点的旅游线路规划及标示指引，以方便游客在在村内寻找参观。

第85条　服务设施

1. 服务设施应包括服务点、休憩设施、公共厕所、配套交通设施等。

2. 出入口、售票处、主要参观点等场所设置宣传文物本体的导游图、参观须知、景点介绍牌等。

3. 由明秀寺管理人员负责对展示内容进行说明，出版销售与明秀寺相关的出版物或音像制品帮助游客了解各种信息，并配备专业解说人员引导游人。

4. 改造原有公共卫生间，使建筑风格与明秀寺整体风貌协调，内部卫生设施应采用环保型卫生设施。

5. 近期在寺西侧设置旅游参观临时停车场，中远期根据游客容量，考虑将停车场置于王郭村东侧和西侧城市主干道进入规划路的入口处。

6. 管理部门需制定与游客有关的安全制度，制订游客安全、公共卫生、社会安全等突发事件的应急预案，并且在日常管理中进行演习。

第86条　展示分期

1. 近期明秀寺可联合王郭村内的众多历史遗存（台邰庙、关帝庙、真武庙、虞宏墓和娄睿墓遗迹）进行区域旅游资源的整合展示，主要工作包括：

（1）明秀寺：完成文物本体、环境的修缮与整治后，开展寺院展示区展示设施的建设，根据本体保护工程实施情况，完善展示区内容。

（2）王郭村：整治村落道路与排水等基础设施，连接各文物点之间的展示道路。

2. 中远期改善王郭村村落风貌，完善明秀寺及村落整体的展陈服务设施，修建陈列馆，进一步加强王郭村历史资源的开发利用。

第四节 利用强度

第87条 游客容量控制原则

1. 游客参观活动对文物造成的干预或危害应尽可能控制在最低限。
2. 游客数量必须严格依据寺内游客承载量的测定数据与监测反馈信息实施管理控制与调整。
3. 文物展示开放容量为定值，不得随旅游开发期限增加。

第88条 容量控制测算

1. 本容量控制测算主要为明秀寺的旅游开发测算。文物保护单位的开放容量必须以不损害文物原状、有利于文物管理为前提，容量的测算数据必须经过实践检验进一步修正。
2. 本规划初步测算的文物保护单位的开放容量为定值，不得随旅游规划发展期限任意增加。
3. 根据测算，明秀寺景区的最大日开放容量估算值为990人次，其中文物建筑最大日容量为690人次。规划建议用卡口法对文物建筑的游客量进行控制。
4. 节假日可根据此容量控制标准进行调整，建议延长开放时间并根据实际情况控制游客游览时间，不能突破文物建筑的极限容量。

第89条 游客管理

1. 由文物管理机构编制游客《参观指南》，讲解游客行为管理要求，规范游客参观行为，降低对文物的干扰程度。
2. 建立定期监测制度，监测游客行为，监督游客管理与服务情况，为加强管理、改善服务提供依据。

第90条 宣传要求

1. 广泛利用各种传媒，加强宣传力度，介绍文物古迹价值，扩大其知名度。
2. 重点强调文物古迹的脆弱性、不可再生性，增强居民与公众保护的意识。
3. 使用有效展示形式，吸引不同年龄、文化层次的游客。
4. 印制各类与明秀寺相关的宣传册，销售具有当地特色的纪念品。
5. 提高导游和讲解人员的专业素质。

第十章 管理规划

第一节 运行管理

第91条 管理策略

1. 加强管理，制止人为破坏是有效保护文物的基本保障。
2. 日常保养是最基本和最重要的保护手段。要制定日常保养制度，定期巡视监测，并及时排除不安全因素和各种损伤。
3. 根据"保护为主，抢救第一，加强管理，合理利用"的文物工作方针和管理评估结论，规划采取以下策略：

（1）提出现有管理机构调整建议。
（2）制定管理规章要求，改进、完善现有规章制度。
（3）编制日常管理内容。

第92条 管理机构

1. 由太原市政府批准，由太原市文物局设置专门的管理机构，加强明秀寺的保护、管理、研究工作。

2. 加强职工职业教育和业务培训，提高职工的专业水平和综合素质。

第93条 管理规章

1. 根据《中华人民共和国文物保护法》(2002)、《中华人民共和国文物保护法实施条例》等法律、法规文件，建立、健全明秀寺文物保护与管理的全套规章制度，保证管理制度的科学性和系统性，保障文物的安全性和延续性。管理规章制度包括：

保护范围与建设控制地带的界划，应包括四至边界，具体管理和环境治理要求。

建立、健全对文物建筑的定期普查、保养和隐患报告制度。

建立、健全对附属文物定期监测的制度。

2. 根据规划内容制定保护管理内容及要求，包括防火应急预案、盗抢事件应急预案、大型活动组织应急预案等。

3. 管理体制与经费，包括各级地方政府、行政部门和管理机构的相关职责。

4. 奖励与处罚，包括保护范围和建设控制地带内对违章行为的处罚和对支持管理、加强保护行为的奖励。

5. 对于旅游利用及文物其他利用方式的管理规定。

第94条 日常管理

1. 文物保护单位的日常管理主要由太原市文物局设立的管理机构负责。

2. 建立自然灾害、文物本体、环境以及游客容量等日常记录制度，积累资料，为实施保护措施提供科学依据。

3. 做好经常性保养维护工作，及时化解文物所受到的外力侵害，对可能造成的损害采取提前预防措施。

4. 开展日常宣传教育工作，提高当地居民的文物保护意识，动员当地居民共同参与文物保护。

5. 配合政府相关部门对可能恢复的民俗活动进行监督和引导。

第二节 专项管理

第95条 工程管理要求

凡在保护区划范围内新建的保护、展示、管理等工程项目应满足下列要求：

1. 必须满足文物保护的安全性，尽可能满足文物环境的和谐性。

2. 必须严格控制新建工程的建设规模，体量宜小不宜大。

3. 建筑造型应避免不恰当的建筑表现手法，外观力求简洁得体。

第96条　工程管理规定

1. 按照〔2003〕中华人民共和国文化部令第26号《文物保护工程管理办法》，履行管理报批手续。
2. 按照国家文物局文物办发〔2003〕43号《文物保护工程勘察设计资质管理办法（试行）》《文物保护工程施工资质管理办法（试行）》，实施所有保护工程的勘察设计与施工管理。
3. 按照《中华人民共和国文物保护法实施条例》第十五条，执行文物保护工程的资质管理。

第97条　规划管理

1. 全面落实规划报批与公布程序，推进保护、展示工作的全面协调开展。
2. 建立规划实施的评估衡量标准，监督实施进展，及时向相关负责部门提交详细的实施情况报告。

第三节　综合设施

第98条　管理用房

规划将管理用房设在第一进院落靠近山门的三间南厢房内，其中两间作为日常管理办公用房，靠近山门的一间作为旅游产品销售用房。

第99条　管理设施

1. 在管理办公用房和旅游产品销售用房内各设一部电话。
2. 在文物建筑内设置必要的环境监测设施，观察环境变化和建筑、附属文物残损发展趋势。
3. 根据安防要求，增设监控设施。

第十一章　研究规划

第100条　研究计划

1. 加强有关明秀寺历史文献收集和整理工作，深入挖掘寺院文化价值。
2. 开展明秀寺历史年代、选址、文物价值等方面的研究工作。

第101条　学术出版计划

有计划地编辑和出版明秀寺及王郭村专题研究系列丛书，系统地传播和介绍明秀寺和王郭村相关文化知识。

第十二章　规划分期

第一节　规划分期

第102条　分期依据

本规划分期主要依据"保护为主、抢救第一、合理利用、加强管理"的文物工作方针、国家文化遗产事业"十一五"规划，国家经济计划管理期划和地方相关的经济与社会发展规划等，主要包括：

1. 文物保护工作的方针与原则。
2. 文物保护工作的程序规划。
3. 现状问题的严重性与紧迫性。
4. 地方发展计划及财政可能性。

规划远期工作时期较长，在实施中，应结合实际需求和国家五年计划的经济部署进行统筹安排。

第103条　规划分期

本规划期限为21年，分三期实施：近期2010—2015年；中期2016—2020年；远期2021—2030年。同时设置不定期规划，以应对突发灾害及居民调控等不确定事件。

第二节　分期实施重点

第104条　近期（2010—2015）实施要点及主要内容

1. 收集并完善基础资料，完成前期咨询工作。
2. 区划科学合理的保护范围和建设控制地带，制定管理规定。
3. 完成文物基本信息采集工作。
4. 完成过殿的现状修缮工程。
5. 开展正殿内明代壁画的研究工作，在研究的基础上进行壁画的重点修缮工程。
6. 完成前院厢房、后院地藏殿、山门、钟鼓楼的整治工程。
7. 完成第一进、第二进院落环境整治工程。
8. 完成厕所拆除工程。
9. 完成明秀寺周边环境的清理与整治工程。
10. 完成安防设施工程。
11. 完成消防设施整治工程。
12. 完成防雷设施工程。
13. 实施游客容量控制。
14. 制定并完善管理规章制度，加强日常管理，加强相关研究工作。
15. 该阶段的实施过程中，应优先实施与文物本体密切相关的保护加固工程。

第105条　中期（2016—2020）实施要点及主要内容

1. 完善文物日常监测、管理、保养工作。
2. 实施规划路两侧的旅游服务绿化带的建设。
3. 实施规划路两侧入口处的停车场的建设。
4. 完成一类建设控制地带以内、村落道路南侧的民居风貌改造工程。
5. 完成陈列馆的建设工程。
6. 完成建筑控制地带以内、村落道路以北的农业耕种用地范围内温室建筑的拆除工程。

7. 完成风貌协调区内肉食品加工厂和部分居住建筑的拆除工程。

8. 实施明秀寺历史沿革研究工作。

9. 实施明秀寺壁画、雕塑、建筑等专项研究工作。

第106条　远期（2021—2030）实施要点及主要内容

1. 实施二类建设控制地带以内、村落道路以北的农田用地范围内多层居住小区的拆除工程。

2. 完成新村民居风貌整治工程。

3. 完成老村风貌整治和基础设施更新工程。

4. 完成村落内台邰庙、真武庙、关帝庙等历史遗迹的考古发掘和风貌整治工程。

第107条　不定期实施要点及主要内容

1. 文物建筑、附属文物的日常保养和监测。

2. 周边景观维护及环境监测。

3. 根据保护工作进展，不断更新文物保护单位记录档案，完善保护、管理等工作。

4. 合理调整明秀寺开发利用的强度，控制文物保护与旅游发展的协调关系。